大学生怎样创业

智库·原创·权威·卓越

How College Students Start Their Own Businesses

How College Students Start Their Own Businesses

How College Students Start Their Own Businesses

大学生
怎样创业

How College Students Start Their Own Businesses

卢亮 著

中国发展出版社
CHINA DEVELOPMENT PRESS

图书在版编目（CIP）数据

大学生怎样创业 / 卢亮著. —北京：中国发展出
版社，2024.5
ISBN 978-7-5177-1402-6

Ⅰ.①大… Ⅱ.①卢… Ⅲ.①大学生—创业—研究—
中国 Ⅳ.①G647.38

中国国家版本馆CIP数据核字（2024）第015336号

书　　　　名：大学生怎样创业
著 作 责 任 者：卢　亮
责 任 编 辑：钟紫君
出 版 发 行：中国发展出版社
联 系 地 址：北京经济技术开发区荣华中路22号亦城财富中心1号楼8层（100176）
标 准 书 号：ISBN 978-7-5177-1402-6
经 销 者：各地新华书店
印 刷 者：北京华联印刷有限公司
开　　　　本：710mm×1000mm 1/16
印　　　　张：17.5
字　　　　数：260千字
版　　　　次：2024 年 5 月第 1 版
印　　　　次：2024 年 5 月第 1 次印刷
定　　　　价：68.00元

联 系 电 话：（010）68990535 68360970
购 书 热 线：（010）68990682 68990686
网 络 订 购：http://zgfzcbs.tmall.com
网 购 电 话：（010）68990639 88333349
本 社 网 址：http://www.develpress.com
电 子 邮 件：10561295@qq.com

自　序

　　就业是民生之本，受到党和国家领导人的高度重视。习近平总书记曾强调，"要坚持就业优先战略，把解决人民群众就业问题放在更加突出的位置"①"要在推动高质量发展中强化就业优先导向"②。

　　2023年，我国高校毕业生人数达到1158万，预计在未来一段时间内，这一人数会一直维持在千万级别，他们的就业难题将持续存在。创业作为一条解决就业的有效途径，已经被提到了战略高度。我国政府多次强调"大众创业，万众创新"，国家各相关部门不断出台支持大学生等青年群体创业就业的政策和措施，希望以此达到帮助大学生顺利创业就业的目的。因此，深入了解和分析大学生创业的现状以及创业与就业的关系，有助于针对性地解决大学生创业就业中的问题，具有十分重要的理论和实践意义。

　　正是基于以上思考，我和我的工作团队在调研武汉、深圳和河南等地大学毕业生创业情况的基础上，结合国内外已有的研究，对大学生创业与就业现状、影响因素和建立创业带动就业的有效机制等问题进行了分析，本书内容大致分为理论研究、实证研究、现状和对策研究三部分，得出以下结论。首先，按照全球创业观察组织（GEM）提出的标准，把大学生创业分为机会型和生存型进行观察和分析，我国大学生创业现状表现出"双高"的特点：机会型创业者的比例高于生存型创业者；两类创业者对自己的创业评价高。其次，生存型创业和机会型创业对增加就业数量的贡献程度相差不大。再次，生存型创业者和机会型创业者的就业质量有待提高，如能提高交易结构方面

①　总书记带来幸福年 | 就业稳了[EB/OL].央视网，2021-02-12.
②　习近平.正确认识和把握我国发展重大理论和实践问题[J].求是，2022（10）.

的创新水平，生存型创业会比机会型创业更能提高就业绩效，即更能增加就业岗位数量和延长创业活动的存续时间。最后，针对本研究的发现，为了更好地解决大学生创业就业中的问题，我们认为，对于两种类型创业的扶持都要兼顾，不可偏向某一种创业；在认识大学生创业活动发展规律的基础上，设计出覆盖创业过程的"三阶段"扶持政策，建立"四位一体"的支柱扶持体系，政府和高校发挥主要作用，社会和家庭发挥辅助作用。

本书是湖北省高等学校人文社科重点研究基地创业与就业研究中心的研究成果，其完成得益于我的团队成员辛勤的付出，感谢张悦、彭诺敏、但彬、袁雯丽、张明、王爱铃，从烈日炎炎的深圳到大雨滂沱的武汉，和我一起访谈调研创业的毕业生、创业园区的负责人、培训机构的创业导师；同时也要感谢深圳职业技术学院的胡延华教授、中南财经政法大学的邓汉慧教授，是他们深厚的学识以及慷慨的支持和帮助，使得本书的调查研究得以顺利地进行。感谢中国发展出版社的钟紫君女士，受益于她的交流、鼓励与帮助，终于得偿所愿。也为她在出版过程中的高效、专业、贴心的工作风格感动。

由于本人水平有限，对于本书的诸多疏漏和不当之处，竭诚欢迎广大读者批评指正。

卢　亮

2024 年 3 月 20 日

目　录

理论研究

实证研究

创业现状与对策研究

第一部分

理论研究

奋斗正青春，创业正当时。"大众创业、万众创新"政策实施以来，我国大学生的创业环境不断优化，创业活动取得了显著的成就。例如，到 2023 年为止，连续举办八届的"互联网 +"大学生创新创业大赛已经直接及间接带动就业 500 余万人，创造灵活就业岗位近 50 万个。但是近几年来，大学生的创业意愿出现了相对低迷的现象，创业率维持在 1% ~ 3%，而同样作为就业替代方式的读研和报考公务员的比率连续上升。

为什么会出现上述情形呢？这种大学生的创业困境引发了不少学者的思考，他们从社会学、管理学、经济学、心理学、教育学等多学科角度，运用各种理论模型，分析大学生创业就业的现状，探求创业与就业的影响因素以及内在运行机制，以解释创业活动的客观规律，从而有益于我们揭开上述创业就业之谜。

本部分系统梳理了国内外近十年来有关创业与就业关系，尤其是有关大学生创业与就业关系研究的文献。具体来说，首先从创业教育、创业意愿、创业政策等因素揭示大学生创业的成因，总结了创业与就业数量、就业质量关系方面的研究成果，然后通过介绍和比较各种相关创业理论模型，引入全球创业观察组织提出的 GEM 模型，并对该框架中的机会型创业与生存型创业进行了较为详细的分析，为全书的实证分析、现状与对策分析奠定了理论基础。

第一章　绪论

"2023 届高校毕业生达 1158 万人，比上年同期增长 8 个百分点。"[①]

——中华人民共和国教育部（2023）

[①] 加快建设教育强国　办好人民满意教育[N]. 光明日报，2023-07-07.

1.1 本书背景

　　新兴产业增长和传统产业出清的拉锯加大，创业已成为一个热点话题，日益受到各国政府和各界人士的关注。历史的经验数据和科学研究表明：创业可以促进一个国家的经济增长。以美国为例，德鲁克发现，从 1965 年到 1985 年，正是大量的创业型中小企业推动了美国经济发展，而以美国《财富》500 强企业等为代表的大型企业和大型组织机构发挥的作用则没有中小企业那么明显。不仅如此，创业还可以创造新的就业岗位和推动技术创新，仍旧以美国为例，过去几十年时间内，小企业创造了美国 2/3 的新增就业。美国小企业管理局（SBA）数据显示，截至 2019 年，美国 500 人以下的中小企业数量共 3070 万家，占比达 99.9%。小企业每年为美国新增 150 万个就业岗位，创造了 64% 的私营部门新增就业岗位。2020 年新冠疫情来临之后，美国政府通过采取各种措施加大对中小企业和创业活动的扶持，解决了大量劳动力就业问题。根据 Paychex | IHS Markit 研究报告，截至 2023 年 10 月，美国全国小企业就业增长仍然温和，全国就业指数为 98.77，仍旧高于疫情之前（2019）的水平 ①。

　　正处在社会经济结构转型、产业升级以及城市化进程中的中国，始终面临着庞大人口压力所带来的就业问题。中国每年毕业的大学生都在增加，2023 年中国应届高校毕业生达到了 1158 万人，同比增加 82 万人，规模和增量均创历史新高。根据教育部发布的相关数据，2019 年全国高校毕业生总体就业率达到 95.9%，由于疫情和国内外经济形势的变化，到 2023 年 4 月，

---

　　① Paychex | IHS Markit Small Business Employment Watch. Paychex | IHS Markit 小企业就业观察 [EB/OL]. 隽才汇，2023-11-01.

16～24岁青年失业率达到20.4%，这意味着在未来一段时间内高校毕业生的就业将一直成为政府和社会难题。由于创业在解决失业和促进就业方面能够发挥重要作用，所以，不少学界和业界人士呼吁大学生转变就业观念，建议政府和高校大力支持大学生自主创业，大学生创业就业问题开始受到党和政府的重视。国务院前总理李克强在不同场合多次强调大学生创业就业的重要性，2020年在全国普通高等学校毕业生就业创业工作电视电话会议上谈道："高校毕业生就业创业，关系千万家庭幸福，关系财富创造、高质量发展。今年高校毕业生就业面临严峻形势，任务更为艰巨。各地区、各部门要坚持以习近平新时代中国特色社会主义思想为指导，贯彻党中央、国务院决策部署，全面强化就业优先政策，层层压实责任，抓实抓细促进高校毕业生就业这一重中之重。"[①] 国家各部委和各级地方政府也出台多项政策措施，内容全面，从创业培训、工商登记、融资服务、税收减免各方面都给予了大力支持。

根据中国社科院的调查，2020年全国13.4%的应届毕业生表示将来"肯定会创业"，74.8%的人表示将来"可能会创业"，只有11.9%的人表示"肯定不会创业"。由此可见，创业意向在毕业生中普遍存在，占比近90%。鼓励毕业生自主创业，以创业分化就业压力，显然是政策扶持的重中之重。 然而最近两年来伴随着疫情的影响，创业难度有所增加，来自麦可思的专项调查统计分析发现：2022年大学生的创业率为2.9%，自主创业群体的难度在持续增加。毕业后选择创业的2018届本科毕业生中，三年内超过半数退出创业，只有41.5%的人在坚持；创业的2018届高职毕业生中，三年内有六成以上退出创业，仍在坚守的比例（39.5%）相比于2017届同期（41.0%）进一步下降。和2017届同期（43.4%）相比，大学生创业比例进一步下降。创业的成功率则更低，综合各项调查来看，全国大学毕业生创业的平均成功率为1%左右。

关于大学生创业类型的划分，目前国内较多研究者采用的是全球创业观察组织（GEM）所提出的机会型和生存型创业。虽然目前大学生从事机会型

---

① 采取更多市场化办法拓宽毕业生就业渠道 千方百计保持高校毕业生就业局势总体平稳[EB/OL].教育部，2020-06-03.

创业的人数越来越多，已经逐步呈现出代替生存型创业的趋势，但是机会型创业的大学生在技术含量比较高的行业里所占的比例不大。大学生创业者主要在自媒体、农林牧渔、批发零售、教育培训以及其他金融投资业领域。尽管没有大学生从事高科技行业的确切比例，但是根据 2019 年清华大学发布的《全球创业观察中国报告》的数据，我国青年人在高科技行业中创业的比例仅为 2.66%。由此可见，中国高校学生的创业情况也不甚理想：创业率低，创业的成功率更低；创业的科技含量也不高，没有完全发挥出以创业促进就业的功能和创业的创新功能。这种现象令人深思：是什么因素影响了高校毕业生的创业？在创业和促进就业之间，还有哪些影响因素有待我们去发现？上述因素对于不同类型的创业所增加的就业岗位数量以及就业人员的就业质量有何影响？我们可以借鉴国外哪些有用的经验，对我国的大学生创业提出合适的政策建议？

因此，本书的研究目的主要是以有关的创业理论为指导，结合我国的实际情况和借鉴、对比国际的创业经验，针对我国高校毕业生创业活动的实践，探讨影响大学生创业就业的因素，从多个角度来构建相应的实证研究模型，从理论层面更全面、深入地认识其内在客观规律，在实践层面为相关部门制定政策提供依据。

1.2 研究现状综述

相对来说，国外学者对于创业与就业关系问题的研究比较丰富，既有理论探讨，也有实证分析。国内虽然对于创业带动就业作用比较重视，但是在学术层面对这个专题的探讨，无论是从整体创业的层面，还是从创业的不同类型对于就业的影响而言，都是不多见的。至于专门研究大学生创业类型对就业影响的国内外文章，更是少见。由于这个专题研究的零碎化给文献整理带来了一定的困难，因此本节从以下两个部分的内容给予介绍：大学生创业；创业与就业。

1.2.1 大学生创业

对于大学生创业与就业问题的研究，我国的学者投入了极大的兴趣。我们以大学生创业为主题词，同时以就业为关键词，在中国学术期刊网上进行搜索，以 2012 年到 2022 年为期限，发现期刊论文有 11609 篇。我们按照同时被 CSSCI 和北大核心认可的期刊以及被引用 10 次以上的标准对上述文献进行第二次筛选，得到 145 篇文献。我们还是使用上述同样的主题词和关键词为搜索标准，搜索到同时期的博士学位论文 15 篇、硕士学位论文 715 篇，考虑到社会影响力，我们决定使用期刊检索到的论文作为分析对象，然后把内容重复的文献去除掉，得到与上述两个主题词联系紧密的学术文章为 55 篇。这些研究文章较多地发表在以《教育研究》《中国高教研究》为代表的教育学科期刊和各个大学学报上，也有少量的管理学、心理学和经济学期刊会刊发此类主题的文章。这说明，对于大学生创业问题的研究还多以教育学科领域的研究人员为主，还有待更多的学者发表高质量的研究文章。这些文献多以现状对策为主，深入的理论研究不多，严谨规范的实证研究偏少，实证研究文章多集中在大学生的创业意愿方面，对大学生创业如何拉动就业的关系缺乏分析。也就是说，对于创业究竟创造多少数量的岗位或者不同类型的创业活动带来的具体就业岗位贡献缺乏数据说明，这就给政策部门制定相应扶持措施增加了难度。从目前能够搜集到的资料来看，只有杨晓慧 2014 年的大学生创业就业研究报告给出了确切的数据：大学生创业活动对增加工作岗位数量能够发挥一定的作用。平均每个大学生创业者能带动 3.63 个人就业；平均每个创业企业能创造 16.72 个就业岗位。高健等出版的清华大学系列创业报告也得出了创业能够促进就业的结论，不过他们是基于全国的创业青年而不是大学生创业活动给出的答案。通过整理上述 145 篇文献涉及的研究主题后发现，国内学者多从政府、学校和学生的角度出发，研究主题依次包括创业教育、创业意向、创业政策、创业就业以及其他主题。当然，也有一些比较有影响力的大学生创业就业的专题研究报告，例如中国人民大学自 2016 年以来发布的中国大学生创业专题报告；清华大学得到全球创业观察组织（GEM）授权，在每年发布的报告中有相应的中国青年创业内容；麦可思发布的大学生就业系列报告中相应的创业内容；中国青年创业就业基金会发布的年度中国青年创业发展报告；等等。由于篇幅所限，本书不再一一罗列上述研究报告，本次文献综述以上述 55 篇文章为主。

1. 创业教育

创业教育的主题是国内学者们研究最多的领域。这些论述多集中在两个方面。一是对如何构建我国高校的创业教育体系进行了思考。学者们认为：大学生创业教育的目标是"培养高创业素质的人才"，为了达到这一目标，可以通过课堂内外的教学、实践、企业实习等途径来完成，包括"创业知识教育""创业者特质教育""创业技能教育"等内容的学习。在这一过程中，为了更有效地实施创业教育，孙爱武[①]根据实践情况，提出了搭建"六位一

---

① 孙爱武.构建"六位一体"创业教育体系 有效推动学生就业[J].中国高等教育，2013（Z2）.

体"的教育框架：创业理念、创业模式、创业课程、创业文化、创业实践、创业管理等。商应美[①] 提出了"三向六段、四个层次"的创业教育实践体系。六段就是把大学学期分成六个阶段，并实行三种不同的取向教育。在前两个阶段侧重创业发展取向教育，中间两个阶段注重创业需求取向教育，后两个阶段注重创业价值取向教育。四个层次是指：因势施教、因群施教、因业施教、因材施教等四个教育层次。刘艳等[②] 认为，要充分发挥实践教学的优势，从分类培养的教学体系、校内外教学平台、协同培养机制入手来改革创业教育体系。培养成功的创业者还要注重创业教育和就业教育的结合，其终极目标在于提升学生的就业能力。王占仁[③] 认为要以"以创促就"的理念为导向，构建与创新型国家建设相适应的高校创业教育体系：面向全体学生的"启蒙教育"，面向有创业意向学生的"创业企业管理"知识与技能教育，面向初期创业者的继续教育和援助。还有学者通过培养学生的岗位胜任力[④] 或者胜任素质[⑤]，运用假设驱动创业方法等科学的方法来实现[⑥]。

二是对创业教育的现状、问题及对策的研究。从我国高校的创业教育现状来看，存在的一些问题也要引起重视：教育理念落后、教育针对性较差、教学师资缺乏、教育方式需要改进、教育效果有待提高、教育投入不足等（刘文杰和史秋衡[⑦]，2017；王丽娟和高志宏[⑧]，2012）。解决措施主要是发挥高校进行创业教育的主体作用（李亚员[⑨]，2017；高桂娟等[⑩]，2013），争取和

---

① 商应美.大学生创业教育实践体系构建探究[J].中国青年政治学院学报，2012（3）.

② 刘艳，林相友，逯家辉，孟庆繁，滕利荣.改革实践教学，推进创新创业教育[J].中国大学教学，2016（7）.

③ 王占仁."经由就业走向创业"教育体系建设研究[J].东北师大学报（哲学社会科学版），2013（5）.

④ 黄兆信，张中秋，谈丹.创业教育：大学生岗位胜任力培养的有效路径[J].高等工程教育研究，2016（1）.

⑤ 许莹.大学生创业胜任素质模型实证研究——以江苏地区高校为例[J].科技与经济，2015（1）.

⑥ 宋正刚，张玉利，谢辉.假设驱动创业与培养创新型人才研究[J].教育评论，2016（2）.

⑦ 刘文杰，史秋衡.高校"创业教育热"背后的冷思考[J].大学教育科学，2017（1）.

⑧ 王丽娟，高志宏.论我国创新创业教育理念的创新[J].江苏社会科学，2012（2）.

⑨ 李亚员.当代大学生创业现状调查及教育引导对策研究[J].教育研究，2017（2）.

⑩ 高桂娟，苏洋，刘地.高校创业教育的共性问题与相关对策——基于对上海不同类型高校的调查问卷分析[J].中国地质大学学报（社会科学版），2013（3）.

引导社会企业对创业教育的支持（孙春玲等[①]，2013；李妍和高婷婷[②]，2015），促进学生观念的转变（张晓旭[③]，2012；王竞一[④]，2016），加强师资培养（邹晓红和庄丽娜[⑤]，2012）。

2. 创业意愿

创业意愿是指创业者自身所蕴藏的一种个性意识倾向，其强烈程度的高低决定着创业者是否付诸创业行为实践。国内对大学生的创业意愿研究主要分为两个方面。一是创业意愿的状况调查。陆根书等[⑥]认为：目前从总体上来说，我国大学生创业意向比较强烈。朱菲菲等[⑦]的研究证实了这一点，虽然大学生"创业意识基本到位"，但是行为难以落实，创业人数较少。二是影响创业意愿的因素分析。汤吉军和刘仲仪[⑧]的实证研究表明沉淀成本、风险认知、交易成本、企业家资源禀赋造成了大学生创业意愿偏低。

在乌仁格日乐和张苏[⑨]的研究中，他们发现了家庭收入对大学生创业意愿的影响呈现"倒U形"，这就意味着家庭收入高和收入低的大学生创业意愿比较低，而创业意愿高的大学生则来自收入水平中等的家庭。家庭财富水平影响大学生的创业意愿也被后续的研究所关注，蔡颖和李永杰[⑩]认为财富禀赋是影响大学生创业意愿的重要因素之一。时昱[⑪]通过统计验证分析发现：

[①]　孙春玲，赵占博，宋红，张华，钱明明. 产学研合作教育对大学生创业主动性影响机制研究[J]. 科技进步与对策，2013（23）.

[②]　李妍，高婷婷. 就业视域下大学生创新与创业教育的研究与实践[J]. 现代教育管理，2015（3）.

[③]　张晓旭. 大学生良好创业心理品质的培养途径探析[J]. 思想理论教育导刊，2012（12）.

[④]　王竞一. 我国在校大学生创业机会识别的影响因素研究[J]. 中国人力资源开发，2016（3）.

[⑤]　邹晓红，庄丽娜. 高校创业师资的选择标准及范畴研究[J]. 民族教育研究，2012（1）.

[⑥]　陆根书，彭正霞，康卉. 大学生创业意向及其影响因素研究——基于西安市九所高校大学生的调查分析[J]. 西安交通大学学报（社会科学版），2013（4）.

[⑦]　朱菲菲，由由，丁小浩. 大学生自主创业及高校实践工作现状的调查分析[J]. 教育学术月刊，2017（1）.

[⑧]　汤吉军，刘仲仪. 大学生就业与创业理性选择分析[J]. 教育与经济，2015（2）.

[⑨]　乌仁格日乐，张苏. 家庭收入对大学生创业意愿的影响[J]. 天津大学学报（社会科学版），2013（15）.

[⑩]　蔡颖，李永杰. 大学生创业意愿影响因素研究——基于多元排序选择logit模型的发现[J]. 华南师范大学学报（社会科学版），2015（12）.

[⑪]　时昱. 当代中国大学生创业意愿与创业实践——基于全国12所高校调查数据的经验发现[J]. 青年研究，2017（3）.

家庭社会经济地位发挥着很重要的作用，地位较低的大学生拥有较高的创业意愿，但是在有创业意愿的大学生当中，地位较高的大学生更可能进行创业实践。同时，职业教育、校园经历和学生所面临的就业压力感都会明显地影响大学生创业意愿。如果把就业压力和大学生的心理特质结合起来分析，就会发现心理特质的某些维度，如模糊性容忍和成就需求，不仅直接影响创业意向，还会通过就业压力这个中介因素影响创业意向[①]。因此，心理特质的作用也不可忽视。赵向阳等[②]发现大学生的不同的个人价值观，如保守价值观、开放价值观和自我提高价值观，与创业意愿呈负向或者正向的相关关系，引进创造力这个中介变量后，个人价值观对创业意愿的影响却显著下降。这种价值观的形成可能和大学生所接受的创业教育有关。朱红和张优良[③]通过分析北京市高校的大学生样本得到以下结论：高校创业教育能显著提高学生的创业意向；而且意外地发现创业意向的性别差异非常显著，这就为性别差异的创业教育或者创业政策的制定提供了依据。大学生的创业意向受到创业教育的影响也被边文霞[④]的研究所证实。

3. 创业政策

创业政策应该是国家经济政策的组成部分，其目的在于促进创业和减少风险，创造良好的创业环境。学者们围绕着以下专题进行研究：大学生创业政策的总结和评估；创业政策的优化和改善。廖中举等[⑤]对大学生创业政策内容重点、政策类型等方面进行了横向研究，他们发现：中国大学生创业政策由 29 个主题词构成，主题词类型集中于供给型政策；政策更多地关注外部支持而缺少对内在创业意识和能力的培养；政策信息咨询等辅助类关键词相

① 郭志芳，钟建安，段锦云. 大学生创业心理特质与创业意向的关系：就业压力应对方式的中介效应[J]. 应用心理学，2013（3）.

② 赵向阳，李海，孙川. 从个人价值观到创业意愿：创造力作为中介变量[J]. 北京师范大学学报（社会科学版），2014（3）.

③ 朱红，张优良. 北京高校创业教育对本专科生创业意向的影响机制——基于学生参与视角的实证分析[J]. 清华大学教育研究，2014（6）.

④ 边文霞. 大学生创业带动就业路径依赖模型研究——基于创业意愿视角[J]. 经济与管理研究，2013（7）.

⑤ 廖中举，黄超，程华. 基于共词分析法的中国大学生创业政策研究[J]. 教育发展研究，2011（1）.

对缺乏。李慧慧等[①]则进一步把我国 20 多年来的大学生创业政策分为探索萌芽、逐步推进、全面深化、完善与发展等四个阶段，每个阶段政策的制定和出台都有深刻的内部和外部因素的影响。大学生创业活动需要得到政府、高校、社会和家庭的重视和支持[②]，例如，高校可以构建教育机制、服务机制、保障机制、联动机制以保证大学生就业创业的有效性[③]，而且这些扶持政策和措施还需要继续加以完善：制定创业政策要具有系统性和长期性视野，而不是一次性的解决方案；创业政策要与其他就业政策、社保政策相互呼应[④]。创业政策还要注意针对特殊的群体或者解决特定的问题：对于网络创业要实现社会保险的覆盖[⑤]；应该在政策、资金、教育等方面对大学生返乡就业创业活动进行有效支持[⑥]，或者在中央政府政策调控、地方政府政策落实、社会舆论等方面扶持大学生在农业领域创业就业[⑦]；要优化大学生创业的税收政策[⑧]；对大学生创业创新过程中的产权法律问题给予重视和帮助[⑨]。

4. 创业就业以及其他主题

关于大学生的创业和就业的关系研究，能够查到的文献相对不多，所以我们把这部分内容和其他的主题进行了归并来介绍。就大学生创业和就业的文章而言，潘加军和刘焕明[⑩]、黄开腾[⑪]分别提出了公益性创业是近年来以创业带动就业的新思路。在目前社会发展和技术发展的新形势下，大学生网络

---

① 李慧慧，纪梦超，孙俊华. 关于我国大学生创业政策的脉络分析[J].黑龙江高教研究，2020（10）.
② 张文强. 大学生创业障碍及对策探究[J]. 河南师范大学学报（哲学社会科学版），2012（7）.
③ 高志刚，孔德生，吕平. 高校构建大学生创业带动就业工作机制研究[J]. 思想政治教育研究，2019（2）.
④ 吕鹏，臧小聪. 大学生与雇主的学业、就业、创业观：共识与差异——基于两组全国性调查数据的比较分析[J]. 北京工业大学学报（社会科学版），2017（1）.
⑤ 郑秉文，李妍花. 我国网络创业就业特征及其对社会保险可及性的挑战[J]. 辽宁大学学报（哲学社会科学版），2018（4）.
⑥ 孔青，蒋保伟. 大学生返乡就业创业的社会支持要素研究[J]. 东岳论丛，2018（12）.
⑦ 袁成龙. 回乡大学生农业创业的路径分析[J]. 学术论坛，2014（7）.
⑧ 薛钢，颜博，王薇. 大学生创业视角下的税收政策优化[J]. 税务研究，2017（10）.
⑨ 张武军. 大学生创新创业中的知识产权问题研究[J]. 科技进步与对策，2014（23）.
⑩ 潘加军，刘焕明. 基于公益创业实践基础上的大学生就业推进模式探讨——对15省80个高校学生社团和部分社会组织的实证分析[J]. 湖南科技大学学报（社会科学版），2012（2）.
⑪ 黄开腾. 公益创业：应对大学生就业困境的路径选择[J]. 江苏大学学报（社会科学版），2015（4）.

创业和返乡创业对就业的研究得到一定的重视。王萌萌[1]从大学生网络创业动机、网络创业支持力度、网络就业效应等角度考察了发展网络创业的优势；黄远飞[2]利用广州6所大学的学生网络创业的问卷调查数据发现创业带动就业效果明显。在返乡大学生创业就业方面，周成军[3]关注了农村籍大学生返乡就业与创业如何进行社会融入的问题；夏仕武和张明明[4]认为家乡基础设施、民族特色产业、创业扶持政策是影响少数民族大学生返乡创业的重要因素。相对于其他的就业方向选择而言，参与创业大学生的就业满意度是最高的[5]。

1.2.2　创业与就业

创业与就业的关系也是我们研究的重要内容，然而，在总结大学生创业与就业关系研究的时候，发现可供参考的相关文献并不多见。于是，我们不再局限于大学生这个专门的主体研究范围，而是从更广泛的范围来搜索创业与就业的研究文献。通过整理和提炼，我们发现研究内容可分为两部分，即创业企业和就业数量的关系、创业企业和就业质量的关系，总体结论是创业企业对增加就业数量有比较显著的作用。

以下从国内和国际两个层面进行梳理和总结。

相对于国外细致深入的研究而言，我国对此主题的研究比较滞后。从目前搜集到的国内文献资料来看，对于创业与就业数量的研究的关注有所增加，然而对于创业与就业质量的研究相对薄弱。

对于创业与就业数量的宏观研究，一般以经济学科为主，研究者对创业

---

[1]　王萌萌. 大学生网络就业前景分析[J]. 中国青年研究，2015（7）.

[2]　黄远飞. 新常态下大学生网络创业的影响因素——基于广州大学生创业调查的分析[J]. 技术经济，2015（8）.

[3]　周成军. 农村籍大学生返乡创业社会融入研究[J]. 中国青年社会科学，2017（2）.

[4]　夏仕武，张明明. 少数民族大学生返乡创业影响因素探究[J]. 民族教育研究，2020（1）.

[5]　祝军，岳昌君. 高校毕业生自主创业调查：特征、动机与就业满意度——基于全国高校毕业生就业状况调查数据的分析[J]. 中国青年研究，2021（1）.

的定义采用的是国际经济学界通用的做法：把自雇就业者或者中小企业主称为创业者。目前国内的研究进展如下：董志强等[①] 使用广东省 1991—2007 年 21 个地区的数据，运用向量自回归（VAR）的计量方法，对创业的难民效应和企业家（熊彼特）效应进行了分析，结果发现：广东省存在企业家（熊彼特）的创业就业效应，也就是说人们通过创新创业来创造就业岗位，不存在难民效应。卢亮和邓汉慧[②] 则使用中国 1995—2010 年的 29 个省（区、市）的数据，通过两阶段最小二乘法和动态面板回归等多种计量方法的分析，得到的结论是：创业活动确实能够促进我国的就业，而且在不同的时期，创业活动促进就业的作用是不同的。

张成刚等[③] 主要研究了创业活动对就业的时滞效应，即在创业企业的不同存续期间内，所创造的就业岗位有什么变化。他们通过对全国 1996—2012 年 31 个省份数据的分析发现：在区域劳动力市场中，创业确实可以促进就业，但创业对就业岗位数量的创造存在着时间效应。短期内，创业能够正向促进就业；中期内，存在负向的挤出效应；长期内，正向的供给方效应仍旧发挥作用。与经合组织国家相比，我国创业企业的就业挤出效应会持续较长的时间，而且供给方效应出现的时间更晚。

侯永雄和谌新民[④] 通过分析 1997—2013 年中国 30 个省份面板数据，进一步证实了创业能带来就业的增长，机会型创业比生存型创业更能创造就业岗位，而且创业带动就业效应在不同时间和不同地区存在差异，在短期和长期内，创业通过直接和间接效应带动就业增长。

朱金生和余凡[⑤] 具体地证实了在我国东部、中部、西部地区，创新创业对就业存在积极影响。他们利用向量自回归模型发现：创新可以促进创业和

① 董志强，魏下海，张天华. 创业与失业：难民效应与企业家效应的实证检验[J]. 经济评论，2012（2）.

② 卢亮，邓汉慧. 创业促进就业吗？——来自中国的证据[J]. 经济管理，2014（3）.

③ 张成刚，廖毅，曾湘泉. 创业带动就业：新建企业的就业效应分析[J]. 中国人口科学，2015（1）.

④ 侯永雄，谌新民. 创业如何带动就业？——基于1997—2013年中国省区数据的创业与就业关系及时滞性[J]. 华南师范大学学报（社会科学版），2017（3）.

⑤ 朱金生，余凡. 我国创新、创业与就业互动关系的地区异质性考察——基于VAR模型的实证分析[J]. 科技管理研究，2018（14）.

就业，创业能在长期内增加就业岗位数量：如果按照效果大小来排列，东部地区排在首位，中部地区其次，西部地区排在最后。然而，创新和创业能否共同作用于就业呢？朱金生和朱华[①]的研究发现了科技创新与科技创业的协同对本地就业发挥积极作用，且能同时带动地理和经济距离邻近地区的就业。

近几年来，学者们逐渐把创业活动对就业的影响扩展到不同的创业群体中，分析这些群体的流动方向、人力资本、教育程度等特性如何影响到创业就业，而且这些人的就业质量也被纳入了研究视野。王轶等[②]认为返回乡村的创业者在得到政府扶持信贷和银行信贷后能够显著增加其雇工的数量，而且政府扶持信贷的作用更明显，这种就业数量的扩张缺少不了员工培训的中介效应、创业者的企业家精神的调节作用。

李长安和苏丽锋[③]认为人力资本是推动创业活动及带动就业的关键因素之一，在全国范围内，虽然人力资本能推动创业活动，但是通过创业活动带动的就业效应不理想。在区域范围内，创业者的受教育程度对带动就业产生不同影响。丁小浩和伍银多[④]对 2015 年北京海淀青年创业者的调查发现，自主创业者的受教育程度和创业就业乘数为正向的相关关系；在不同的行业中，创业者的受教育程度对于就业乘数的作用差别较为明显。

对于创业与就业质量的研究，卢亮和邓汉慧[⑤]对国外的同类研究进行了梳理和综述，并在理论层面上进行了简单的评述和探讨。随后，纪雯雯和赖德胜[⑥]强调了在以互联网为依托的创业时代，政府要构建创业就业者之间的

① 朱金生，朱华. 科技创新与科技创业的"本地-邻地"就业效应研究[J]. 科技管理研究，2021（11）.

② 王轶，赵峰，刘鹏. 信贷获取方式与返乡创业企业的扩就业效应——基于全国返乡创业企业的调查数据[J]. 广东财经大学学报，2022（4）.

③ 李长安，苏丽锋. 人力资本对创业活动的影响——基于2003—2011年数据的实证分析[J]. 清华大学教育研究，2013（4）.

④ 丁小浩，伍银多. 创业者的受教育程度与就业乘数效应——基于北京市海淀区青年创业者调查的实证研究[J]. 教育研究，2017（1）.

⑤ 卢亮，邓汉慧. 当代创业的就业价值的研究综述[J]. 衡阳师范学院学报，2013（1）.

⑥ 纪雯雯，赖德胜. 从创业到就业：新业态劳动关系的重塑与挑战——以网络预约出租车为例[J]. 中国劳动关系学院学报，2016（2）.

和谐劳动关系，提高劳动者职业稳定性。毛宇飞等[①]认为，互联网的使用有助于增加标准就业和机会型创业的概率，并促进标准就业和机会型创业；从创业者的就业质量而言，使用互联网能够提高他们的收入水平，可以减少生存型创业者和标准就业者的工作时间，提高工作自主性。

国外对于创业与就业关系的研究，数量十分丰富，我们首先从以下三个方面采集英文文献[②]：一是根据荷兰蒂尔堡大学所列出的一流经济学期刊和一流管理学期刊；二是一流的创业经济学期刊和创业管理学期刊；三是各大学术网站以及专业的创业研究网站（如 NBER、IZA、CEPR 的工作论文）。其次搜索与研究内容相关的主题词，如 employment、employment growth、job creation、job growth、wage、income、job satisfaction、entrepreneurship、entrepreneur、self-employed、small business 等。最后确定文献年限，即 2006—2021 年，以确保研究内容的前沿性（对于经典文章不限年份），得到文献数量如下：创业与就业数量、创业与就业质量关系的文章 44 篇。

1. 创业与就业数量

对创业与就业数量关系的研究，国外研究者的研究方法较多，最为经典的是采用吉伯特法则的研究模式。所谓吉伯特法则就是假定所有的企业具有同样的平均增长率，但是在研究创业企业的就业效应的时候，人们对该项前提条件作了修改：假设所有的企业具有不同的增长率，并采用相应的数据来检验企业规模或者成立时间和所创造的就业岗位数量之间的关系。也就是说，一般从企业的规模或者成立时间的角度来研究创业企业的就业效应。具体的

---

①　毛宇飞，曾湘泉，祝慧琳. 互联网使用、就业决策与就业质量——基于CGSS数据的经验证据 [J]. 经济理论与经济管理，2019（1）.

②　本书外文研究文献来源于荷兰蒂尔堡大学所列出的核心权威经济学期刊和管理学期刊，http://www.tilburguniversity.edu/research/institutes-and-research-groups/center/research/publications/top-journals；核心权威的创业经济学期刊和创业管理学期刊，如Small Business Economics，Journal of Business Venturing等；各大知名学术网站，如NBER、IZA、CEPR等，以确保研究的权威性。

研究成果如下：从企业的规模来看，Calvo[1] 对西班牙、Oliveira 和 Fortunato[2] 对葡萄牙的研究发现：创业企业有较高的成长率，会比大企业创造更多的就业，就业数量会随创业企业的规模和时间的不同存在显著性差异。Acs 和 Mueller[3] 发现了只有在美国多元化的都市地区，那些少于 500 人、多于 20 人的创业企业才有持久的就业效应。Kathrin[4] 以德国为例，其研究也证实：处于不同分位水平上的创业企业提供的就业增长数量存在显著性差异。不仅发达国家如此，Ayyagari 等[5] 对于发展中国家的研究也得到了类似的结论：雇员少于 20 人的小企业在总就业人数中所占份额最小，但雇员少于 100 人的中小型企业部门的贡献份额与大型企业相当，而且小公司创造的就业机会最多。

如果以企业成长时间的为研究重点来看，Mueller 等[6] 将英国每年的创业率或每 1000 名员工的新企业数量与区域就业变化（两年以上）联系在一起，高的创业率与高的就业数量正相关。若干年后，竞争压力导致裁员或倒闭致使创业率与就业增长成负相关，所以只有提高竞争力才能使得两者的关系保持正相关。Sierdjan Koster[7] 发现不同类型的新企业所产生的就业效应是不同的。已有企业建立的新企业，通过规模经济的资本化，带来了短期的积极的就业效应。而真正意义上的新企业，通过新的商业机会的识别和在未来年份

---

[1]　Calvo, J. L.. Testing Gibrat's Law for Small, Young, and Innovating Firms[J]. Small Business Economics, 2006, 26 (2), 117-123.

[2]　Oliveira, B.A.; Fortunato. Firm Growth and Liquidity Constraints: A Dynamic Analysis[J]. Small Business Economics, 2006, 27 (2-3), 139-156.

[3]　Acs, Z.J.; Mueller, P.. Employment Effects of Business Dynamics: Mice, Gazelles and Elephants[J]. Small Business Economics, 2008, 30 (1), 85-100.

[4]　Kathrin Muller. Employment Growth in Newly Established Firms: Is There Evidence for Academic Entrepreneur's Human Capital Depreciation?[R]. Centre for European Economic Research Discussion Paper, No.09-050, 2009.

[5]　Ayyagari, M.; Demirguc Kunt, A.; Maksimovic, V.. Who Creates Jobs in Developing Countries?[J]. Small Business Economics, 2014, 43 (1), 75-99.

[6]　Mueller, P.; Van Stel A.; Storey, D.. The Effects of New Firm Formation on Regional Development over Time: The Case of Great Britain[J]. Small Business Economics, 2008, 30 (1), 59-71.

[7]　Sierdjan Koster. Individual Oundings and Organizational Foundings: Their Effect on Employment Growth in the Netherlands[J]. Small Business Economics, 2011, 36(11), 485-501.

内的创造性的活动，产生了持久的就业效应。Carree 和 Thurik[1] 基于 OECD
国家的数据，也得出了相类似的结论：创业的增加与就业量的增长相关，短
期效应较小，中期为负面效应，长期为积极效应。Martina Lawless[2] 发现小
企业确实能够增加新的就业岗位，然而，发挥就业促进作用的不仅是企业的
规模，还有企业的年龄。在创造就业岗位方面，年轻企业比成熟企业更具
活力。

　　当然，由于创业企业的成活率比较低，因此在新的创业企业进入市场的
时候，也必然有创业企业退出市场，这就引发了一个问题：创业企业的退出
与进入对就业岗位的创造有何影响？Davis 和 Haltiwanger[3] 设计了一种经典的
办法来评估创业企业的就业贡献：首先把企业分为成长和新进入的企业（能
提供新职位）、退出市场和衰退的企业（带来职位的消失）；其次设计出职位
创造率和职位消失率两个指标，两者之差就是职业净增长率，即就业增长率；
最后计算出企业规模大小和其职位创造或者职位损失的比例关系。按照上述
方法，Nikolaj 等[4] 专门研究了新设企业的就业贡献，它们为丹麦提供了 8%
的就业份额。这种方法另一种好处在于能用来评估创业企业所引发的就业波
动。Kok 和 Wit[5] 以欧盟 27 个国家为例，运用动态分类法，分析了企业规模
大小和就业创造的关系：从整个欧盟的角度来看，小企业确实比大企业更能
创造工作岗位，然而，不是所有的行业都是如此，净工作岗位创造数量随着
制造业和贸易业企业规模的下降而降低。从单个国家角度来看，净职位增长
率随着企业规模的不同而降低。

---

①　Carree, M.A.; Thurik.A.R.. The Lag Structure of the Impact of Business Ownership on Economic Performance in OECD Countries[J]. Small Business Economics, 2008, 30 (1), 100-101.

②　Martina Lawless. Age or Size? Contributions to Job Creation[J]. Small Business Economics, 2014, 42 (4), 815-830.

③　Davis.S.J.; Haltiwanger, J.. Gross Job Creation, Gross Job Destruction, and Employment Reallocation[J]. Quarterly Journal of Economics, 1992, 107 (3), 819-863.

④　Nikolaj; Malchow-Møller; Bertel Schjerning; Anders Sørensen. Entrepreneurship, Job Creation, and Wage Growth[R]. Centre for Applied Microeconometrics Working Paper No.2009-01, 2009.

⑤　Kok, J. D.; Wit, G. D.. Do Small Businesses Create More Jobs? New Evidence for Europe[J]. Small Business Economics, 2014, 42 (2), 283-295.

除此之外，还有一些学者研究了创业促进就业的机制。他们发现创业可以通过直接效应和间接效应，或者内部效应和外部效应，或者推拉效应来增加就业岗位。例如，Shaffer[①] 不仅证实了在美国创业可以促进本部门的就业，而且发现了创业所带来的就业外部效应，即创业也可以带来其他部门的就业数量增长。Baptista 等[②] 用葡萄牙数据证实间接效应在新企业创立后第 8 年才显现出来，而且在产业更为集聚的地区，知识型企业会比其他类型企业对未来长期的就业施加更大的影响。Martin Andersson 和 Florian Noseleit[③] 把创业企业对就业总的影响分解为两种效应：行业部门内效应和行业部门外效应。通过分析瑞典各地区 1994—2004 年的数据，他们发现某个部门的创业企业都会产生上述两种效应：创业企业会对同部门内的就业变动发挥正向的影响；而对其他部门的就业变动发挥正向或者负向的影响，比如高端服务业部门的创业企业可能对于制造业部门的就业变动产生负向的影响，但是对于低端服务业部门的就业变动产生正向影响。Roy Thurik[④] 从失业率和创业的关系来分析就业的问题，他们认为高失业率会给失业人员造成压力，可能会导致个人的创业行为（难民效应），但通过发现市场新的商业机会也会促使人们自主创业，而且经过一定时期的增长后会减少失业（企业家效应或者熊彼特效应），他们的研究证实了这两种效应的存在，并且企业家效应强于难民效应。实际上，上述两种效应类似于推拉效应。

2. 创业与就业质量

创业与就业质量的关系也是国外学者关注的重点。例如，Litwin 和 Phan[⑤]

---

① Shaffer, S.. Establishment Size and Local Employment Growth[J]. Small Business Economics, 2006, 26 (5), 439-454.

② Baptista, R.; Escaria,V.; Madruga, P.. Entrepreneurship, Regional Development and Job Creation: the Case of Portugal[J]. Small Business Economics, 2008, 30 (1), 49-58.

③ Martin Andersson; Florian Noseleit. Start-ups and Employment Dynamics within and across Sectors[J]. Small Business Economics, 2011, 36 (4), 461-483.

④ Roy Thurik. Does Self-employment Reduce Unemployment?[J]. Journal of Business Venturing, 2008, 23 (6), 673-686.

⑤ Litwin, A.S.; Phan, P.. Quality over Quantity: Reexamining the Link between Entrepreneurship and Job Creation[J]. Industrial and Labor Relations Review, 2013, 66 (4), 1-42.

就认为仅仅关注创业者对就业机会的创造是不够的，就业数量并不等于就业质量，他们通过对 2004 年成立的近 5000 家企业的医疗保险和退休计划进行了调查研究，结果表明创业企业在未来 6 年内的就业质量更高。

这种关注的对象不仅有创业者，还有创业企业的员工，关注的内容包括经济收益与非经济收益。

（1）创业的经济收入

在分析创业的经济收入的时候，学者们一般从以下两个角度入手：创业企业和其他企业的收入对比，企业内部自身的创业者和员工收入对比。

对于创业企业和其他企业的收入对比，一般是从企业规模和成立的时间来展开分析，结论是小型和年轻企业给其员工支付较低水平的薪酬。为什么会存在这种情况？ Mirjam van Praag 和 Versloot[1] 的解释是：创业者一般聘用的员工都是低技能和低学历的；创业者给这些低技能和低学历的员工实行支付低工资的政策；创业者企业的资本和技能互补性比较低。

对于企业内部自身的创业者和员工收入对比，却呈现两种不同的研究结论。

第一种结论：创业者获得较高的收入回报。

Robin Douhan 和 Mirjam van Praag[2] 运用平衡职业生涯选择模型发现：创业者与受雇者相比享受更高的人力资本的回报，教育对于创业者的回报要比受雇者高得多。Lazear[3]、Silva[4] 则关注能力的不同方面的整合，而不是他们各自的水平，研究表明创业者相比于受雇者获得较高的综合能力的边际回报。

① Mirjam van Praag, C. M.; Versloot, P. H.. What Is the Value of Entrepreneurship? A Review of Recent Research[R]. IZA Discussion Papers No.3014, 2007.

② Robin Douhan; Mirjam van Praag. Entrepreneurship, Wage Employment and Control in an Occupational Choice Framework[R]. Tinbergen Institute Discussion Papers 09-055/3, 2009.

③ Lazear, E.. Entrepreneurship[J]. Journal of Labor Economics, 2005, 23 (4), 649-680.

④ Silva, O.. The Jack-of-All-Trades Entrepreneur: Innate Talent or Acquired Skill?[R]. IZA Discussion Paper No.2264, 2007.

Mirjam van Praag 和 Versloot[①] 研究发现，教育积极地影响人们成为企业家的决定，而且创业者比受雇者获得较高的教育回报。事实上，在很多发达国家和地区，如美国、欧洲等，都建立了完善的政策体系来促进成功创业。这些政策都是以教育的形式为人们提供机会来发展其人力资本。正规的教育显著地提高了创业者的表现，因此教育对创业者的回报比工薪员工的回报要高得多。Hartog 和 Van Der Sluis[②] 另辟蹊径，评价了创业者和受雇者收入方程，从而量化了创业者智商和能力相对于受雇者的回报，发现创业者回报和智商回报都高于受雇者。他们还加入了风险要素的分析，认为创业者确实比受雇者承受更大的收入风险，但这种差异受教育的影响呈现下降趋势。由此，他们得出结论：受教育的高回报或者创业者的能力并不是风险增值的那一种。高教育水平的人更容易成为创业者，教育对创业者和员工不同的回报可以归因于高等教育的创业者所要求的风险补偿。Levine 和 Rubinstein[③] 认为成为公司所有者的人往往受教育程度更高，当他们成为企业家的时候，收入会发生实质性的增长。Ola Bengtsson 等[④] 通过研究发现：如果新创业公司的 CEO 成功地筹资，那么他将获得补偿，而且筹资遇到的困难和其收入呈现正相关关系，成功的筹资增加了 CEO 收入和受雇者工资收入之间的差距。

　　Helge Berglann 等[⑤] 在不考虑组织结构的情况下分析企业家精神的起源和创业回报，研究发现成为一个企业家的决定因素是职业资格、家庭资源、性别和工作环境。企业家和雇员的区别是，企业家拥有自己的公司，然后独立

① Mirjam van Praag; Versloot. Returns for Entrepreneurs vs. Employees:the Effect of Education and Personal Control on the Relative Performance of Entrepreneurs vs. Wage Employees[J]. IZA Discussion Papers No.4628, 2009.

② Hartog, J.; Van Der Sluis, J.. If You Are so Smart, Why Aren't You an Entrepreneur? Returns to Cognitive and Social Ability: Entrepreneurs Versus Employees, Journal Economics & Management Strategy[J]. 2010, 19 (4), 947-989.

③ Levine, R.; Rubinstein, Y.. Smart and Illicit: Who Becomes an Entrepreneur and do They Earn More?[J]. QuarterlyJournal of Economics, 2017, 132 (3), 963-1018.

④ Ola Bengtsson; John, R.; Hand, M.. CEO Compensation in Venture-backed Firms[J]. Journal of Business Venturing, 2011, 26 (4), 391-411.

⑤ Helge Berglann; Espen, R.Moen; Knut Roed; Jens Fredrik Skogstrom. Entrepreneurship: Origins and Returns[R]. IZA Discussion Papers No.4250, 2009.

承担公司风险并且获得与此相关的公司收入的剩余索取权。Veikko Thiele 和 Mihkel Tombak[1] 认为创业者承受较高的创业风险，而受雇者承受较低的风险，因此创业者为受雇者提供较低的期望收入水平。

第二种结论：创业者收入回报比受雇者低。

Jagannadha Pawan Tamvada[2] 利用人均消费支出作为研究对象，其分位数回归分析的实证结果表明，通过福利分配，自我雇佣者比一般的雇员的回报稍微低一些，但自我雇佣者比临时打工人员的回报要高。

同时，有相当部分的研究都比较强调个体从雇员到创业的过程中收入的变化（Ulrich Kaiser 和 Nikolaj Malchow-Moller[3]，2011；Shane，S.[4]，2008），或者从创业者转变为雇员的收入变化。前种转变认为创业者的平均收入比一般雇员要低，而且这种差距会随着时间推移而增大。例如，Hamilton[5] 的研究结论是创业者比受雇员工拥有较低中位值的收入，即创业者的原始收入和收入增长速度比受雇员工要低。后种转变采用偏好得分匹配方法评估了从创业者转变为雇员工的薪资水平变化，发现很多创业者比完全的工薪阶层获得较低的工资回报。

按照理性人的假设推测，既然创业者的收入比受雇员工还要低，而且具有较高的方差性（波动性），为什么还要进入或者继续待在创业企业里？这里，我们不妨引用 Hamilton（2000）的话来回答：创业者的非金钱收益是巨大的，自我雇佣者的收入差异反映了创业者愿意舍弃大量的收入来换取拥有企业的非金钱报酬。这种非金钱收益主要指工作满意度。

① Veikko Thiele; Mihkel Tombak. Slave to Your Employer or to Your Financier? Wage Structures When Employees Have Entrepreneurship Options[R]. Queen's School of Business Research Paper, 2010.

② Jagannadha Pawan Tamvada. Entrepreneurship and Welfare[J]. Small Business Economics, 2010, 34(11), 65-79.

③ Ulrich Kaiser; Nikolaj Malchow-Moller. Is Self-employment Really a Bad Experience: The Effects of Previous Self-employment on Subsequent Wage-employment[J]. Journal of Business Venturing, 2011, 26 (5), 572-588.

④ Shane, S.. The Illusions of Entrepreneurship: The Costly Myths that Entrepreneurs, Investors and Poicymakers Live by[M]. New Haven, CT: Yale University Press, 2008.

⑤ Hamilton, B. H.. Does Entrepreneurship Pay? An Empirical Analysis of the Returns to Self-employment[J]. Journal of Political Economy, 2000, 108 (3), 604-631.

（2）创业与非经济回报

工作满意度和幸福感是创业研究中被广泛关注的非经济收益，而且工作满意度可能是一个人选择创业与否的重要因素。尽管创业者工作时间长、获得较低的收入回报，但是比受雇者拥有更高的工作满意度[1]。

Hamilton（2000）根据非金钱利益理论，认为即便期望回报较低，人们也选择创业，成为自己的老板，从而获得非金钱收益，创业者享受的生活水平远超过那些我们看到的绝大多数受雇者。创业者收入被所谓的非金钱收益所补偿。例如，创业者对企业拥有自主控制权似乎是创业的一个重要的显著特征。在他看来，创业者拥有自己管理的公司，相比工薪员工能够更好地组织和控制环境，而且作为公司的剩余价值索求者，更好地利用人力资本能够给创业者带来更多的收益。Robin Douhan 和 Mirjam van Praag（2009）在平衡职业生涯选择模型中发现：创业者相比受雇者拥有更多的对资本运作和资产自然增值的控制权，创业者正是由于拥有更多的控制权才获得高回报。Radim[2] 也认为，随着企业的成功发展，个体更愿意成为自我雇佣者，即便获得较低的回报。

Schjoedt[3] 注意到了创业过程中的自主和自由似乎能解释创业者的较高的工作满意度，他[4] 认为创业者的工作自主性、任务的完整性、任务的多样性以及绩效的反馈性对工作满意度的贡献值最大。

Jose Maria Millan 等[5] 的结论是在工作类型满意度方面，微型、小型和中等企业的员工要比大企业的员工感觉更好，这似乎意味着小型企业的员工要

① Van Praag; Versloot. Why Are the Returns to Education Higher for Entrepreneurs than for Employees?[R]. IZA Discussion Paper No.3058, 2007.

② Radim Boháček. Financial Constraints and Entrepreneurial Investment[J]. Journal of Monetary Economics, 2006, 53 (8), 2195-2212.

③ Schjoedt, L.. Entrepreneurial Job Characteristics: An Examination of Their Effects on Entrepreneurial Satisfaction[J]. Entrepreneurship Theory and Practice, 2009, 33 (3), 619-644.

④ Schjoedt, L.. Job Characteristics Theory: A Comparative Study of Novice and Repeat Entrepreneurs[C]. Paper Presented at the Babson Kauffman Entrepreneurship Research Conference, 2009.

⑤ Jose Maria Millan; Jolanda Hessels; Roy Thurik; Rafael Aguado. Determinants of Job Satisfaction across the EU-15: A Comparison of Self-employed and Paid Employees[R]. Tinbergen Institute Discussion Paper No.11-043/3, 2011.

比大企业的员工有更多的自由决定自己的工作类型；在工作安全满意度方面，5～19人的企业的员工要比其他类型企业的员工满意程度要高。

Lange[①] 注意到了不同性别的自我雇佣者的工作满意度是有区别的，通过采用2006年欧洲社会调查数据研究了自我雇佣和工作满意度之间的关系，研究表明自我雇佣对男性和女性都能产生更高的工作满意度。

上述对创业者和雇员的工作满意度进行对比研究存在着一定的缺陷，即他们忽略了工作满意度具有异质性的特征，个体反映的工作满意与否可能是依据经济或者是非经济利益进行评估的。例如，如果一个人说他对工作比较满意，则他可能是仅仅指对工作内容或者是工作时间满意，或者是两者都满意。但是某些员工可能会对某些工作相关具体方面作出或高或低的评价，这时候就可能会影响他们对整体满意度的评估。Jose Maria Millan 等（2011）改善了上述的不足，区分了两种工作满意度，即工作类型的工作满意度和工作安全的工作满意度，他们采用15个欧洲国家在1994—2001年的数据进行实证分析，结果表明自我雇佣者在工作类型方面的满意度要比一般雇员高些，但是在工作安全性方面满意度低一些。

然而，较新的研究发现：个体创业者不会永久提高他们的工作满意度。Georgellis 和 Yusuf[②] 发现英国的创业者从个人受雇工作过渡到自主创业时，工作满意度遵循一个上升的轨迹，但是在随后的几年里，如果期望未能实现，新创业的新鲜感下降，工作满意度呈下降趋势。

最近几年来，创业幸福感也得到研究者们的重视，在 Wiklund 等[③] 看来，创业幸福感是与发展、启动、成长和经营创业企业有关的满足感、积极情感、罕见的消极情感和心理功能的体验，人们追求创业是有深刻和特殊的动因的。

① Lange, T.. Job Satisfaction and Self-employment: Autonomy or Personality?[J]. Small Business Economics, 2012, 38 (2) , 165-177.

② Georgellis, Y.; Yusuf, A.. Is Becoming Self-employed a Panacea for Job Satisfaction? Longitudinal Evidence from Work to Self-employment Transitions[J]. Journal of Small Business Managements, 2016, 54 (10) , 53-76.

③ Wiklund, J.; Nikolaev, B.; Bradley, S.. Entrepreneurship and Well-being: Past, Present, and Future[J]. Journal of Business Venturing, 2019, 34 (4) , 579-588.

在国家层面的研究中，Naude 等[1]就揭示了国家层面上创业精神和幸福感之间关系，他们发现，机会驱动型创业可能会对一个国家的幸福有所贡献，但当达到一定程度时，幸福的影响就会开始减弱。更加具体地说，在不同制度背景的国家，个体经营者和受薪雇员的工作和生活满意度之间的关系相差很大。如果一个国家的创业机构更友好，则有利于个体经营者的福祉。同时，创业机构的质量也提高了受薪雇员的幸福水平，但这种效果在个体经营者身上更为明显[2]。

如果以自我决定理论作为微观个体层面的分析角度，Shir 等[3]以瑞典1837 个个体创业为样本，发现与非创业工作相比，积极参与创业工作任务与幸福感密切相关。Stephan 等[4]对欧洲 16 个国家 22002 名创业者进行分析后，认为对于工资就业，自主创业是一种更具有自我决定和更具有意愿的职业选择，它增强了对工作意义的体验和对工作自主性的感知，在这个过程中，工作意义和创业的合法性都能提升创业者的幸福感，当然这种幸福感在不同的创业人群中[5]或者个人的不同职业生涯阶段[6]也是有所差异的。

综上所述，从总体而言，创业确实有益于就业。具体而言，在就业数量方面，相对于其他类型的企业，创业企业能增加就业岗位，但是其创造的就业数量也容易波动；在就业质量方面，可以确定的是，无论是创业者、自我雇佣者还是受雇于创业企业的职员，他们的非金钱收益不错：拥有较高的工作满意度和幸福感。然而，就金钱收益而言，呈现相互对立的两种观点：创

① Naude, W.; Amoros, J. E.; Cristi, O.. Surfeiting, the Appetite May Sicken: Entrepreneurship and Happiness[J]. Small Business Economics, 2014, 42 (3), 523-540.

② Fritsch, M.; Sorgner, A.; Wyrwich, M.. Self-employment and Well-being across Institutional Contexts[J]. Journal of Business Venturing, 2019, 34 (6), 105946. 1-105946. 23 .

③ Shir, N.; Nikolaev, B. N.; Wincent, J.. Entrepreneurship and Well-being: The Role of Psychological Autonomy, Competence, and Relatedness[J]. Journal of Business Venturing, 2019, 34 (5), 105875. 1-105875. 17.

④ Stephan, U.; Tavares, S.M.; Van Veldhoven, M.. Self-employment and Eudaimonic Well-being: Energized by Meaning, Enabled by Societal Legitimacy[J]. Journal of Business Venturing, 2020, 35 (6), 106047. 1-106047. 24.

⑤ Seva, I.J.; Vinberg, S.;Strandh, M.. Subjective Well-being among the Self-employed in Europe: Macroeconomy, Gender and Immigrant Status[J]. Small Business Economics, 2016, 46 (2), 239-253.

⑥ Kautonen, T.; Kibler, E.; Minniti, M.. Late-career Entrepreneurship, Income and Quality of Life[J]. Journal of Business Venturing, 2017, 32 (3), 318-333.

业者的收入比受雇员工高；创业者的收入比受雇员工低、创业企业的员工收入也比外部其他企业的员工低。同时，创业者的收入具有较高的方差性。

这些研究从不同的角度、采用不同的研究方法分析了创业与就业的关系，既有优点，也存在一定的不足。比如说，如果使用 Davis 和 Haltiwanger（1992）等设计的研究方法的话，要注意对成长和新进入的企业以及退出市场和衰退的企业的归类和划分，以避免出现回归谬误。如果使用吉伯特法则，一定要注意企业的存活率和企业规模之间的关系在不同行业的差别。最后，大多数的研究忽略了工作满意度具有异质性的特征。

1.3 研究内容

本书将在总结相关理论的基础上，借鉴相关的研究框架，对大学生的创业类型与就业的关系展开研究，基本内容分为理论研究、实证研究、现状和对策研究三大部分。

第一部分是理论研究部分，包括第一章绪论和第二章创业理论研究。

第一章：绪论。这章的内容有：研究的背景和意义，以往的研究综述，本课题的研究内容，以及研究方法、技术路线和研究创新。其中，以往的研究综述是本章的重点，包括大学生创业问题的研究以及创业与就业关系研究两个部分，基本上覆盖了国内外最近 10 ~ 15 年来研究成果，有助于了解相关的研究动向。

第二章：创业理论研究。首先对创业定义进行系统的总结，其次是对创业类型的概念和渊源进行介绍，最后对创业类型的特征和各种创业模式进行对比研究和评述，为后续的研究奠定基础和提供理论支持。

第二部分是实证研究的内容，主要研究创业与就业的关系，包括第三章至第五章的内容。

第三章：高校毕业生创业类型与就业关系研究——创业环境与创新策略的调节作用。本章主要是分析中国高校毕业生的创业类型与就业（包括就业数量和就业质量）之间的关系，研究目的是发现影响创业类型和就业关系的因素。本章研究了不同的创业类型是否会创造不同的就业岗位数量，这些不同类型的创业企业的存续时间是否有差异；与此同时，还研究外部的政策环境和创业氛围，以及企业经营创新策略对这种差异的影响。

第四章：创业类型对大学生就业质量的影响——来自全球创业观察的经

验证据。对于创业者就业质量的关注是目前我国创业研究中的热点。研究目的是找出研究对象之间的普遍联系，也就是说影响创业类型和就业之间的共同因素。本章利用全球创业观察组织提供的数据，采用多层线性模型（HLM）的统计分析方法，从组织层面和个体层面影响考察不同类型创业者的就业质量。

第五章：中国的创业与就业岗位的增加。对这个问题的回答，可以更好地了解大学生创业和就业关系的宏观背景。本章首先回顾了国内外相关文献，提出一个以相对收入的创业理论为基础的分析框架，然后运用动态面板的模型对全国的数据进行了实证分析，发现创业确实能够正向促进就业，而且在不同的时期内，创业对就业的促进作用是不同的。

第三部分是关于创业现状与对策研究部分的内容，包括章节较多。首先，介绍大学生创业现状以及影响创业的因素；其次，详细地从政府政策、高校创业教育层面进行剖析；再次，在此基础上提出完善扶持大学生创业对策体系的建议；最后，构建了关于大学生创业就业的绩效评估指标。

第六章：中国大学毕业生创业现状以及影响因素分析。首先利用课题组的调查数据，对大学毕业生的创业者个人基本特征，创业现状，创业者对创业环境、自身产品或服务的感知，创业感受，创业者团队管理方式，社会网络支持等六个方面进行了解析，然后结合实际访谈的录音，从大学生自身、家庭、高校和政府等四个因素对大学生创业行为进行了分析，为后文的深入分析和对策体系奠定基础。

第七章：高校创业教育研究。首先，对我国创业教育现状进行了分析，指出了目前我国创业教育还存在的问题；其次，考察了美国的创业教育的特点；最后，对我国如何借鉴国外创业教育的成功经验提出了改进的要点。

第八章：创业扶持政策回顾与展望。本章首先对历年来全国和地方的大学生创业政策进行了回顾；其次对这些政策存在的问题进行评析；最后从长期和短期两个方面对如何完善未来的法规政策进行了展望。

第九章：大学生创业支持体系的构建。在上述章节研究的基础上，本章主张构建政府、高校、社会和家庭"四位一体"的创业支持体系，在这个体系中，政府和高校发挥着主要作用，社会和家庭发挥辅助作用，四个支柱联动渗透，为大学毕业生创业提供应有的帮助和支持。

第十章：大学生创业就业绩效测算。采用何种评价指标来判断大学生创业所带来的就业绩效，对未来政府采取针对性的扶持措施是非常有意义的。本章首先对相关的研究进行了整理；其次提出了编制评价指标的标准、原则和模式；最后在专家问卷调查的基础上，编制了评判大学毕业生创业的就业绩效指标。

第十一章：结语。对全书的研究内容进行了总结，指出了大学生创业就业中存在的问题，分析了原因，并提出了相应的政策措施要点。

1.4 研究方法、技术路线和研究创新

1.4.1 研究方法

本书综合运用管理学、经济学和社会学等学科的理论和研究方法，在系统总结创业和创业类型的基础上，对不同创业类型的特征、创业模式进行了对比分析，并借鉴其中有用的理论部分，对创业与就业的关系、创业类型与就业的关系、创业就业的现状和相应的对策进行深入的研究，取得了一系列成果。本书采用的研究方法如下。

（1）文献研究方法。本书整理了国内外最新和最权威的相关研究结果以及关注了最新的政策动态，总结出其中的规律和发展趋势，为本研究的展开提取有益观点和信息。

（2）问卷调查方法。为了厘清创业类型和就业之间的关系以及发现其中的影响因素，揭示影响因素的作用机制，本书采用问卷调查的方法，对已经毕业并创业的大学生开展调查。

（3）实证研究方法。本书根据不同的研究主题，综合运用不同的经济计量研究方法和统计分析手段展开研究。

（4）深度访谈方法。为了更好地采集数据，更好地完善现有对策，帮助高校毕业生创业，本书的研究人员走访了高校部门、政府机构负责人以及创业者本人，进行当面访谈并录音，吸取他们的合理建议。

（5）对比研究方法。本书非常重视国外创业发展的现状、理论与实践，因此无论在实证研究内容还是对策研究内容中，都加入对国外创业活动的分析，以便更好地揭示创业活动存在的普遍规律以及借鉴有用的经验。

1.4.2 技术路线

根据研究内容之间的逻辑关系构建了本书研究的技术路线（见图1.1）。

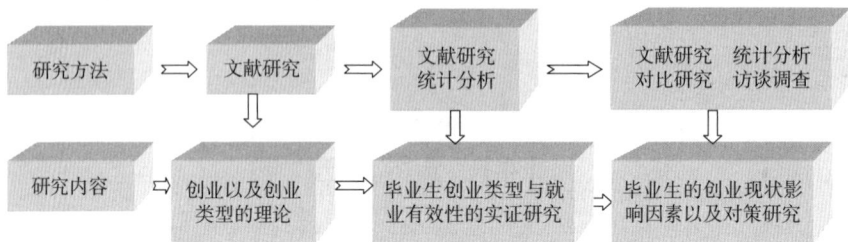

图 1.1 研究技术路线

资料来源：笔者自制。

1.4.3 研究创新

（1）从创业类型与就业有效性关系的角度研究创业影响就业的关键因素和作用机制。本书不仅针对高校毕业生群体，还深入研究其创业活动类型与就业效果的关系。在实证研究内容方面，本书在国内首次研究了高校毕业生创业类型与就业数量和质量的关系；在国内首次研究了世界范围内的高校毕业生创业类型与就业数量和质量的关系。

（2）设计针对性较强的创业就业的政策支持体系，为相关部门制定措施提供参考。提出了"二三四"的政策体系，强调创业政策设计的先导性作用："二"就是机会型和生存型创业并重；"三"就是根据大学生创业前、创业中和创业后三个不同阶段来制定创业政策；"四"就是构建政府、高校、社会和家庭"四位一体"的创业支持体系。

（3）使用多层线性模型以及计量分析等多种实证研究方法，从宏观和微观、国内和国际等多种角度分析了大学生创业与就业数量和质量的关系。除上述实证研究外，还结合了文献分析、案例访谈等多种研究方法和手段，确保研究结论的准确性和科学性。

第二章　创业理论研究

"创业是一种思考、推动和行动的方式，它为机会所驱动，需要在方法上全盘考虑并拥有和谐的领导能力。"

——Timmons（1999）[1]

---

[1] Timmos, J. A.. New Venture Creation: Entrepreneurship for the 21st Century[M]. (5th Ed). Boston: Irwin McGraw-Hill, 1999.

2.1 创业的定义

"创业"一词最早起源于 12 世纪的法语"entreprendre",字面意思是"承担"。在创业学逐渐成为一个独立的学术领域的今天,弄清楚创业的定义仍然是一件非常困难的事情。由于各自研究方法、领域和研究范式的不同,学者们对创业给予了不同的诠释。例如,在绝大多数劳动经济学家看来,自雇劳动者可以被视为创业;然而以德鲁克为代表的管理学家认为,创业是一种可以组织并需要组织的系统性工作。所以,Low 和 MacMilian[1]认为"在建构创业研究领域的概念框架中,存在的最大障碍也许一直就是其定义问题"。

Gartner[2]曾从创业者个人特性和创业的行为结果两个角度对创业的概念进行了系统的整理。我们在借鉴其方法的基础上,再结合近些年来创业研究的热点,对国外学者的各种学派或者组织的代表性观点进行了梳理和概括,结果见表 2.1。

表 2.1   各种学派对"创业"的解释

定义	学者	定义/解释
创业者的特质论	熊彼特[3]	通过"破坏性创造"打破现有均衡,将原来的生产要素重新进行组合,满足市场需求,从而创造利润
创业者的特质论	科茨纳[4]	具有能够敏锐发现市场获得机会的"警觉"能力

① Low, M.B.; MaeMillan, C.. Entrepreneurship: Past Researeh and Future Challenge[J]. Journal of Management, 1988, 14 (2): 139-161.

② Gartner, W.B.A.. Conceptual Framework for Describing the Phenomenon of New Venture Creation[J]. Academy of Management Review, 1985, 10 (4), 696-706.

③ Schumpeter, J.A.. The Theory of Economic Development[M]. Cambridge. MA: Harvard University Press, 1934.

④ Kirzner, M.. Competition and Entrepreneurship[M]. Chicago: The University of Chicago Press,1973.

续表

定义	学者	定义/解释
创业行为论	Cole[①]	发起、维持和开展以利润为导向的有目的的业务活动
	国际管理科学学会	创办管理新业务，小企业和家族企业
	Donllingers[②]	在风险与不确定环境下创造出的一个新经济组织
	Van Gelderen等[③]	初建阶段的创业行为目标在于创立企业
	全球创业观察组织	任何个体/团队试图建立新的企业或者组织的活动，如自我雇佣、创建新企业、已有企业扩展等都是新企业
创业机会论	Shane and Venkataraman[④]	认为创业是机会的识别、评估和利用的过程，即创业机会和创业个体相互交织的理想结果
	Sarasvathy[⑤]	分析创业者如何利用效果推理的手段创造机会
	The US National Commission on Entrepreneurship	经济主体利用新机会的方式，这种新机会不断变化而且产生财富

资料来源：笔者自制。

由此可见，早期的研究多集中在创业者个人的特质方面，以后逐渐转移到对创业过程中创业者行为活动方面的解释，到现在聚焦到以机会论为中心的阶段。

综上所述，我们认为：创业是创业者通过识别和捕捉市场机会，利用自身资源，建立新企业或者创新业务的活动。这个定义基本上包含了社会学派、创新学派和机会派的观点，也是对目前阶段以机会观为主流的创业定义的继承和发展。

大学毕业生的构成是多方面的，既有本科毕业生，也有专科毕业生，还有硕士研究生和博士研究生。根据以上的定义，本书的研究对象是：已经毕业 5 年之内、具有大专（或者高职）及以上学历的人员。

① Cole, A.H.. Mesoeeonomics: A Contribution Form Entrepreneurial History[J]. Explorations in Entre Preneurial History, 1968, 6 (l), 3-33.

② Dollingers, Marc. J.. Entrepreneurship: Strategies and Resources[M]. Englewood: Prentice Hall, 2003.

③ Van Gelderen M.; Kautonen T.; Fink, M..From Entrepreneurial Intentions to Actions: Self-control and Action-related Doubt, Fear, and Aversion[J]. Journal of Business Venturing, 2015, 30 (5),655-673.

④ Shane, S.; Venkataraman, S.. The Promise of Entre preneurship as a Field of Research[J]. Academy of Management Review, 2000, 25 (1), 217-226.

⑤ Sarasvathy, S..Toward Causation and Effectuation: A Theoritical Shift from Inevitability to Economic Entrepreneurial Contingency[J]. Academy of Management Review, 2001, (26), 243-263.

2.2 创业类型的划分

从上文得知，由于创业所蕴含的复杂性和多样性，所以从一定的标准出发对创业类型进行划分是必要的研究前提。国内外学者在研究创业问题的时候，都根据自己的研究目的提出了创业类型的划分方法。列举如下：（1）可以按照产业性质来划分，Baptista 等[1] 就把创业企业分为了知识密集型和劳动密集型的企业。（2）根据创业的主体来划分，Madhushree[2] 把创业者划分为五种：机会型创业、推动型创业、管理型创业、新工匠型创业、想法驱动型创业。（3）按照创业效果来分类，Gartner 等[3] 认为有三种类型：成立新企业的创业、继续尝试性创业、放弃型创业。（4）基于组织结构复杂性划分，Spencer 和 Gomez[4] 认为有自我雇佣、小企业和资本市场的新上市企业。（5）按照结果是否有利于社会，Baumol[5] 认为可以分为有益的创业、无益的创业和破坏性创业。

国内的学者在这方面也有自己的认识和理解。目前国内对于创业类型的研究较有影响力学者主要有：中国青年政治学院的李家华、浙江大学的王重

---

[1]　Baptista, R.; Escaria, V.; Madruga, P.. Entrepreneurship, Regional Development and Job Creation: The Case of Portugal[J]. Small Business Economics, 2008, 30 (1), 49-58.

[2]　Madhushree Nanda Agarwal. Type of Entrepreneur, NewVenture Strategy, and the Performance of Software Startups[R]. Indian Institute of Management Calcutta, 2004 (1).

[3]　Gartner; Carter; Reynolds. Exploring Startup Event Sequences[J]. Journal of Business Venturing, 1996, 11 (3), 151-166.

[4]　Spencer, J.; Gomez, C.. How Political Environments Affect Firm Growth: Evidence from Small and Large Firms in Latin America[C]. Presented at the Academy of Management Annual Conference, Seattle, WA2003.

[5]　Baumol, W. J.. Entrepreneurship: Productive, Unproductive, and Destructive[J]. Journal of Political Economy, 1990, 98 (5), 893-921.

鸣、南开大学的张玉利等人、吉林大学的蔡莉等、清华大学的高健等。例如清华大学唐靖和姜彦福①从"新旧组织"和"新旧市场"两个维度，除去组织和市场均没有任何变化的第四象限的经济活动，把其他三个象限的经济活动全部定义为创业活动，将其分别称为"创建新市场的活动""公司创业型的活动""新竞争性进入者的活动"。国内著名学者张玉利②通过对1500名中国创业者调查，并进行分析后，再根据创业动机的差异性将创业行为分成了三类：机会拉动型创业、贫穷推动型创业、混合型创业。这种分类可能更接近于中国的现实情况。

本书采用 GEM（全球创业观察）2001 年所提出的机会型创业和生存型创业的概念。机会型创业是指创业者为了追求独特的市场机会而创办企业或者开展新业务；生存型创业是指创业者进行创业是由现实情况决定，并且创业是他们最理想的选择。将创业划分为机会型和生存型两种类型是一种全新的、从创业动机方面区分创业类型的方式③。上述两种创业的概念不断被 GEM 后续的报告完善和发展。2003 年，GEM 报告中重新定义了机会型创业：机会型创业者实际上还有其他的选择，但是由于个体偏好选择了所发现的市场机会，而且这些市场机会是创业者们感兴趣的，并愿意去利用和开发的。生存型创业者是因为别无选择，也没能发现机会，不得不从事创业。2005 年，GEM 报告中又指出：机会型创业者是主动地创建企业，是为了追求一个机会而创建企业。与生存型创业者不同的是，大多数机会型创业者拥有比较牢靠的经济来源，而且在自己比较熟悉、擅长或感兴趣的领域进行创业。

追根溯源，GEM 所提出的关于创业的这两种分类来自"推拉力理论"的应用。早在 20 世纪 80 年代，一些学者如 Brockhaus④、Cooper 和 Dunkelberg⑤

① 唐靖，姜彦福. 创业过程三阶段模型的探索性研究[J]. 经济师，2008（6）.

② 张玉利，薛红志，杨俊. 企业家创业行为的理性分析[J]. 经济与管理研究，2003（5）.

③ Reynolds, P. D.; Camp, S.M.; Bygrave, W.D.; Autio, E.; Hay, M.. Global Entrepreneurship Monitor Executive Report[R]. Babson College and London Business School, 2001(11), 1-58.

④ Brockhaus, R. H.. The Psychology of the Entrepreneur[M]. C. A. Kent; D. L .Sexton, K. H. Vesper. Encyclopedia of Entrepreneurship, Englewood Cliffs: Prentice Hall, 1982: 39-56.

⑤ Cooper, A.C.; Dunkelburg, W.C.. Entrepreneurship and Paths to Business Ownership[J]. Strategic Management Journal, 1986, 7 (1), 53-68.

开始用"推力"和"拉力"的现象来研究创业动机，他们注意到有些创业者进行创业之前就有了创业意愿，创业者可能会受到当前劳动力市场上不同就业情况的影响。受此启发，Storey[①] 以及后来的很多学者如 Segal 等 [②]、Schjoedt等 [③] 把所有的创业动机划分为推动型和拉动型两大类型，从而提出了创建企业的"推力"和"拉力"假说。"推力"假说认为失业者发现劳动力市场比较萧条，自己很难被雇用，因此只有选择创建企业。"拉力"假说认为当事者看到经济比较繁荣，市场带来的机会较多，自己当老板比受雇于他人在经济利益方面更合算，就主动放弃在劳动力市场上寻找工作，从而选择自己创办企业。

人们普遍认为，推动型的因素是由个人和外部因素决定的（包括婚姻破裂或者未能升职等），这些因素往往带有消极的含义；相反，拉动型的因素是指那些吸引人们创业的积极因素，如看到好的商业机会。Storey（1994）赞同这一观点：影响创业类型划分的因素包括"推动型"和"拉动型"两类。Amit 和 Muller[④] 在研究解决逆向选择和道德风险的问题时，主要关注个人成为企业家的动机。他们根据个人进行创业的动机将企业家分为推动型和拉动型的企业家。推动型的企业家是指那些因为不满足于现在的工作，而不是创业特征方面的原因推动他们进行创业活动的人；拉动型的企业家是指那些被新的创业想法和新生的创业活动所吸引或者受到其他人的影响而从事创业活动的人。他们的统计分析结果表明拉动型的企业家往往比推动型的企业家更成功。

---

① Storey, D.J.. Understanding the Small Business Sector[M]. London:Routledge, 1994: 123-157.

② Segal, C.; Borgia, D.; Schoenfeild, J.. The Motivation Become an Entrepreneur[J]. International Journal of Entrepreneurial Behaviour & Research, 2005, 11 (1), 42-57.

③ Schjoedt, L.; Shaver, K.C.. Deciding on an Entrepreneurial Career: A Test of the Pull and Push Hypotheses Using the Panel Study of Entrepreneurial Dynamics Data[J]. Entrepreneurship Theory and Practice, 2007, 31 (5), 733-752.

④ Amit, R.; Muller, E.. Push and Pull Entrepreneurship[J]. Journal of Small Business and Entrepreneurship, 1995.12 (4), 64-80.

　　有些学者深入研究了推动型和拉动型的因素。Shaver 和 Seott[1] 认为个人选择创业是受到推动型和拉动型两种类型因素的共同影响，同时他们的实证结果表明工作满意度并没有影响一个人进行推动型或者拉动型创业。Kirkwood[2] 将拉动型的因素归结为对独立性、金钱、挑战性、成就、机会和生活方式等方面产生的创业愿望，其中自主性或独立性是最常被引用的创业拉动因素之一[3]；而将推动型的因素归结为与工作方面有关的因素，包括工作不满意、工作的变化、上级的帮助以及孩子（那些有孩子的工作者）等方面，如失业的威胁[4]。尤其对女性创业者来说，是推动因素在发挥主要的作用[5]，或者是更擅长把推动和拉动因素结合起来，这和男性创业者主要受拉动因素影响不同[6]。从对推动型创业与拉动型创业的定义和影响因素的界定来看，推动型创业更倾向于被动创业，而拉动型创业则倾向于主动创业，这也是区分生存型创业和机会型创业的一个重要方面。所以我们可以认为生存型创业和机会型创业是在推动型和拉动型创业的基础上产生并发展起来的。

　　其实，GEM 对于机会型创业和生存型创业的划分还是引起了一些争议。Hamilton[7] 认为：GEM 的划分没有考虑创业行为的非经济解释（如自我实现和更多自主性等）。Block 等[8] 对这个定义表示质疑，认为这一定义与对创业者的定义——那些能够识别机会和利用机会的个人——相矛盾，特别是生存型

---

① Shaver, K.G; Seott, L.R.. Person, Proeess, Choice: The Psychology of New Venture Creation[J]. Entrepreneurship Theory and Praetice, 1991, 16 (2), 23-45.

② Kirkwood, J.. Motivational Factors in a Push-Pull Theory of Entrepreneurship[J]. Gender in Management, 2009, 24 (5). 346-364.

③ Van Gelderen, M.W.; Jansen, P. G. W.. Autonomy as a Startup Motive[J]. Journal of Small Business and Enterprise Development, 2006,13 (1), 23-32.

④ Thurik, A.R.; Carree, M.A.; Van Stel A. J.; Audretsch, D. B.. Does Self-employment Reduce Unemployment?[J]. Journal of Business Venturing, 2008, 23 (6), 673-686.

⑤ Isaga, Nsubili. Start-up Motives and Challenges Facing Female Entrepreneurs in Tanzania[J]. International Journal of Gender and Entrepreneurship, 2019, 11 (2), 102-119.

⑥ Dawson, C.; Henley, A.. Push versus Pull Entrepreneurship: An Ambiguous Distinction?[J]. International Journal of Entrepreneurial Behavior & Research, 2012, 18 (6), 697-719.

⑦ Hamilton, B.H.. Does Entrepreneurship Pay? An Empirical Analysis of the Returns to Self-employment[J]. Journal of Political Economy, 2000, 108 (3), 604-631.

⑧ Block; Joern; Sandner; Philipp; Spiegel; Frank. Do Risk Attitudes Differ within the Group of Entrepreneurs?[C]. MPRA Paper No.1758729, 2009.

创业者并不是由机会驱动的。这一定义没有将生存型创业者看成创业者，比如创业领域里比较有影响力的学者 Shane[1] 就认为：虽然创业者由于消极因素而被迫进行生存型创业，但其表现不会比机会型创业者差，生存型创业者也同样能增加工作岗位，创造财富，具有较高的成长率。这些争议也带来了人们对生存型和机会型创业的进一步理解和认识，比如可以按照是否雇用劳动者的角度来划分，自雇者在经营活动中没有雇用他人可被认为是生存型创业者，雇用他人的是机会型创业者[2]，或者把生存型创业者可以归纳为弱势创业者的广义范围之内，因为弱势创业者是指那些受教育和就业机会有限、遭遇贫穷和歧视的创业者[3]。尽管如此，国内外创业研究的主流观点还是非常认可 GEM 所提出的机会型创业和生存型创业的划分方法，而且大量引用这一方法，并逐渐加以完善。这也是本书采用 GEM 观点的原因。

①　Shane, S.. Why Encouraging More People to Become Entrepreneurs is a Bad Public Policy[J]. Small Business Economies, 2009, 33 (2), 141-149.

②　Hyytinen, A., et al. The Return to Entrepreneurship Puzzle[J]. Labour Economics, 2013, (20), 57-67.

③　Assenova, V. A.. Early-stage Venture Incubation and Mentoring Promote Learning, Scaling, and Profitability among Disadvantaged Entrepreneurs[J]. Organization Science, 2020, 31 (6), 1560-1578.

2.3 各种创业理论模型

由于外在因素（文化氛围、经济形势、家庭背景等）和个体内在因素（创业动机、个人特质等）的影响，创业者会形成不同的创业行为，从而形成不同的创业模式、类型以及绩效。因此，弄清楚其中的内在规律，对后续的研究是非常有意义的。按照目前学者们的观点来看，创业理论模型有在社会学、心理学、管理学及经济学背景下形成的不同范式。本节重点介绍目前已经存在的大学生创业理论模型和本研究所采用的 GEM 创业理论模型。

从社会学的角度来看，Guclu、Dees 和 Anderson[1]认为需要经过两个阶段才能导致社会创业机会的发展：第一个阶段是构思阶段，即创业者本人产生某些创意想法，而且在当事者看来，这些创意想法极有可能成功；第二个阶段是实现阶段，即创业者把他们的创意想法变成为吸引人的机会。第二个阶段特别重要，它决定了创业是否会成功。在此基础上，Dees、Emerson 和 Economy[2]又发展出社会创业三阶段过程模型，在这一模型中，社会创业过程由三个阶段构成：初始阶段、改革阶段和平稳阶段。创业者在每个阶段会面临不同的任务：初始阶段的任务是搭建创业团队；改革阶段的任务是制定和形成组织的规章制度，确保组织的日常运作；平稳阶段的任务是提升组织运营能力，应付外来挑战和解决社会问题。

---

① Ayse Guclu, J.; Gregory Dees; Beth Battle Anderson. The Process of Social Entrepreneurship: Creating Opportunities Worthy of Serious Pursuit[R]. Center for the Advancement of Social Entrepreneurship, Fuqua School of Business, 2002.

② Dees, G.; Emerson, J.; Economy, P.. Strategic Tools for Social Entrepreneurs: Enhancing the Performance of Your Enterprising Non-profit[M]. NewYork: John Wiley&Sons, 2002.

Miler 等[1]提出了同情心是刺激社会创业的前提条件，在此基础上构建了社会情感因素——同情心对社会创业的激励模型。其主要观点是：经过亲社会的成本收益分析和对减轻他人痛苦的承诺、综合思考这三种机制的作用，创业者会把同情感转化为社会创业的动力。

从管理学的角度来看，比较有影响力的模型是 Gartner 模型[2]、Timmons 模型[3]和 Sarasvathy 模型[4]。

Gartner（1985）基于对特质理论的批判，运用了创立新企业的个人——创业者、他们创建新企业的类型——组织、新企业所面临的环境和创立新企业的过程等四个重要变量，上述变量相互影响、相互作用，最终结果是形成了崭新的创业企业。

Timmons（1999）模型把创业看作一个高度动态化的过程。其中，机会、资源和团队是创业过程中最重要的三个驱动因素。创业过程由创业机会启动，在组成团队后，还要取得必要的资源，这样才能顺利开展创业活动。除此之外，良好的创业管理必须能够根据创业活动重心的变化及时调整创业机会、团队和资源三者之间的平衡。同时外部环境的任何变化都会影响到这三者之间的关系，进而会影响创业进展。

Sarasvathy（2008）根据效果逻辑理论构建了该理论的创业过程模型。在这个模型中，创业者基于现有资源和手段开展创业活动，为解释传统创业理论无法解释的创业现象提供了新思路，也更符合创业实践，现在还在进一步完善中。

从心理学的角度来看，"计划行为理论""创业事件模型""社会认知理论"是国外近些年来运用得比较多的理论，这些理论强调个体内在变量（创

---

① Miler, T.; Grimes, M.G.; McMullen, J.S, et al. Venturing for Others with Heart and Head: How Compassion Encourages Social Entrepreneurship[J]. Academy of Management Review, 2012, 37 (4), 616-640.

② Gartner, W.B.A.. Conceptual Framework for Describing the Phenomenon of New Venture Creation[J]. Academy of Management Review, 1985, 10 (4), 696-706 .

③ Timmons, J.A.. New Venture Creation: Entrepreneurship for the 21st Century[M]. (5th Ed). Boston: Irwin McGraw-Hill Press, 1999.

④ Sarasvathy, S.D.. Effectuation: Elements of Entrepreneurial Expertise[M]. Cheltenham, UK: Edward Elgar Publishing, 2008.

业态度、创业自我效能感等）对创业的影响，创业意向是经过深思熟虑的理性行为倾向，并在此基础上加入了外界环境、创业认知及个体与外界环境互动等因素的分析。以下是基于上述三个理论的大学生创业模型。

2.3.1 基于计划行为理论的大学生创业模型

根据计划行为理论，稳定的人格特质对创业态度有强烈的影响，从而影响创业者的创业意向。

Luthje 和 Frank[①] 对美国麻省理工学院的 512 名学生进行了问卷调查，经过分析，作者认为主要是人格特质和环境因素影响大学生的创业倾向。人格特质包括冒险倾向和内控。环境因素是指个体所感知到的环境支持因素和阻碍因素。其中，冒险倾向、内控和创业态度有显著的正相关关系，并通过创业态度这个桥梁，即间接的方式来影响创业倾向，而个体感知到的支持因素增强创业倾向，环境障碍因素则削弱创业倾向，即以直接的影响方式作用于创业倾向（见图 2.1）。

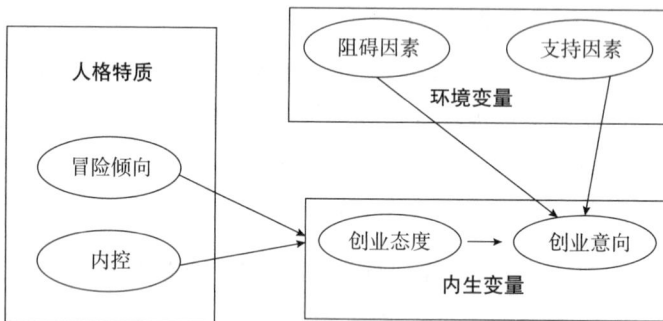

图 2.1 基于计划行为理论的创业意向结构模型

资料来源：Luthje, C.; Frank.N.（2003）.

---

① Luthje, C.; Frank, N.. The Making of an Entrepreneur: Testing a Model of Entrepreneurial Intent among Engineering Students at MIT[J]. R&D Management, 2003, 33 (2), 135-147.

2.3.2 基于创业事件理论的大学生创业模型

创业事件理论主要从基于过程的动机和基于内容的动机两个方面入手来分析大学生的创业动机如何影响创业意愿：基于过程的动机包括创业感知的可行性和合意性；基于内容的动机包括自我成就需求和发展需求等。

Phan 等[①] 以新加坡大学生群体为研究对象，选取了该群体的背景、经验、创业信念和态度作为变量，对大学生的创业倾向进行分析。在这个模型中，大学生的创业倾向主要受到个人背景、对创业信念和态度影响。个人背景包括家庭环境、商业、性格和教育，尤其是教育环境对个体创业态度的影响。信念就是"自我效能感"。通过研究，作者认为，创业者凭借自己的信念对创业倾向的形成有显著性的影响，在这个过程中，态度也有正向影响，而正规教育的培训削弱了创业倾向（见图 2.2）。

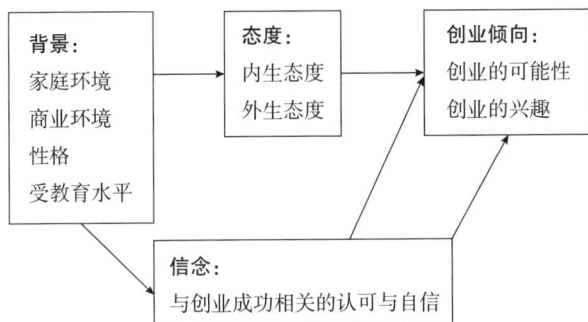

图 2.2 基于创业事件理论的创业倾向模型
资料来源：Phan, P. H.; Wong, P. K.; Wang, C..（2002）.

① Phan, P. H.; Wong, P.K.; Wang, C.. Antecedents to Entrepreneurship among University Students in Singapore: Beliefs, Attitudes and Background[J]. Journal of Enterprising Culture, 2002, 10 (2), 151-174.

2.3.3　基于社会认知理论的大学生创业模型

在自我认知理论中，自我效能感被大多数学者用来研究大学生的创业倾向。

通过文献研究和实地调研 210 名大学生，范巍和王重鸣[1] 尝试着从更宽广的视角创建了一个中国大学生的创业模型。在该模型中，我们可以看到作者从个性特征、背景因素以及环境因素来探讨中国大学生的创业倾向。经过研究，他们发现：在个性特征中，具有高外向性、责任认真性、经验开放性和自我功效感的大学生具有较高的创业倾向；在环境因素中，大学生的创业倾向受到创业者本人的成就感、创业者本人的经济回报、创业者本人的特性优点、创业者所处的外部环境的影响；在背景因素中，学历层次、所学专业和年龄与创业倾向存在相关关系（见图 2.3）。

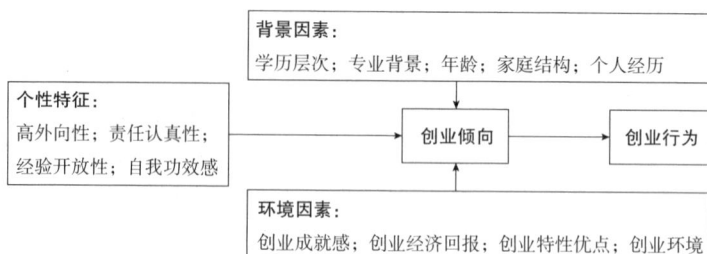

图 2.3　基于社会认知理论的创业倾向模型
资料来源：范巍，王重鸣（2004）。

2.3.4　GEM 的创业模型

GEM 的创业模型是从宏观的角度来关注创业者的决策。GEM 认为：创业者的创业决策受到一系列创业环境特征影响，这些创业环境特征就是创业框架，它包含 10 项内容：金融支持（创业企业所需资金来源）、政府政

① 范巍，王重鸣.创业倾向影响因素研究[J].心理科学，2004（5）.

策（政府对创业企业在政策方面的扶持）、政府项目（政府对创业企业的具体支持）、教育与培训（与创业相关的各种教育和培训体系）、研究开发和转移（研发体系对创业企业的影响）、商务环境（创业企业能够得到的商业、会计和法律服务）、市场开放程度（市场形势以及创业企业进入现有市场的机会）、有形基础设施（基础设施以及价格）、社会和文化规范（现有社会文化氛围对创业的鼓励）、知识产权保护（创业企业知识产权能否得到有效保护）。这 10 项内容是专门针对创业企业的，不是针对一般的、已经存在的大企业的，而且这个创业框架也适合跨国创业活动。

和上述大学生创业模型相比，GEM 创业模型有以下不同。（1）它是典型的经济学和心理学相结合的模型，强调了"创业意愿"或"创业偏好"或"创业动机"等要素在创业过程中的作用，而且它所强调的外部支持环境更加注重政府社会宏观条件对创业核心要素的直接或间接干预。大学生创业的心理模型在强调外部环境支持的时候，着重于家庭背景。（2）GEM 更强调全球的视野，具有广泛的适用性。截至 2020 年，在全球范围内，GEM 组织研究覆盖的国家和地区已经超到 120 个，影响巨大。仅在 GEM 2021/2022 全球报告中，GEM 就对来自 50 个不同经济体的约 15 万人进行了广泛采访，这些经济体的 GDP 合计占全球 GDP 的 68% 左右，人口合计占全球人口的 45%。上述心理学的创业模型的研究样本量不够大，可能在局部范围内具有一定的适用性（见图 2.4）。为了弥补上述模型的不足之处，本节在探讨不同创业类型与就业关系的时候，特意借鉴了 GEM 模型的外部支持环境的部分内容。

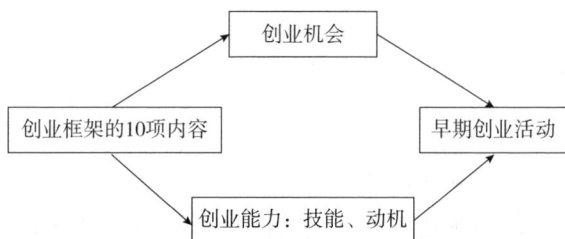

图 2.4　GEM 创业模型

资料来源：根据 GEM 的相关资料概括整理。

2.4　生存型创业与机会型创业的比较分析

从上述研究对创业的定义界定中可以看出：生存型创业与机会型创业最大的区别就是创业者的创业动机存在差别，生存型创业更多的是一种被迫创业，因为从上面的定义中我们可以知道生存型创业是没有工作或者是为了寻求生活保障而不得不进行创业，创业也许是他们获得经济来源和生活保障唯一的途径。而机会型创业更多的是一种自发性的创业，机会型的创业者本身可能就拥有很好的工作机会，吸引他们进行创业的是商业机会或者是为了追求自己的梦想，而不是金钱，他们进行创业就是为了更好地把握和利用商业机会，一旦他们识别了某个商业机会，他们就会主动去创业。

自从生存型创业和机会型创业提出后，就吸引了许多学者的关注，除了之前从创业动机的角度来研究两种创业类型外，学者们还从其他角度对两种类型创业的内涵进行了丰富和完善。我们以这两种创业类型特征为角度来梳理这些研究。

将创业类型划分为机会型和生存型创业最早是在 2001 年由 GEM 提出来的。两种类型的创业概念提出后，国外学者纷纷在此基础上将机会型创业和生存型创业的研究发扬光大，不断推陈出新。他们同时利用 GEM 的数据和其他数据，对两种创业类型的内在机制进行了探讨，例如两种创业类型的特征、影响因素等。从政策的角度来说，理解是什么原因驱动机会型创业和生存型创业，机会型创业和生存型创业的特征有什么具体区别，显然都具有重要的意义。然而相比于生存型创业，机会型创业所蕴含的创业者的主动性是否真的比生存型创业更强（即他们更主动地成为自雇人士），仍然很难下结论。

Reynolds 等[①]认为驱动生存型创业与机会型创业的因素是不同的。生存

---

① Reynolds, P. D.; Camp, S.M.; Bygrave, W.D.; Autio, E.; Hay, M.. Global Entrepreneurship Monitor Executive Report[R]. Babson College and London Business School, 2001(11), 1-58.

型创业与机会型创业对于绩效的贡献也是不同的。Reynolds（2002）认为就创新和就业机会创造方面，机会型创业对于经济增长的贡献可能更大。这就是为什么现在很多的政策都鼓励机会型创业而忽视生存型创业的原因。

国内外很多学者利用 GEM 调查数据和其他一些数据资料，从创业者的动机、创业者所在的行业或者部门、可以利用的资源、对经济的影响、创业者的特征等方面对上述这两种类型创业进行了比较。表 2.2 是根据姚梅芳和马鸿佳 [①] 的研究并在此基础上进行扩展的。

表 2.2 　　　　　　　　　　　　　　两种创业类型的比较

视角	机会型创业	生存型创业
创业动机	追求商业机会，是一种主动的创业；或者是追求非物质报酬，例如自我实现等	没有更好的选择或者是对目前的工作不满意，是一种被动的创业，满足个人和家庭的生存
行业/部门/地区分布	注重创造新市场，且市场规模较大；选择技术含量较高的产业部门，比如互联网部门等，或分布在经济发达的区域	很少进入新市场，在现有市场中捕捉机会；选择技术含量要求低的部门，如零售、社会服务行业等，或在不发达的城市区域。发展中国家的生存型创业主要分布在非正规部门
创业者特征	教育程度相对较高；男性涉及机会型创业活动更多一些；更愿意承担风险，有更多的自我控制，具有外向性和开放性特质的人群	教育程度相对低一些；女性比重较高；创业者年龄偏大；对于风险的承受力较低，具有严谨性和神经质特质的人群
初始资源	机会型创业在人力资源、技术资源、社会网络资源方面所拥有的优势较大	生存型创业者资金积累不足，拥有较低水平的人力资本和较差的创业能力
经济社会贡献	在高收入国家贡献更高，能够促进经济增长，提高产业竞争力，更能增加就业。创业者的幸福感高	在低收入国家贡献较高，对经济增长效果不明显。创业者的幸福感相对低

资料来源：根据相关资料概括整理。

2.4.1　基于创业动机的比较

根据前述分析可以知道，生存型创业和机会型创业最早的划分就是根据创业的动机，所以这也是两者最主要的区分方式。Reynolds（2002）进一步

---

① 姚梅芳，马鸿佳. 生存型创业与机会型创业比较研究[J]. 中国青年科技，2007（1）.

清晰界定了两种创业类型的含义，他认为机会型创业是指创业者为了追求独特的市场机会而创办企业或者开展新业务；生存型创业是指创业者进行创业是由现实决定，并且创业是他们最好的选择。从创业的意愿来看，生存型创业因为是别无选择，更多的是受到推动性因素的制约，所以生存型创业者显得更为被动；而机会型创业者因为是为了追求商机，创业者更多的是受到机会的拉动，所以他们表现的是主动抓住商机。

Acs 等[1]认为在 GEM 的框架中，个人参与创业活动主要涉及两方面的原因：一是有些人进行创业是为了利用已经获得的市场商机；二是有些人进行创业是因为在劳动力市场上找不到工作，或者他们对目前的工作感觉不满意。并且根据他们的分析，超过 97% 的参与创业的个人要么属于生存型创业者，要么是机会型创业者。

2.4.2　基于行业或者部门分布的比较

根据 GEM 调查显示，机会型创业注重创造新的市场，并且市场规模相对来说比较大。此外，在选择创业部门的时候，机会型创业更多会进入技术壁垒较高的新兴行业，如电子信息等。而生存型创业则倾向于进入较为成熟的市场，即使他们开创新的市场，这些市场的规模也比较小。除此之外，生存型创业会选择技术壁垒低的现有行业，如餐饮、服务业等。两种创业类型之所以会出现这种差别，最有可能是因为创业初始资源、创业能力等条件的限制。池仁勇和梁靓[2]认为生存型创业者由于初始资源和创业能力的先天不足而选择技术壁垒较低的、成熟的和传统的市场；机会型创业者因其资源充足和一些其他优势，他们更可能在识别商机的情况下选择技术壁垒较高的行业或开创新的市场。薛红志等[3]通对来自全国 8 个城市的 1185 份问卷统计发

---

① Acs. Z. J.; Arenius. P.; Hay, M.; Minniti, M.. Global Entrepreneurship Monitor:2004 Executive Report[R]. Babson College and London Business School, 2005.

② 池仁勇，梁靓. 生存型与机会型创业者的行业选择研究[J]. 科技进步与对策，2010（5）.

③ 薛红志，张玉利，杨俊. 机会拉动与贫穷推动型企业家精神比较研究[J]. 外国经济与管理，2003（6）.

现：机会拉动型和贫穷推动型创业在全国不同城市有不同的分布，例如，成都、重庆以贫穷推动型创业为主，上海、深圳、南京、石家庄以机会拉动型创业为主，而大连和沈阳两地机会拉动型创业比例略高于贫穷推动型创业。在他们看来，这种分布的差异主要是因为各地经济发展水平及经济环境不同。这种情况也被 GEM 的报告所证实，在 2018 年 GEM 的报告中，机会型创业更多地出现在经济发展程度更高的地区和国家中，例如，在北美地区机会型创业者与生存型创业者的比例为 5.2∶1，而非洲的比例只有 1.5∶1。

2.4.3 基于初始资源的比较

Lucas（1978）[1] 发现无论从人力资本拥有数量，还是从创业技能水平来说，生存型创业者都比不上机会型创业者，所以后者的成长预期要高于前者。Storey（1994）和 Thurik（2008）认为生存型创业者初始资源欠缺。Djankov 等 [2] 发现家庭网络资源对生存型创业和机会型创业均存在积极的影响，但是对于机会型创业的影响要比生存型创业大，而且早期的机会型创业比早期的生存型创业更有可能获得家庭网络资源。蔡莉等 [3] 通过实证研究发现机会型创业在初始技术资源、初始社会网络资源方面均优于生存型创业。池仁勇和梁靓（2010）认为生存型创业由于是被动的创业，创业者把创业当成个人维持生活的一种手段，所以一般不具备丰富的物质资源；生存型创业更多的是选择维持现状，所以他们很少会引进新的设备和改良技术；生存型创业指数较高的地方往往是经济欠发达的地区，所以获得的物质资源供给较少。除此之外，生存型创业者是为了生存，他们往往是短期利益导向的，所以他们的地位相对来说较低，社会网络资源欠缺。而机会型创业则刚好相反，所以从

① Lucas, R.E.. On the Size Distribution of Business Firms[J], The Bell Journal of Economics, 1978(9), 508-523.

② Djankov, S.; Miguel, E.; Qian, Y.; Zhuravskaya, E.. Who Are Russia's Entrepreneurs?[J]. Journal of the Euopean Economic Association, 2005, 3(2-3), 1-11.

③ 蔡莉，尹苗苗，柳青. 生存型和机会型新创企业初始资源充裕程度比较研究[J]. 吉林工商学院学报，2008（1）.

这些方面来说，生存型创业的初始资源相对比较薄弱。王轶等[1]认为在中国的农村地区，农民社会精英家庭将更有可能进行机会型创业，人力残缺家庭更可能选择生存型创业。

2.4.4　基于对经济社会贡献的比较

2004 年 GEM 报告显示在 34 个国家的 GEM 调查案例中，生存型和机会型创业的相对分布存在很大差异。在一些高收入的国家（如法国、美国和英国）机会型创业更加盛行，而生存型创业多见于较低水平收入的国家（如匈牙利和波兰）。在一些发达国家，Reynolds 等（2002）认为机会型创业和生存型创业都能促进经济的增长。在 Reynolds 等（2002）研究的基础上，Acs 等（2005）通过实证分析探讨了两种创业类型与国家经济发展程度之间的关系，结果显示生存型创业常见于经济欠发达国家，并且对经济发展的影响显著性不高；而机会型创业指数在发达国家更高，并且对经济发展的作用是显著的。原因可能是发达国家拥有完善的劳动力市场或者是更强的安全网（社会福利），并且对于创办企业的要求较低，所以这些国家的生存型创业指数较低。Valdeza 等[2]认为，驱动机会型创业的因素是从创新思想中产生的机会识别，生存型创业的驱动因素是对自己创办的企业能够提供最大效用的信念。他们认为生存型和机会型创业都能促进经济的增长，但是民族文化中对不确定性的规避可能会在两种创业类型中产生很大的差异。

在幸福感方面，多项研究都发现机会型创业者会感受更明显的幸福感，这可能是他们通过自身价值的实现[3]或者财富的增加[4]，从而提高幸福感；而

---

[1]　王轶，熊文，黄先开.人力资本与劳动力返乡创业[J].东岳论丛，2020（3）.

[2]　Valdeza, M. E.; Doktor, R. H.; Singer, A. E.; Dana, L. P.. Impact of Tolerance for Uncertainty upon Opportunity and Necessity Entrepreneurship[J]. Human Systems Management, 2011.

[3]　程建青，罗瑾琏，李树文，闫佳祺，钟竞.创业动机与主观幸福感：社会规范的调节作用[J].科技进步与对策，2020（6）.

[4]　Rahman, S. A.; Amran, A.; Ahmad, N. H., et al. Enhancing the Wellbeing of Base of the Pyramid Entrepreneurs through Business Success: The Role of Private Organizations[J]. Social Indicators Research, 2016, 127 (1), 195-216.

生存型创业者在创业过程中遇到了较多的困难[①]，从而幸福感相对较低。

2.4.5　基于创业者个人特征的比较

创业者是创业的主体，他们是决定选择何种类型创业的主要力量。从传统意义上来说，因为女性更倾向于从事兼职工作或者在她们有了孩子过后就退出劳动力市场，所以她们拥有低水平的人力资本[②]。这说明性别对于机会型创业的影响要大于生存型创业的影响，尽管不少女性选择机会型创业，但是与男性相比，更多的女性参与生存型创业。全球创业观察 2017—2018 年报告显示：在发展中经济体，女性迫于生计创业的比例比男性高出 28%；而在创新型经济体中，女性迫于生计创业的可能性平均比男性高 19%。

Aldrich 等[③]认为年龄越大，工作经验越丰富，并且年龄还能提高创业技能和态度。根据 Reynolds 等（2002）的观点，年龄为 25 ~ 44 岁范围内的个体更倾向于选择创业。年龄大的劳动者因为拥有丰富的经验，所以与生存型创业对比，他们更有可能参与机会型创业。

Block 和 Wagner[④]运用德国的社会经济资料，比较了两种类型的创业者在自身能力、对机会的感知和对机会的开发等层面上的差异。结果如下：机会型创业者所开发的商业机会比生存型创业者所开发的商业机会更有利可图。同时还发现在现实生活中影响这两种类型创业成功的因素有很大的差异，而且工资方程对机会型创业比生存型创业拟合得更好。这表明在创业理论与实践中很有必要区分上述两种类型的创业。

要利用机会的话，一个人必须拥有发现和识别机会的能力。学者认为创

---

①　刘鹏程，刘永安，孟夏.创业者是否幸福？——基于CGSS的数据分析[J].人口与发展，2019（2）.

②　Becker, G.S.. Human Capital[M]. Chicago: University of Chicago press, 1964.

③　Aldrich, H.; Zimmer, C.. "Entrepreneurship through Social Networks" In: D.L.Sexton &R.W. Smilor. the Art and Science of Entrepreneurship[M]. Cambridge, MA:Ballinger, 1986: 3-23.

④　Block, J.; Wagner, M.. Opportunity Recognition and Exploitation by Neeessity and Opportunity Entrepreneurs: Empirical Evidence from Earnings Equations[J]. Academy of Management Annual Meeting Proceedings, 2007(1), 1-16.

业者识别和利用机会的能力与他们的人力资本有关。Davidsson 和 Honig[1] 认为拥有高水平人力资本的个人在识别机会方面更擅长，因此他们更有可能参与创业活动。一般来说，一个拥有丰富的工作经验、接受高水平的教育、掌握了丰富的市场知识和拥有丰富的商业经历的人更有可能选择机会型创业。石丹淅和吴克明[2] 的研究证实一个人学历越低，越有可能选择生存型创业，高学历的人进行机会型创业的可能性较大。工作年限对于机会型和生存型创业都具有倒 U 型影响。不仅如此，创业者的不同特质如对风险的态度和性格特点也会影响他们对创业类型的选择。

Joachim Wagner[3] 利用短期民意调查数据，采用类似 GEM 测量风险态度的方法，分析了风险偏好态度影响上述两种类型创业者自雇选择的差异，其结论是风险偏好态度对机会型创业者有积极影响，而且呈现显著性；对生存型创业者没有呈现显著性的积极影响。Poh Kam Wong 等[4] 发现那些具有较高自我效能感的人以及对风险规避程度低的人更倾向于选择机会型创业，至于生存型创业，自我效能感对其影响并不显著。

魏下海等[5] 对创业者的性格进行分析发现：相对于机会型创业，严谨性和神经质更适合生存型创业，而外向性和开放性更适合机会型创业。

然而，无论是国内的研究和国外的研究，对于大学毕业生创业类型和就业之间的关系涉及不多，这不能不说是一项遗憾。在我们大学生就业形势日益严峻的情况下，如何发挥创业的重要功能——促进就业，是一个值得国内各界关注的问题。

---

[1] Davidsson, P.; Honig, B.. The Role of Social and Human Capital among Nascent[J]. Entrepreneurs Journal of Business Veturing, 2003, 18 (3), 301-331.

[2] 石丹淅, 吴克明. 教育促进劳动者自我雇佣了吗——基于CHIP 数据的经验分析[J]. 中南财经政法大学学报, 2015（3）.

[3] Joachim Wagner. Nascent and Infant Entrepreneurs in Germany. Evidence from the Regional Entrepreneurship Monitor (REM) [R]. IZA Discussion Paper No. 1522, 2005.

[4] Poh Kam Wong; Yuen Ping Ho; Erkko Autio. Entrepreneurship, Innovation and Economic Growth: Evidence from GEM data[J]. Small Business Economics, 2005, 24 (3), 335-350.

[5] 魏下海, 李博文, 吴春秀. 人格的力量：非认知能力对流动人口创业选择的影响[J]. 学术研究, 2018（10）.

第二部分

实证研究

创业活动能否创造更多的就业岗位，带来更高质量的就业？这是社会一直关注的焦点问题。对于政策制定者而言，出台支持创业政策的意义在于增进社会福祉，群众从中获得就业岗位，企业从中得到创新机会；对于大学生而言，进行创业活动可以获得充分的发展，使自己的人生理想与价值得到社会承认；对于学者而言，科学严谨地分析创业活动的成果与相关政策的实效，评估创业活动的就业价值，有助于找到问题的答案，为相关部门政策的制定与调整、大学生创业活动的开展提供借鉴和帮助。

　　基于这样的逻辑，在实证研究部分，遵循理论研究部分提出的框架结构，尽可能地采集不同来源的数据，运用不同的分析方法，从不同的角度展开研究。首先，以全景式的视角和细微的清晰度，从政府的政策环境层面，了解不同类型大学生创业活动是否创造了不同的就业岗位数量，以及是否存在就业质量的差异；其次，在全球范围内深入挖掘各国大学生进行不同类型创业活动存在的就业质量差异，这种差异是否由于个人特征（如性别、年龄）以及组织特征（如行业、产品、市场和技术新颖性）的差别而产生；最后，从宏观经济层面探究创业活动与就业岗位数量创造的关系，进而从整体视角把握创业活动创造就业的功能。

第三章　高校毕业生创业类型与就业关系研究——创业环境与创新策略的调节作用

"中国创业环境的综合评价得分为 5.0 分，在 G20 经济体中排名第 6 位，处于靠前位置。"[1]

——清华大学二十国集团创业研究中心（2019）

[1] 清华大学二十国集团创业研究中心. 2018/2019全球创业观察中国报告[R]. 清华大学二十国集团创业研究中心，2019.

3.1　引言

根据国家统计局发布的数据，2023 年全国城镇新增就业 1244 万人，最近几年来，高校毕业生人数不断增加，在 2022 年首次突破千万人规模后，2023 年毕业生数量已达 1158 万人。我国 18 ~ 34 岁的青年占据了总体创业者比例超四成，是创业活动最活跃的群体；同时，受到新冠疫情的影响，中国年轻人的就业压力较大。作为解决就业的有效途径，我国非常重视创业的作用，为此教育部强调：要激励高校毕业生创新创业，努力实现更加充分更高质量的就业[1]。李克强在 2014 年在天津举办的达沃斯论坛上就强调，要在 960 万平方公里土地上掀起大众创业、草根创业新浪潮。年轻人"通过自己的创业创新、改善生活。一个或几个人的创业，能够带动一批人就业"[2]。

目前，国内对于创业与就业关系的研究不多见，实证研究文献主要关注创业活动增加就业和降低失业率的影响：如董志强等[3]、卢亮和邓汉慧[4]、付

---

[1]　新华社.教育部提出将努力实现更加充分更高质量的就业[EB/OL].中国政府网，2014-02-04.

[2]　杨永春.李克强："大众创业"为青年人争一个未来[EB/OL].中国共产党新闻网，2014-12-09.

[3]　董志强，魏下海，张天华.创业与失业：难民效应与企业家效应的实证检验[J].经济评论，2012（2）.

[4]　卢亮，邓汉慧.创业促进就业吗？——来自中国的证据[J].经济管理，2014（3）.

宏①、张成刚等②、侯永雄和谌新民③、朱金生和余凡④、朱金生和朱华⑤、王剑⑥；理论综述主要是对国外的创业活动和就业数量、就业质量的关系进行了回顾：如卢亮和邓汉慧⑦、汤灿晴等⑧，然而对于不同类型的创业活动与就业关系的研究更为缺乏。根据已有的理论研究和实际调研，创业活动有不同的类型：它们对就业的影响可能是不同的。Baptista等⑨的初步分析显示：知识型的企业比其他类型的企业在就业方面能发挥更大的作用。全球创业观察组织⑩第一次提出了生存型和创业型创业的概念，高建等的系列报告⑪显示了机会型创业在提供就业机会和就业岗位方面要优于生存型创业。然而上述分析还不够深入：比如，不同创业类型对大学生的就业有什么影响？影响不同创业类型就业绩效的因素是什么？它们通过何种机制发挥作用？如果我们对诸如此类的问题进行分析，或许就能为实施相关政策提供针对性的建议：是强调外部环境的改善，例如直接为创业者提供低息、免息贷款，补贴厂租、资金，对创业者予以奖励，设公共创业服务工作平台；还是注重创业企业的内部自我改善，例如提供培训，鼓励提高创新水平，帮助创业者加强企业内部管理水平；抑或是两者兼顾？

---

① 付宏. 中国的创业活动与就业增长："难民效应"还是"熊彼特效应"？[C]. 第五届中国管理学年会——创业与中小企业管理分会场论文集，2010.
② 张成刚，廖毅，曾湘泉.创业带动就业：新建企业的就业效应分析[J].中国人口科学，2015（1）.
③ 侯永雄，谌新民.创业如何带动就业?——基于1997—2013年中国省区数据的创业与就业关系及时滞性[J].华南师范大学学报（社会科学版），2017（3）.
④ 朱金生，余凡.我国创新、创业与就业互动关系的地区异质性考察——基于VAR模型的实证分析[J].科技管理研究，2018（14）.
⑤ 朱金生，朱华.科技创新与科技创业的"本地—邻地"就业效应研究[J].科技管理研究，2021（11）.
⑥ 王剑.经济增长中的创业与就业增长：影响因素与传导机制——基于中国省际面板数据的实证研究[D].北京：中国人民大学，2009.
⑦ 卢亮，邓汉慧.当代创业的就业价值的研究综述[J].衡阳师范学院学报，2013（1）.
⑧ 汤灿晴，董志强，李永杰.国外创业与就业关系研究现状探析与未来展望[J].外国经济与管理，2011（9）.
⑨ Baptista. R.; Escaria, V. P.; Madruga. Entrepreneurship, Regional Development and Job Creation: The Case of Portugal[J]. Small Business Economics, 2008, 30(1), 49-58.
⑩ 全球创业观察. Global Entrepreneurship Monitor 2001 Global Report[EB/OL] .全球创业观察网，2001.
⑪ 清华大学二十国集团创业研究中心. 2018/2019全球创业观察中国报告[R]. 清华大学二十国集团创业研究中心，2019.

3.2　理论与假设

3.2.1　创业类型

由于不同学科的学者都在从事创业方面的研究，且研究的角度不同，因此对如何划分创业活动类型持有不同的观点。创业活动的类型既可以按照创业的规模或者产业性质来划分，也可以根据创业的主体或者创业的战略导向来区分。以本书的研究对象——机会型和生存型创业来看，它是以创业动机理论为基础形成的创业类型。根据该理论，产生创业行为的动机可以划分为推动型和拉动型的因素[①]，认为推动型的因素一般带有消极意义，如婚姻破裂和生活窘迫等；而拉动型因素则带有积极意义，如经济发展产生的商业机会吸引人们去创业[②]。由于创业者受到周围环境和自身不同的动机等因素的影响，这些消极或积极的因素会驱动个人决定是否创办企业，从而产生不同类型的创业活动。受此影响，在拉动型和推动型创业的基础上，GEM 在 2001年首次给出了生存型创业活动和机会型创业活动的定义：生存型创业是那些由于没有其他更好的工作选择而从事创业的人，"生存"一词反映出个体需要某种工作形式，决定开创企业并非自愿的；机会型创业者是那些已经感知到市场商机的人，这些市场商机是创业者们愿意去开发的，尽管他们还有其他的选择，但是机会型创业者由于个体的偏好而选择了创业这条道路。上述划

---

① Degroof, J. J.. Academic Spin-off Processes and Types of Ventures in Regions outside Hightech Clusters: The Case of Belgium[C]. Babson Conference on Entrepreneurship Research, Babson College, Best Paper Proceedings.2004.

② Nagayya, D.; Begum; Shahina, S.. Women Entrepreneurship & Small Enterprises in India[M]. New Delhi: New Century Publications, 2012.

分方法逐渐被学者们广为接受，并进一步加以扩展，比如张玉利和杨俊[1]根据调查结果，把国内的创业活动分为：机会拉动型创业、贫穷推动型创业以及混合型创业。Agarwal[2]把创业活动划分为五种：机会型创业、推动型创业、管理型创业、新工匠型创业、想法驱动型创业。

3.2.2 创业类型与就业关系

本书试图从以下两个方面来分析不同的高校毕业生创业活动对就业的作用：一是他们是否能带来差别性的就业；二是创业存续时间是否有区别，因为创业存续时间的长短关系到劳动者就业的稳定性，甚至是一个国家就业的稳定性。

通过整理创业与就业关系的研究文献，我们发现不同类型的创业对就业的影响是有差异的。如果以创业的规模来划分的话，Acs 和 Mueller[3]发现只有在美国多元化的都市地区，那些少于 500 人、大于 20 人的创业企业才有持久的就业效应；Satu Hohti[4]以芬兰制造业 1980—1994 年的数据为例，少于 100 人的小型企业所创造的就业份额要比大于 500 人的企业创造的就业份额要多。如果以知识型和传统型来划分，Baptista 等[5]的证据显示，在葡萄牙产业更为集聚的地区，知识型的企业比其他类型的企业对未来长期的就业能施加更大的影响。如果用企业家效应和难民效应做比较的话，Roy Thurik[6]通过实证研究确定了失业和创业之间同时存在两种截然不同的关系：难民效应和

---

① 张玉利，杨俊. 企业家创业行为调查[J]. 经济理论与经济管理，2003（9）.

② Agarwal, M.N.. Type of Entrepreneur, New Venture Strategy, and the Performance of Software Startups[J], Indian Institute of Management Calcutta, 2004 (1).

③ Acs, Z. J.; Mueller, P.. Employment Effects of Business Dynamics: Mice, Gazelles and Elephants[J]. Small Business Economics, 2008, 30 (1), 85-100.

④ Satu Hohti. Job Flows and Job Quality by Establishment Size in the Finnish Manufacturing Sector 1980-94[J]. Small Business Economics, 2000, 15 (4), 265-281.

⑤ Baptista. R.; Escaria, V.; Madruga, P.. Entrepreneurship, Regional Development and Job Creation: The Case of Portugal[J]. Small Business Economics, 2008, 30 (1), 49-58.

⑥ Roy Thurik. Does Self-employment Reduce Unemployment?[J]. Journal of Business Venturing, 2008, 23 (6), 673-686.

创业效应，并且创业效应强于难民效应。如果以企业成立的时间类型来划分，Sierdjan Koster[①] 发现不同类型的新企业所产生的就业效应是不同的。已有企业建立的新企业，通过规模经济的资本化，带来了短期的积极的就业效应。而真正意义上的新企业，通过新的商业机会的识别和在未来年份内的创造性活动，产生了持久的就业效应。侯永雄和谌新民（2017）则注重不同创业类型对就业效应增长的研究，通过分析1997—2013年中国30个省份的面板数据，进一步证实了创业能带来就业的增长，机会型创业比生存型创业更能创造就业岗位，而且创业带动就业效应在不同时间和不同地区存在差异；在短期和长期内，创业是通过直接和间接效应带动就业增长。

　　由于生存型创业者是出于生活的压力被迫选择创业活动，而机会型创业者生存无忧，可以有更多更好的机会来进行创业，因此前者更有可能进入那些门槛比较低、资金和技术程度要求不高的行业，如个人服务业和批发零售业等，后者更有可能进入资金密集度和技术壁垒比较高或者创新性比较强的行业，如以信息产品为社会提供服务。这一点已经为GEM的系列报告以及高建、姜彦福等所发布的系列报告所证实，他们认为：上述两种类型的创业在创新性以及增长潜力、行业属性、所有权结构和市场特征方面均存在差异。很显然，进入不同行业的创业活动所增加的就业岗位数量是有差异的。从上文得知，生存型的创业者多进入低门槛的行业。例如《第一财经日报》[②] 发布的专项大学生就业报告显示：2009届大学毕业生自主创业主要集中在个人服务和销售行业，其中从事零售商业、批发商业的人约占总创业人数的40%。这种情况直到2013年也没有多大的改变：2013届本科毕业生自主创业的前两个行业是教育类与零售类；2013届高职高专毕业生自主创业集中的前两位是零售类与建筑类。麦可思大学生就业报告也显示：2017年，我国大学毕业生自主创业主要集中在教育业（22.7%）和零售业（10.8%），而且这种

---

　　① Sierdjan Koster. Individual Foundings and Organizational Foundings:Their Effect on Employment Growth in the Netherlands[J]. Small Business Economics, 2011, 36 (4), 485-501.

　　② 陈汉辞. 大学生就业没那么难[N] .第一财经日报，2014-06-10.

情况已经连续 3 年保持平稳[①]。人社部 2016 年的调查发现：我国青年创业主要集中批发零售业（34.5%）、居民服务和其他服务业（9.5%）、住宿餐饮业（8.6%）[②]。这些劳动密集型的行业对从业人员的素质要求不高，一旦发展起来，比较容易创造就业岗位。相比之下，机会型创业企业所在的行业一般门槛较高，比较难进入。2009 年，大学毕业生自主创业集中在创新水平相对较高的各类专业设计与咨询服务业，媒体、信息及通信产业等行业，其比重加起来仅占 14%。2013 年，大学毕业生创业行业前 10 名中仅有其他金融投资业、互联网运营及网络引擎搜索业、广告业等三个创新性质较强的行业入围。2017 年，麦可思大学生就业报告显示大学毕业生自主创业集中在创新水平相对较高的媒体、信息及通信产业等行业，但其比重仅有 9.1%。2016 年人社部的调查显示，年轻人进入信息和计算机服务业创业的比例只有 13.7%。这些行业对从业人员的专业知识素质要求较高，招聘人员可能不是那么容易。因此，生存型创业应该比机会型创业更能创造就业岗位数量。

然而，从另一个角度来说，由于机会型创业的创新性比较强，成长性更好，这就意味着机会型创业更容易发展壮大，机会型创业成长预期要高于生存型创业。GEM 的研究认为：机会型创业比生存型创业更能创造就业岗位。每增加一个机会型创业者，当年带动就业数平均为 2.77 人，未来 5 年平均带动就业数为 5.99 人。33.6% 的机会型创业者可以提供 5 个以上就业岗位，14.9% 的生存型创业者提供 5 个以上岗位；未来 5 年，70% 以上的生存型创业者提供岗位不超过 5 个，61.5% 以上的机会型创业者可以提供 5 个以上就业岗位（其中 40% 以上可以提供 20 个以上就业岗位）。清华大学中国创业研究中心发布的中国创业报告也指出从事机会型创业的高学历者能创造更多的就业岗位。其实，GEM 关于机会型创业能创造更多就业的结论已经引起了一

---

① 麦可思研究院. 就业蓝皮书：2017年中国本科生就业报告[M]. 北京：社会科学文献出版社，2017：97.

② 人社部劳动科学研究所. 成就事业动机最强，资金为最大困难 [EB/OL]. 中国经济网，2016-04-12. https://district.ce.cn/newarea/roll/201604/12/t20160412_10390220.shtml.

定的质疑，例如 Wagner[①] 就指出：创业所增加的工作岗位，实际上是工作岗位创造总数量与工作岗位被摧毁的总数量两者之差。由于全球创业观察组织提供的是横截面性质的数据，没有工作岗位被摧毁的总数量数据，因此，全球创业观察报告中所提到的就业创造就是工作岗位创造总数量，这也意味着它是单方面的数据。

　　根据以上的观点，本研究提出两个有待进一步验证的假设。

　　假设 1-1：机会型创业要比生存型创业更能增加就业岗位。

　　假设 1-2：生存型创业要比机会型创业更能增加就业岗位。

　　Tommi 等[②] 通过对 2005 年 GEM 关于芬兰的调查结果分析得出，机会型创业与存续时间存在正相关关系，并且机会型创业比生存型创业存续时间更长。Jörn Block 和 Philipp Sandner[③] 从选择两种创业类型的动机出发，研究了两种创业类型的存续时间是否有差异，通过使用来自德国的社会经济面板数据，他们同样发现在自我雇佣企业里，机会型创业的存续时间比生存型创业长。Block 和 Sandner[④] 也运用 GSOEP 数据，比较了机会型和生存型创业持续期的差异。单变量统计表明，前者较后者的创业持续时间长。然而，在创业持续期模型中，在控制了与创业相关的教育变量后，机会型和生存型创业持续期之间的差异不再显著。从前面关于创业类型的特征可以看出，机会型创业是一种积极主动的自愿创业，这就意味着机会型创业者们可能在进行创业之前就做好了充分准备，并且选择的是他们擅长的领域，因此他们的企业存续时间比那些被迫选择创业的企业存续时间更长。依此类推，我们假设中国的大学毕业生的创业活动也可能存在这种情况：

　　假设 2：与生存型创业相比，机会型创业的存续时间更长。

---

　　① Wagner, J.. Nascent and Infant Entrepreneurs in Germany. Evidence from the Regional Entrepreneurship Monitor (REM)[C]. IZA Discussion Paper, 2005, No.1522.

　　② Tommi, P.; Pekka, S.; Jarna, H.; Anne, K.; Erkko, A.. Global Entrepreneurship Monitor-2005 Executive Report Finland[J]. Turku School of Economics, 2006, (6), 121-129.

　　③ Jörn Block; Philipp Sandner. Necessity and Opportunity Entrepreneurs and Their Durationin Self-employment: Evidence from German Micro Data[J]. Joural of Industry, Competition and Trade, Springer Netherlands, 2009, 9 (2), 117-137.

　　④ Block, J.; Sandner, P.. The Effect of Motivation on Self-employment Duration in Germany: Necessity Versus Opportunity Entrepreneurs[J]. Munich Personal RePEc Archive, 2006, (7), 10-17.

3.2.3　外部扶持环境与创新策略的调节作用

在 Timmons 等[①] 的创业经典模型中无一不强调了环境对创业活动的影响。这些环境由多方面的因素组成，既有经济因素，也有文化和制度因素。本研究中的环境主要是指制度环境，它由两种制度组成，即正式制度（政治制度、经济制度、法律制度和行政法规等）和非正式制度（价值观取向、道德文明准则、风俗习惯和文化氛围等）。从文化氛围的环境来看，Busenitz 和 Lau[②] 提出了"跨文化认知模型"，认为文化价值观、社会背景及个人特征会影响创业者的认知，并将"认知"解释为"创业者关于市场条件的认知的函数"，该认知函数会让创业者思考如何建立新企业，以及决定新企业发展方向。从文化氛围来看，一方面，叶文平等[③] 研究证实不同文化背景会引导不同类型的创业活动；另一方面，社会各界赞成和鼓励创业的立场，加上新闻媒介对创业的积极报道和宣扬，必然会坚定创业者的信念和决心，进而大大增加了人们创业的可能性。张建英[④] 认为一个城市的人们对创业文化的认同和对创业环境的总体感知程度，影响和决定了该城市创业活动总体水平和规模，文化支持越好的地区，创业活动相对也就越活跃。郑馨和周先波发现社会规范（公众认可、媒体宣传和社会尊重）对创业活动有明显的促进作用，特别在经济发展水平比较低的国家，这种作用更明显[⑤]。

不仅如此，社会公众对创业活动的支持态度以及国家的相应扶持政策还会影响到创业者的企业战略制定、产品营销、技术研发活动等经营策略，进

---

① Timmons, J.A.; Stephen S.. New Venture Creation: Entrepreneurship for the 2lst Century[M]. NewYork: Irwin McGraw-Hill, 1999.

② Busenitz, L.W.; C-M.Lau.. A Cross-Cultural Cognitive Model of New Venture Creation[J]. Entrepreneurship Theory and Practice, 1996, 20 (4), 25-39.

③ 叶文平，杨学儒，朱沆. 创业活动影响幸福感吗——基于国家文化与制度环境的比较研究[J]. 南开管理评论，2018（4）.

④ 张建英. 创业者文化认同和环境感知的城市比较[J]. 管理观察，2010（2）.

⑤ 郑馨，周先波等. 社会规范是如何激活创业活动的？——来自中国"全民创业"十年的微观证据[J]. 经济学，2018（1）.

而可能会影响到企业的经营效果，比如创造较多的就业岗位数量或者企业会在竞争中生存得更久。以扶持大学生创业的政策为例，目前毕业生在创办信息、技术等新兴服务业和饮食等传统行业得到的税收优惠政策是不同的，在创办新兴高科技行业方面，大学生能够得到多种层次基金的扶持，例如政府基金、创新基金、天使基金、创业孵化基金等，因此生存型和机会型的创业企业的经营活动和绩效应该有所不同。同时，我们还注意到，目前社会文化与舆论氛围更加鼓励大学生进行机会型创业。也就是说，针对某种类型创业的外部扶持环境相对轻松时，该种类型的创业可能就会比其他类型的创业创造出更多的就业岗位和发展得更好；反之亦然。因此我们假定：

假设 3-1：相对生存型创业而言，社会创业氛围环境更能正向调节机会型创业与就业数量、创业活动存续时间的作用关系。

假设 3-2：相对生存型创业而言，政府的政策优惠更能正向调节机会型创业与就业数量、创业活动存续时间的作用关系。

从本质上说，创业活动是一项创新的活动。德鲁克[1]就认为创业企业是那些能创造出一些新的、与众不同的事情并能够创造价值的新企业。Schumlpeter[2]认为创业活动具有创造性破坏的性质。创业企业要在市场中生存下来并能够继续发展，创新就成了近乎唯一的战略选择[3]。学者们发现创业的创新活动主要有两种：一是产品或者服务的创新，追求为顾客带来更高的价值体验[4]；二是交易结构的创新，吸纳新参加者进入产品/服务生产或销售流程，或者改变产业内产品/服务生产或销售流程中参与者的交易组合关系[5]。研究已经证实：新创办的技术企业在产品、服务或交易结构方面的创新

---

[1] 彼得.F.德鲁克. 创业精神与创新[M]. 张炜译. 上海：上海人民出版社，2002：20.

[2] Schumpeter, J.A. The Theory of Economic Development. An Inquiry into Profits, Capital, Credit, Interest, and the Business Cycle[M]. Cambridge:Harvard University Press. RePrinted, 1983.

[3] Amason, A.C.; Shrader, R.C.; Tompson, GH.. Newness and Novelty: Relating Top Management Team Composition to New Venture Performance[J]. Journal of Business Venturing, 2006, 21 (1), 125-148.

[4] Rumelt, R.P.. Theory, Strategy and Entrepreneurship, in Teece D.(Eds.), The Competitive Challenge: Strategies for Industrial Innovation and Renewal[M]. Ballinger, Cambridge, MA, 1987: 137-158.

[5] Zott, C., Amit, R.. Business Model Design and the Performanee of Entrepreneurial Firms[J]. Organization Science, 2007, 18 (2), 181-199.

性越强，越可能收获更好的绩效 ①。与此同时，从创业形成的资源观的角度来看，无论是机会型还是生存型的创业者，他们都会有些稀缺的、有价值的、难以模仿和不可替代的独特资源来作为创业的基础。例如，在我们的调查中，不少大学生拥有一定技术专利或者拥有自己独特的销售渠道、客户群体从而创办企业，那么当他们把这些独特的资源优势转化成为产品创新或者服务创新的时候，这种创新实践可能有利于他们在市场竞争中生存下来并且得到发展。但是，机会型的大学生创业者由于有较多的选择机会，可能更容易进入技术性的行业，用所学的专业和依靠外在的优惠政策条件来选择产品或者服务的创新策略。对于面临生存压力的大学生创业者而言，放弃投入相对较高的产品与服务创新策略，选择创新交易机制，找寻新的合作伙伴从新的渠道来进入市场，是一条比较现实的道路。同时这两种创新程度越大，创业企业带来的就业岗位数量也可能会增加或者会生存得更久。根据以上的分析，我们提出如下假设：

假设 4-1：相对生存型创业而言，产品或者服务的创新策略更能正向调节机会型创业与就业数量、创业活动存续时间的作用关系。

假设 4-2：相对机会型创业而言，交易结构方面的创新策略更能正向调节生存型创业与就业数量、创业活动存续时间的作用关系。

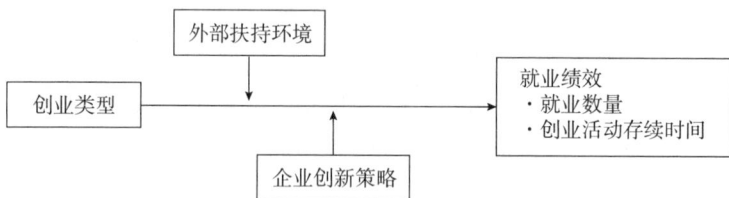

图 3.1　研究模型

资料来源：笔者自制。

---

① Baum, A.C.; Haveman, H.A.. Love the Neighbor? Differentiation and Agglomeration in the Manhattan Hotel Industry 1898-1990[J]. Administrative Science Quarterly, 1997, 42 (2), 304-338.

3.3　数据采集与模型构建

3.3.1　样本选取与数据收集

本研究以已经毕业的高校学生为对象，以调查问卷来收集数据。在正式调查之前，先作试调查，根据试调查反馈的结果，在企业进行实地访谈，并结合专家的意见，重新对问卷进行了修订。

本研究通过下列方式来收集数据。第一种方式是请求当地有关官方机构（武汉市、深圳市和郑州市团委，武汉市创业孵化园，深圳市和郑州市的创业园区等），让他们把问卷发放给正在从事创业的大学毕业生填写，以邮寄的方式回收。第二种方式是通过联系高校就业机构以及大学生的民间创业团体，通过他们获得毕业生的联系方式，然后由作者本人到现场实地调研和访谈，并回收问卷。利用上述两种方式，总共回收有效问卷 232 份。我们还对样本来源的差异性进行了检验，单方差分析显示上述两组样本的填写者在主要变量上没有显著性差异，这就意味着此次调查取得样本的方式不会对分析结果产生显著性的影响。

3.3.2　变量与测量

由于 GEM 所提出来的机会型和生存型创业分类在创业研究中逐渐居于主流地位，而且不断被引用和扩展创业类型，所以本书使用的是 GEM 所提出来的划分方法。GEM 对机会型和生存型创业的划分来自创业者对该问题的回答："你参与创业活动是由于发现了创业机会，还是由于没有更好的工作机会？"

对于创业活动的外部环境测量采用了 GEM 创业框架中的关于政府政策和社会与文化规范两个条目的指标。GEM 创业框架总共有 10 条，主要是强调宏观层面的各项政策对于创业活动的影响。GEM 创业框架的调查条目表被国内外很多学者使用，覆盖了全球数十个国家，具有广泛的影响力。

企业的创新策略量表采用了田莉[1]的博士学位论文的成果，她根据 Samuelsson[2]、Levesque 和 Shlepherd[3] 的相关研究成果开发了创业企业的创新战略量表。该量表从产品与服务、交易结构两个维度来测量创业者进入市场方式的创新程度。

3.3.3　模型构建

本研究使用的创新策略量表和 GEM 创业框架的调查条目表均来源于国内外权威成熟的问卷，在原问卷的基础上根据本研究的目的进行了适当的修订。GEM 创业框架的调查条目表的 Cronbach's α 系数为 0.75，对其 8 个项目进行探索性因子分析后，KMO 系数为 0.77。企业的创新策略量表的 Cronbach's α 系数为 0.758，对其 7 个项目进行探索性因子分析后，KMO 系数为 0.786，这表明问卷的信度和效度较好。

本节的因变量就业人数和创业活动存续时间是连续变量，外部环境和创新策略也属于连续变量，可以运用广义线性回归模型进行分析。回归分析的步骤如下：采用 Stepwise Regression 方法，第一步输入控制变量，第二步输入自变量与调节变量，第三步输入自变量与调节变量的交互项。为避免回归模型的多重线性问题，还对调节变量作了中心化处理。本研究选取了性别、学历、专业、创业活动所分布的行业作为控制变量。

① 田莉. 新技术企业市场进入战略决策机制研究 [D]. 南开大学，2010.

② Samuelsson, M.. Creating New Ventures: A Longitudinal Investigation of the Nascent Venturing Process[D]. Jonkoping International Business School, Sweden, 2004.

③ Levesque, M.; Shlepherd, D.A.. Entrepreneurs, Choice of Entry Strategy in Emerging and Developed Markets[J]. Journal of Business Venturing, 2004, 19 (1), 29-54.

3.3.4　统计分析结果

表 3.1　　　　　　　　　　　主要研究变量的描述性统计

变量	最小值	最大值	均值	标准差
就业数量	1	320	15.02	38.942
创业活动存续时间（月）	1	80	14.61	15.226
性别	1	2	1.26	0.442
学历	1	3	2.21	0.564
专业	1	4	2.26	1.143
所属行业	1	4	2.37	1.249
创业类型	0	1	0.26	0.437
创业氛围	1.0	5.0	3.797	0.7867
政策优惠	1.0	5.0	3.021	0.8619
产品/服务创新	1.0	5.0	3.451	0.6841
交易结构创新	1.0	5.0	3.134	0.8996

资料来源：笔者自制。

表 3.2　　　　　　　　　　　相关系数统计

变量		1	2	3	4	5	6	7	8	9	10	11
1	就业数量	1.00										
2	存续时间	0.221**	1.00									
3	创业类型	0.115	0.088	1.00								
4	创业氛围	0.053	0.229**	0.013	1.00							
5	政策优惠	0.009	0.025	0.092	0.176**	1.00						
6	产品/服务创新	0.102	0.184**	−0.032	0.231	0.322**	1.00					
7	交易结构创新	0.218**	0.040	0.038	0.098	0.363**	0.369**	1.00				
8	性别	−0.082	0.073	0.076	0.076	0.128	0.042	0.026	1.00			

续表

变量		1	2	3	4	5	6	7	8	9	10	11
9	学历	-0.234^{**}	-0.102	-0.004	-0.142	0.018	-0.083	-0.119	0.073	1.00		
10	专业	-0.031	-0.040	-0.025	-0.116	0.033	-0.102	-0.023	0.176^{**}	0.244^{**}	1.00	
11	所属行业	0.095	-0.001	-0.087	-0.007	-0.079	0.087	-0.015	-0.039	0.077	-0.001	1.00

注：双尾检验。* 表示 $p < 0.10$，** 表示 $p < 0.05$，*** 表示 $p < 0.01$。

资料来源：笔者自制。

表 3.3　　　　　　　　外部创业环境和内部创新战略对就业数量的回归结果

	因变量：创业所创造的就业数量		
	模型1	模型2	模型3
性别（女性为参照）	0.049	0.064	0.065
学历（大专为参照）	-0.176^{**}	-0.147^{**}	-0.142^{**}
专业（其他专业为参照）	0.062	0.064	0.052
所属行业（其他行业参照）	0.108	0.106	0.109
创业类型（机会型创业为参照）		0.090	0.121^{*}
创业氛围		0.066	0.005
政策优惠		-0.060	-0.005
产品/服务创新		0.012	0.018
交易结构创新		0.221	0.089
创业类型×创业氛围			0.035
创业类型×政策优惠			-0.132
创业类型×产品/服务创新			0.002
创业类型×交易结构创新			0.318^{***}
R square	0.042	0.099	0.168
R square change		0.057^{**}	0.069^{***}
F-value	2.118^{*}	2.320^{**}	2.894^{***}

注：其他专业是指非理工类/非经管类/非医疗文史农林类，其他行业指非社会服务业/非制造业/非科学技术和综合服务业；表中所列为标准回归系数；* 表示 $p < 0.10$，** 表示 $p < 0.05$，*** 表示 $p < 0.01$。

资料来源：笔者自制。

表 3.4　　　　　　　　外部创业环境和内部创新战略对就业质量的回归结果

	因变量：创业企业存续时间		
	模型1	模型2	模型3
性别（女性为参照）	−0.099	−0.089	0.102
学历（大专为参照）	−0.093	−0.063	−0.019
专业（其他专业为参照）	−0.035	−0.002	−0.023
所属行业（其他行业参照）	0.040	0.016	0.018
创业类型（机会型创业为参照）		0.095	0.106
创业氛围		0.189**	0.141*
政策优惠		−0.094	−0.084
产品/服务创新		0.209**	0.217**
交易结构创新		−0.054	−0.152*
创业类型×创业氛围			0.036
创业类型×政策优惠			−0.020
创业类型×产品/服务创新			−0.006
创业类型×交易结构创新			0.230**
R square	0.020	0.110	0.153
R square change		0.090**	0.042*
F-value	0.993	2.345**	2.312***

注：其他专业是指非理工类/非经管类/非医疗文史农林类，其他行业指非社会服务业/非制造业/非科学技术和综合服务业；表中所列是标准回归系数；* 表示 $p < 0.10$，** 表示 $p < 0.05$，*** 表示 $p < 0.01$。

资料来源：笔者自制。

表 3.1 和表 3.2 分别是主要研究变量的描述性统计信息和相关系数统计表。表 3.3 和表 3.4 是回归结果。模型 1 是控制变量对因变量的回归模型，将性别、年龄、学历、专业等控制变量加入回归方程。模型 2 是控制变量、自变量、调节变量对因变量的主效应模型，把创业类型、创业环境、创新策略等变量加入了回归方程。模型 3 是加入调节变量后的全变量模型，把创业类型×创业环境、创业类型×创新策略加入了回归方程。

表 3.3 的模型 2 显示创业类型的回归系数为 0.090，没有达到显著性统计

水平；表 3.4 的模型 2 显示回归系数为 0.095，也没有达到显著性统计水平，说明假设 1–1 和假设 1–2 以及假设 2 不能成立。也就是说：生存型创业和机会型创业目前在增加就业岗位方面没有太大的差别，而且在创业存续时间方面也没有明显差异。

在表 3.3 和表 3.4 的模型 3 中，政策优惠和创业类型的交互项回归系数都没有达到 0.1 水平上的显著性，所以，假设 3–1 和假设 3–2 也不成立。

从表 3.3 的模型 3 可以看出，交易结构创新对生存型的创业与就业数量之间的作用关系更能发挥正向调节作用（b=0.318，$p < 0.01$）；表 3.4 的模型 3 也显示，交易结构的创新对生存型的创业与创业的存续期限之间更能起着正向调节作用（b=0.23，$p < 0.05$），假设 4–2 得到验证。虽然，在表 3.4 的模型 3 中创业类型与产品/服务创新的交互项回归系数为负值（–0.006），说明机会型的创业在企业存续时间方面要比生存型的创业更长，但是没有达到 0.1 水平上的显著性，同时表 3.3 的模型 3 中创业类型与产品/服务创新的交互项系数为正值，也没有达到 0.1 水平上的显著性，这意味着假设 4–1 没有通过验证。

值得关注的是产品/服务创新对创业的存续时间的主效应影响系数是 0.209，达到了 0.05 的显著性统计水平，而且其对创业的就业数量的主效应影响系数是 0.012，上述两个数值都为正值，说明产品/服务创新确实有利于提高创业企业的就业数量和就业质量。目前，创业氛围也非常有利于机会型和生存型创业活动的生存，表 3.4 中的模型 2 和模型 3 的主效应系数分别为 0.189 和 0.141，而且达到了显著性统计水平。然而，在表 3.3 和表 3.4 的所有模型中，政策优惠的主效应系数都为负值，尽管不显著，但也说明了政府的政策扶持没有发挥积极的作用。

3.4 结论与展望

  创业能够产生良好的经济和社会绩效，如带来就业岗位的增加和提升社会的创新力度等。由于各种内外因素的作用，创业活动的绩效会受到不同的影响。本研究发现：高校毕业生所从事的生存型创业和机会型创业在增加就业岗位数量方面和延长创业活动的生存期限方面没有明显差异。相对于机会型创业而言，生存型创业在交易结构方面的创新水平越高，那么就越能增加就业岗位，更能延长企业的存续时间。

  首先，一般的观点认为机会型比生存型创业能够提供更多的岗位数量（GEM，清华大学创业中心），但是在其报告中，他们只能提供数据的描述，没有统计分析的显著性检验。和以往的研究不同，本研究的分析结果表明，尽管没有达到显著性的统计标准，但是大学生的生存型创业要比机会型创业就业贡献大（回归系数为 0.90）。同时，我们的分析还显示：在控制了性别、学历、专业和所属行业等变量之后，高校毕业生的生存型创业和机会型创业的存续期限方面差别不大，这一结论和 Block 和 Sandner 的研究发现一致：在控制了与创业相关的教育变量后，机会型和生存型创业持续期之间的差异不再显著。上述结果应该反映了目前我国高校毕业生创业的普遍情况：创业活动的质量不高；社会各界所提倡的高校毕业生机会型创业没有太好的表现。究其原因，从创业活动的发展过程和规律来看，GEM 的报告总结出目前我国创业活动正处于"三高"和"两低"发展时期。"三高"表现为创业总指数高、未来创业率高和创业失败率高；"两低"表现为机会型创业和生存型创业比率低、创业成长潜力低。另外，学术上对于机会型和生存型创业的概念的划分还有争议，目前只有定性的划分，没有成熟定量的划分体系[①]，我们在进行问卷设计时完全按照 GEM 所提供的概念标准进行，忽视了被调查者对概念理解的差异，可能会对本研究有一定的影响。

其次，本研究发现政府的政策扶持对各种类型创业的就业数量和存续时间没有明显的调节作用，这令人深思。我国政府对创业的扶持非常重视，国家也出台了相当多的优惠政策，照常理来说应该会极大地促进大学生创业活动的开展，也应该会提升机会型创业活动的就业数量和就业质量。然而，现实中政府的优惠政策难以到位，以小额贷款为例：银行规定申请人必须有工商营业执照才能发放贷款，然而大多数的创业大学生由于资金积累薄弱，不能去注册。在银行看来，创业的大学生还贷能力差，创业风险大，出于商业利益考虑，就不愿意提供贷款。同时，创业学生还有贷款程序烦琐和申请时间长的麻烦。无论在中国青年创业就业基金会的调查中，还是麦可思公司发布的全国大学生就业报告中，资金问题一直是困扰年轻人创业的主要因素。在我们的调查中，两种类型创业者都认为政府提供资金支持、税费减免非常重要，比例达到 51.8% ~ 58.9%，特别是生存型创业者更渴望资金支持。政府对于生存型创业方面政策的相对缺失无疑会造成大学生创业者的不满意程度增加，从而影响其经营行为和绩效。

最后，我们发现相对机会型创业而言，生存型创业在交易结构方面的创新策略更能正向调节生存型创业与就业数量、企业存续时间的作用关系。然而，相对于生存型创业而言，机会型创业者在产品、服务方面的创新对就业数量和存续时间不能发挥明显的调节作用，说明机会型创业者在产品和服务方面创新水平有待提高，这可能和大学生的创业与所学专业不匹配以及创业经验不足有关。麦可思在针对全国大学毕业生的创业调查中发现，比起其他就业群体，创业项目与创业者所学专业的相关性为 36% 左右，也就是说 100 个创业项目里面，只有 36 个人所学的专业能够用得上。本次调查中的创业者所学专业和创业所分布行业这两个变量的相关系数为 −0.001，也从侧面印证

[①] 姚梅芳，马鸿佳. 生存型创业与机会型创业比较研究[J]. 中国青年科技，2007（1）.

了上述观点。专业和创业领域的不匹配及技术经验的积累不足，必然导致产品与服务创新方面的技术积累和研发的不足。对于面临生存压力的创业企业而言，放弃投入相对较高的产品／服务创新策略，选择交易结构方面的创新，寻求新的合作伙伴从新的渠道进入市场，是一条比较现实的道路。很显然，交易结构方面的创新程度越高，创业活动就越能适应竞争，就越容易扩大规模增加就业和生存更久。

　　本研究对政策的制定和实践具有重要的启示。就政策扶持而言，政府部门要注重措施的实效性、系统性和全面性。所谓实效性，就是要能够有效地解决大学生创业的实际问题，比如降低资金扶持的门槛、减少申请和审核手续等；系统性意味着要注意部门之间的联动，在制定政策的时候多考虑和其他相关部门的协调，避免冲突和重复，形成 1+1 ＞ 2 的政策合力；全面性则要求关注大学生创业全过程中可能会出现的困难，以资金为例，有创业前的资金来源、创业过程中的税收优惠补贴以及创业失败后的资金延期还贷等问题。

　　创新性是创业的灵魂，影响到其在市场竞争中的生存和绩效。本研究发现：虽然产品／服务创新、交易结构创新对创业活动存续时间和就业数量或多或少有一定的正向效应，但是一旦和不同类型的创业结合，就只有交易结构创新对创业活动存续时间有显著影响。由此得出的启示是：创业者可以更好地找准自己的定位，以便采取不同的创新策略；政府也可以根据实际情况和战略目的，采取不同的扶持手段来鼓励和促进不同的创新。

　　对于大学生两种不同类型的创业，政府采取一视同仁的态度较为合适。我国目前处于产业结构转型升级的时期，重点扶持更具活力、创新能力更强的机会型创业无可厚非。但同时也要看到，大学生创业活动的质量不高，他们中间只有 2.66% 的人群是基于高技术的创业，这一比例与 G20 经济体中排名靠前的澳大利亚（13.1%）、英国（11.27%）和日本（10.58%）等仍有较大差距，也低于 G20 平均水平[①]。在面临沉重就业压力、创业仍是解决就业的有

---

① 清华大学二十国集团创业研究中心.2018/2019 全球创业观察中国报告[R].清华大学，二十国集团创业研究中心，2019.

效途径的情况下，对这两种不同类型的创业，政府应采取一视同仁的态度较为合适，因为本研究和其他研究都证实，在促进就业方面，生存型创业也能作出自己特有的贡献。

本研究从外部创业氛围和政策扶持环境因素以及内部创新策略因素方面分析了不同类型的创业与就业绩效的关系，发现了什么类型的创业更容易受到何种因素影响的深层次作用机制，给政府部门实施针对性的政策和创业者如何创业提供了一定的思路。本研究的局限在于忽视了被调查者对创业类型概念理解的差异，完全按照 GEM 所提供的概念标准来进行研究设计，这可能会对研究结果有一定的影响。同时，本文也注意到了产品／服务创新对就业数量的主效应明显但是调节效应不明显的问题。这是研究设计问题，还是在企业创新策略和创业类型两者之间还有其他深层次的作用机制？种种疑问都是我们在以后的研究中值得深入挖掘的地方。

第四章　创业类型对大学生就业质量的影响——来自全球创业观察的经验证据

"坚持就业优先，推动实现更加充分更高质量就业。"

——中华人民共和国人力资源和社会保障部（2022）

4.1 引言

大学生创业对我国社会经济发展起着至关重要的作用，它不仅可以解决大学生就业问题，还可以帮助和带动社会就业。2001 年 GEM 第一次提出了机会型创业与生存型创业的概念，研究者通过对生存型创业与机会型创业的比较，发现两种创业类型在驱动经济增长和带动就业方面有着不同的贡献，并且机会型创业能创造更多的岗位[①]。然而，在中国专门针对大学生创业与就业数量和质量的研究并不多，尤其是大学生创业类型与就业质量的主题较为少见，近年来只在机构发布的调查报告或者零星的研究中可见。例如，中国青年创业就业基金会发布的 2020 年报告显示，超九成的创业者在创业中体会到了成就感和幸福感；祝军和岳昌君[②]（2021）发现进行创业的中国大学生的满意度很高。在研究中，以 Nystrom[③]（2009）为代表的相当一部分研究者持有这样下列观点：创业与就业关系的焦点不应该单独放在研究就业数量上，还应该重视就业质量。就业质量主要体现在收入、工作满意度、企业存续时间和工作稳定性等方面，反映的是就业岗位能否留住员工。如果员工就业质量不高，员工就会发生流失，从而影响就业岗位的创造。

本研究以 GEM 2001—2008 年官方调查数据为基础，借助多层线性回归模型（Hierarchical Linear Model，HLM）研究大学生创业类型和就业质量间的关系，以期为相关政策制定者提供参考。

[①] Reynolds, P. D.; Camp, S. M.; Bygrave, W. D.; Autio, E.; Hay, M.. Global Entrepreneurship Monitor 2001 Executive Report[R]. Babson College, London Business School, 2001.

[②] 祝军，岳昌君. 高校毕业生自主创业调查：特征、动机与就业满意度——基于全国高校毕业生就业状况调查数据的分析[J]. 中国青年研究，2021（1）.

[③] Nystrom, K.. Economic Growth and the Quantity and Quality of Entrepreneurship[J]. Entreprenor Skaps Forum, 2009, (12), 1-9.

4.2　文献综述与评价 ①

4.2.1　两种创业类型特征

Reynolds 等 ② 从创业动机出发，对两种创业类型进行了比较。他们认为机会型创业是指创业者为了追求独特的市场机会而创办企业或者开展新业务；生存型创业是指创业者为了维持个人和家庭生活而进行创业，并且创业是他们的最好的选择。

Van Stel、Storey 和 Thurik ③ 从初始资源出发来比较两种创业类型，他们认为生存型创业者拥有较少的财富、人力资本、创业能力，并且生存型创业在人力资源、技术资源、社会网络资源方面所拥有的初始资源均不如机会型创业。互联网的出现，增加了机会型创业者的机会，从创业者的就业质量而言，使用互联网能够提高他们的收入水平，可以减少生存型创业者和标准就业者的工作时间，提高工作自主性 ④。

GEM 多年的研究报告显示，机会型创业注重创造新的市场，并且市场规模相对来说比较大。此外，在选择创业部门的时候，机会型创业更多地会考虑技术壁垒较高的新兴行业，如电子信息等；生存型创业则倾向于进入较为

---

① 王爱铃女士为本章的内容提供了大量帮助，包括数据分析和观点的形成。

② Reynolds, P. D.; Camp, S. M.; Bygrave, W. D.; Autio, E.; Hay, M.. Global Entrepreneurship Monitor 2002 Executive Report[R]. Babson College, London Business School, 2002.

③ Van Stel, A.; Storey. D. J.; Thurik, A. R.. The Effect of Business Regulations on Nascent and Young Business Entrepreneurship[J]. Small Business Economics, 2007, 28(2-3), 171-186.

④ 毛宇飞，曾湘泉，祝慧琳. 互联网使用、就业决策与就业质量——基于CGSS 数据的经验证据[J]. 经济理论与经济管理，2019（1）.

成熟的市场，即使他们开创新的市场，这些市场的规模也比较小。除此之外，生存型创业会选择技术壁垒低的现有行业，如餐饮、服务业等。GEM 的研究表明，两种创业类型在创新性、行业属性和市场特征方面存在差异。

高建等从创新性和增长潜力、行业分布和出口导向、所有权结构方面对生存型企业和机会型企业特征进行了比较，研究表明两种创业类型在上述方面存在一定的差异[①]。

综合上述研究，本研究将从创新性、行业和市场等变量来比较两种创业类型与就业质量关系的差异。

4.2.2　创业与就业质量的相关研究

很多学者采用了如收入、工作满意度等就业质量指标来分析与创业的关系。从收入水平的角度来说，这些研究结论可能是相互矛盾的。例如，Brixy 等人[②] 发现新成立的企业工资比同规模的其他企业的工资低 8%。Malchow-Møller、Schjerning 和 Sørensen 等[③] 通过研究创业企业对平均工资增长的贡献来分析创业企业的就业质量，他们发现，创业企业对平均工资的影响并不十分显著。然而，有些实证研究得出不同观点：Van Praag、Van Der Sluis 和 Hartog[④]、Parker 和 Van Praag[⑤]、Levine 和 Rubinstein[⑥] 的研究表明企业家拥有较

---

　　① 高建，程源，李习保，姜彦福. 全球创业观察中国报告2007[M]. 北京：清华大学出版社，2008：28-34.

　　② Brixy, U.; Kohaut, S.; Schnabel, C.. Do Newly Founded Firms Pay Lower Wages? First Evidence from Germany[J]. Small Business Economics, 2007, 29 (1), 161-171.

　　③ Malchow-Møller, N.; Schjerning, B.; Sørensen, A.. Entrepreneurship, Job Creation and Wage Growth[J]. Small Business Economics, 2009, 36 (1), 15-32.

　　④ Van Praag, M.; Van Der Sluis, J.; Hartog, J.. If You Are so Smart, Why Aren't You an Entrepreneur? Returns to Cognitive and Social Ability: Entrepreneurs versus Employees[J]. Journal Economics & Management Strategy, 2010, 19 (4), 947-989.

　　⑤ Parker, S.C.; Van Praag, C.M.. Schooling, Capital Constraints, and Entrepreneurial Performance: The Endogenous Triangle[J]. Journal of Business & Economic Statistics, 2006, 24 (4), 416-431.

　　⑥ Levine, R.; Rubinstein, Y.. Smart and Illicit: Who Becomes an Entrepreneur and do They Earn More? [J]. Quarterly Journal of Economics, 2017, 132 (3), 963-1018.

高的人力资本的回报；Wunnava 和 Ewing[1] 还认为个人可获得的福利，诸如医疗保险、生命保险、产假和退休福利等，会随创业企业的规模扩大而增加。

与受雇员工相比，创业者往往对自己的工作更满意或者更具幸福感[2]，即使让他们工作更长的时间[3] 或者拿到更低的报酬[4]。Lange[5]（2012）通过采用 2006 年欧洲社会调查的数据研究了自我雇佣和工作满意度之间的关系，研究表明自我雇佣对男性和女性都能产生更高的工作满意度。Litwin 和 Phan[6] 认为仅仅关注创业者对就业机会的创造是不够的，就业数量并不等于就业质量，他们对 2004 年成立的近 5000 家企业的医疗保险和退休计划，包括大家公认的高质量工作，进行了调查研究，结果表明创业企业在未来 6 年内的就业质量更高。同时，Fritsch 等[7]（2019）的研究认为相对于受薪雇员的幸福水平而言，个体经营者幸福感更为明显，当然这种幸福感在个人的不同职业生涯阶段也是有所差异的[8]。

对于就业质量的测量，本研究采用的是创业者收入和企业存续时间，原因如下。第一，创业者收入的高低关系到创业者是否选择继续创业，因此它能在一定程度上反映创业者满意度；企业存续时间反映的是企业经营的时间，企业经营时间的长短关系到劳动者就业的稳定性，甚至是一个国家就业的稳定性。第二，GEM 数据库里衡量就业质量的指标包含创业者收入和企业存续

---

① Wunnava, P. V.; Ewing, B.T.. Union-nonunion Gender Wage and Benefit Differentials across Establishment Sizes[J]. Small Business Economics, 2000, 15 (4), 47-57.

② Blanchflower, D. G.; Oswald. A. J.. Entrepreneurship and the Youth Labour Market Problem: A Report for the OECD[R]. Report to OECD, Paris, 1998.

③ Hamilton, B.H.. Does Entrepreneurship Pay? An Empirical Analysis of the Returns to Self-employment[J]. Journal of Political Economy, 2000, 108 (3), 604-631.

④ Van Praag, C.M.; Versloot, P.H.. What Is the Value of Entrepreneurship? A Review of Recent Research[J]. Small Business Economics, 2007, 29 (9), 351-382.

⑤ Lange, T.. Job Satisfaction and Self-employment: Autonomy or Personality?[J]. Small Business Economics, 2012, 38 (2), 165-177.

⑥ Litwin, A.S.; Phan, P.. Quality over Quantity: Reexamining the Link between Entrepreneurship and Job Creation[J]. Industrial and Labor Relations Review, 2013, 66 (4), 833-873.

⑦ Fritsch, M.; Sorgner, A.; Wyrwich, M.. Self-employment and Well-being across Institutional Contexts[J]. Journal of Business Venturing, 2019, 34 (6).

⑧ Kautonen, T.; Kibler, E.; Minniti, M.. Late-career Entrepreneurship, Income and Quality of Life[J]. Journal of Business Venturing, 2017, 32 (3), 318-333.

时间。GEM 是全球进行创业过程研究的经典项目，其调查的数据和最终的研究成果已成为国际创业研究和教育领域最为权威的参考。本研究对于这两个变量的测量采用 GEM 数据，这样能保证结果的信度和效度。

4.2.3　研究假设

由于个人特征对就业质量的影响涉及组织层面因素对个体层面影响两个方面，本研究提出两类假设：创业类型对创业者平均收入和企业存续时间影响的假设 A；个人特征对创业者收入和企业存续时间的影响随不同创业类型特征变化的假设 B。

1. 不同创业类型企业间的创业者收入和企业存续时间的差异

首先，我们需要研究的是创业者收入和企业存续时间在不同的创业类型企业中是否存在差异。之前同类研究基本上是理论验证，所以本研究通过实证研究做进一步补充。

Block 从创业者是被解雇还是自愿离职来定义两种创业类型，如果一个人因为被解雇而离开原有工作，那么这个人就属于生存型创业，反之则为机会型创业。他认为机会型创业比生存型创业获得的薪酬水平更高[①]。根据已有的研究来看，机会型创业者比生存型创业者更容易发现创造利润的机会，因此前者的收入更高，这对于大学生来说同样成立。不仅如此，根据劳动市场经济学中的工作搜寻理论，Devine 和 Kiefer[②]（1993）认为一个人离开工作时间越长，他们的保留工资越低，也就是他们愿意接受的最低工资会变得更低。按照这个逻辑，由于生存型创业者面临的失业危险更高，他们比机会型创业者更愿意接受并进入低收入领域。因此，本研究提出如下假设：

[①]　Block, J.; Wagner, M.. Necessity and Opportunity Entrepreneurs in Germany: Characteristics and Earnings Differentials[J]. Schmalenbach Business Review, 2010, (62), 154-174.

[②]　Devine, T.J.; Kiefer, N. M.. The Empirical Status of Job Search Theory[J]. Labour Economics, 1993, 1 (1), 3-24.

假设 A1：两种大学生创业类型的创业者收入存在差异。

假设 A2：与生存型创业者相比，机会型创业者收入更高。

Tommi 等[①]（2006）通过对 2005 年 GEM 关于芬兰的调查结果分析得出，机会型创业与存续时间存在正相关关系，并且机会型创业的企业比生存型创业的企业的存续时间更长。Block 和 Sandner[②]从选择两种创业类型的动机出发，研究了两种创业类型的存续时间是否有差异，通过使用来自德国的面板数据，发现在自我雇佣企业里，机会型创业企业的存续时间比生存型创业企业长。从前面关于创业类型的特征看出，机会型创业是一种积极主动的自愿创业，这就意味着机会型创业者可能在进行创业之前就做好了充分准备，并且选择的是他们擅长的领域，他们的企业存续时间比那些被迫选择创业的企业存续时间更长。因此本研究提出以下假设：

假设 A3：两种大学生创业类型的企业存续时间存在差异。

假设 A4：与生存型创业相比，机会型创业的企业存续时间更长。

2. 不同创业类型企业之间个人特征创业者收入的差异

综上所述，我们需要研究创业类型通过个人特征对创业者收入和企业存续时间产生的影响。由于创业类型的差别，个人特征的收入回报和企业存续时间在不同类型的创业企业里出现了差异。通常情况下，个人特征变量包括性别、年龄、教育水平等，由于本研究的对象是大学生创业，所以教育水平差异不明显。本研究主要选取性别和年龄作为个人特征变量。

通常来说，在技术新颖性越高的创业企业里，充分利用新技术来赢得竞争是企业生存的关键。对于从事科技创新的男女大学生而言，由于他们接受的教育程度相同，所以他们利用新技术的水平不太可能存在差异。Kepler、Shane 和 Heights 等[③]（2007）的研究也提供了一定的依据，他们发现男性创

---

① Tommi, P.; Pekka, S.; Jarna, H.; Anne, K.; Erkko, A.. Global Entrepreneurship Monitor-2005 Executive Report Finland[R]. Turku School of Economics, 2006.

② Block, J.; Sandner, P.. The Effect of Motivation on Self-Employment Duration in Germany: Necessity versus Opportunity Entrepreneurs[C]. Munich Personal RePEc Archive, 2006, (2), 117-337.

③ Kepler, E.; Shane, S.; Heights, S.. Are Male and Female Entrepreneurs Really That Different?[J]. Small Business Economics, 2007, 309 (9), 1-61.

业者和女性创业者的个人特征、风险承担程度和收入并不存在差异，因此本文认为性别对创业者的收入影响相对较小。

假设 B1：创业企业的技术越新颖，性别收入差距越小。

一般情况下，很多研究都是把年龄作为反映工作经验或者资历的一个变量。在产品新颖性高的行业里，创业者可能更多地依靠个人的市场洞察力来为顾客提供新产品，争取更多的顾客进而获得收入，而这种市场洞察力和创业者以前的工作经验是分不开的，所以相对来说，年龄对收入的影响是存在差异的。在市场竞争程度低的行业里，也就是说，当企业没有或者存在很少的竞争者的时候，创业者收入主要来源于自己所处的垄断地位，这种垄断地位和产品或者技术的独特之处联系紧密，资历对其影响相对较小；而在市场竞争程度高的行业里，创业者收入来自其适应市场的能力，资历越高，创业者对市场判断分析越有经验，资历就会对创业者收入影响显著，所以说年龄的收入回报率在不同市场特征的企业里有很大的差别。创业者会进入不同的行业，不同的行业具有各自的特征，因而对创业者经验的要求可能是不同的。例如，金融行业呈现高风险、高收益以及更新快的特征，创业者的胆识和灵活应变能力能够决定企业生存发展。Newbert[1]认为如果创业者具有丰富的工作经验，由于对过往经验过度自信，他们在作决策时往往会受到这些经验的制约，很难再识别新的机会。并且，对于变化莫测的金融行业来说，基于过往经验作出的决策对企业的未来发展不适用，因此年龄的收入回报率可能会较低。相对于金融行业而言，消费品行业市场变化程度较低，创业者资历越高，经历越丰富，掌握的竞争技巧也就越充裕，运用起来也越熟练，他们适应市场的能力越强，因此年龄的收入回报率较高，所以说年龄的收入回报率在行业特征不同的企业里存在差异。本研究提出以下假设：

假设 B2：年龄的收入回报率在产品新颖性不同的企业里存在差异。

假设 B3：年龄的收入回报率在不同市场特征的企业里存在差异。

假设 B4：年龄的收入回报率在行业属性不同的企业里存在差异。

---

① Newbert, S. L.. New Firm Formation: A Dynamic Capability Perspective[J]. Journal of Small Business Management, 2005, 43 (1), 55-77.

通常情况下，我们认为企业的技术或者产品越新颖，企业更多的是通过提供新产品和新技术来适应市场发展，因此性别对一个企业存续时间的影响可能是不显著的。在行业属性不同的企业里，像餐饮等类似的服务行业，不具有较高的技术特征和技术门槛，创业者的管理经验越丰富，管理水平越高，那么创业者在竞争中越占据优势，企业存续时间也就越长，因此年龄对企业存续时间有很大影响；像金融投资行业，企业的生存受到创业者风险规避程度和应变能力的影响，金融行业的不确定性因素往往要求创业者能够摆脱以前经历的束缚，从现有市场情况出发进行思考，作出决策。根据认知理论，个体的工作经验会影响其认知，创业者的工作经验会影响其理解和判断新的信息和机会。Ucbasaran[1]指出具有丰富工作经验的创业者可能会受到"熟悉偏差"的影响，很难在变化迅速的市场中作出正确的应对策略，把握商机。缺乏应对市场的策略，企业的生存发展随之受到影响，所以工作经验可能与企业存续时间负相关。因此本研究提出如下假设（见图4.1）：

假设B5：在产品和技术新颖性越高的企业里，性别对企业存续时间的影响不显著。

假设B6：在行业属性不同的企业里，年龄对企业存续时间的影响存在差异。

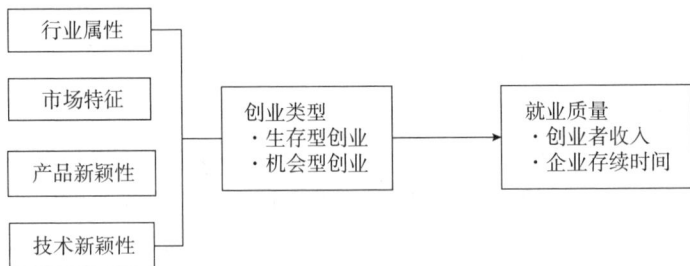

图4.1 研究假设模型

资料来源：笔者自制。

---

① Ucbasaran, D.; Westhead, P.; Wright, M.. Opportunity Identifcation and Pursuit: Does an Entrepreneur's Human Capital Matter[J]. Small Business Economics, 2008, 30 (2), 153-173.

4.3　实证研究

4.3.1　分析工具与数据

本研究需要探讨组织层面的数据对个体层面数据的影响，而简单的相关和回归分析只能研究同一层面的数据。已有的很多研究都习惯于把不同层次的数据进行整合，这样得出来的最终结果的可靠性是值得商榷的。本研究要分析两层数据之间的关系，就需要借助特殊的工具。

1. 分析工具

本研究涉及个人特征对就业质量的影响和组织层面的因素对个体层面的影响等跨层次数据，所以选择了 HLM，HLM 可以解决多个层面数据的问题。

2. 数据

本研究采用的是 2002—2008 年的 GEM 官方调查的数据。考虑到 HLM 与以往研究工具的区别，即研究跨层次数据之间的关系，所以需要将两个层次的数据按照高层次的数据进行对接，从而形成一个分层级的数据。第一层数据往往是个体层面的数据，第二层数据可以是组织层面的也可以是国家层面的。本书研究的是创业类型和就业质量之间的关系，也就是组织层面的数据对个体层面数据的影响，所以将就业质量相关变量作为第一层，将与创业相关的变量作为第二层，并且个体层面的数据是按照第二层数据进行对接的。

本研究对第一层的数据进行了以下处理：本研究选择了性别、年龄、收入以及企业存续时间等变量。在此基础上，剔除了相关变量的缺失值，同时还考虑到了时间的影响。本研究的第二层数据选取了两种创业类型的特征变量，并且运用的是这些变量的方差来进行数据分析。

4.3.2 描述性统计分析

在层级一（个人层面）使用的变量包括性别（男性 =1）、年龄、创业者收入（因变量，低收入 =1）以及企业存续时间（因变量，不超过 42 个月 =1）。在层级二（组织层面）使用的变量包括创业类型（机会型创业 =1）、行业属性、市场特征、产品新颖性和技术新颖性。我们将处理后的数据代入 HLM 中最后生成一个两层结构的数据，第一层和第二层数据的描述性统计分析见表 4.1。

表 4.1 描述性统计分析

变量名	个案数	均值	标准差	最小值	最大值
性别	7132	1.39	0.49	1.00	2.00
年龄	7132	27.81	4.27	9.00	34.00
是否为全职员工	7132	1.21	0.54	1.00	3.00
创业者收入	7132	2.13	0.79	1.00	3.00
企业存续时间	7132	0.45	0.50	0.00	1.00
创业类型	55	0.16	0.05	0.04	0.26
行业特征	55	0.83	0.19	0.49	1.54
市场特征	55	0.23	0.03	0.11	0.27
产品新颖性	55	0.23	0.03	0.14	0.27
技术新颖性	55	0.48	0.16	0.16	0.80

注：考虑到各国接受大学教育的年龄以及对创业企业的定义，本研究选取的研究对象是 18～34 岁的创业人群。

资料来源：笔者自制。

4.3.3 HLM 分析

1. 各国收入和企业存续时间差异分析

首先，我们统计了各国的收入状况，分析结果表明（详情见附表）各国创业者收入平均值在 1.54～2.88，最高收入的平均值和标准差为 1.54±0.048，最低收入的均值和标准差为 2.88±0.125，所以说不同国家的创业企业中创业者的收入差距明显。一般来说，西欧和北美国家创业者平均收入相对较高，都在中等收入以上，代表性国家有哥伦比亚、加拿大、美国、英国等；而亚洲和非洲国家创业者平均收入相对较低，一般在中等收入以下，代表性国家有印度尼西亚、俄罗斯和印度等。

其次，我们分析了各国创业企业存续时间情况，结果表明（详情见附录），各国创业企业存续时间的均值在 0.1 ~ 0.8，均值在 0.5 以下说明企业存续时间超过 42 个月，而均值在 0.5 以上说明企业存续时间不到 42 个月。其中均值在 0.5 以下的有美国、法国、比利时、意大利、英国等国家，基本上分布在西欧和美洲；而均值在 0.5 以上的国家包括俄罗斯、印度尼西亚、泰国、韩国等国家，基本上分布在亚洲。这表明不同国家企业存续时间存在显著差异。

2. 两种创业类型特征比较

通过以上分析，我们得出两种创业类型的企业特征存在明显的差异。机会型创业行业特征的均值为 3.12，而生存型创业均值为 3.18，与生存型创业相比，机会型创业更倾向于金融服务性的行业。机会型创业的市场特征均值为 0.5877，生存型创业的市场特征均值为 0.6564，相较于生存型创业，机会型创业的市场竞争较低。机会型创业和生存型创业的产品新颖性均值分别为 1.59 和 1.48，所以说机会型创业企业的产品新颖性较高。而两种创业类型企业的技术新颖性均值都为 2.51，不存在差异。

3. 收入和企业存续时间分解

从上文已经得知多层线性模型的优势就是可以把因变量的整体差异分解到不同层级，并且能够表示不同层级所产生的差异占总体差异的比例。

本研究采用多层线性模型的零模型来分解创业者收入和企业存续时间的差异，详细步骤如下：

第一层：$Y_{ij}=\beta_{0j}+r_{ij}$；

第二层：$\beta_{0j}=\gamma_{00}+u_{0j}$；

总模型为：$Y_{ij}=\gamma_{00}+u_{0j}+r_{ij}$。

其中，β_{0j} 为第一层截距，r_{ij} 为随机效应，γ_{00} 为第一层截距在第二层的固定效应，u_{0j} 为第二层随机效应。这个模型中不加入任何变量，所以我们可以检验总方差的分布（见表 4.2）。

表 4.2 分层级分解创业者收入和企业存续时间差距

固定效应		系数	标准误			
平均收入		2.19	0.039			
企业存续时间		0.447	0.019			
随机效应		方差成分	占总方差的比例	自由度	x^2	p 值
平均收入	层级二效应（组间）	0.075	11.8%	54	964.14	<0.001
	层级一效应（组内）	0.563	88.2%			
企业存续时间	层级二效应（组间）	0.016	6.5%	54	535.04	<0.001
	层级一效应（组内）	0.232	93.5%			

资料来源：笔者自制。

从表 4.2 的固定效应中可以看出平均收入的系数为 2.19，从随机效应的方差成分中可知组内方差为 0.563，组间方差则为 0.075，x^2 值为 964.144，在 54 个自由度下 p < 0.001，证明组间的收入差异十分显著（证实假设 A1）。此外，根据两个层级的方差分布情况，可以计算出每个层级的方差成分占总方差的比例，最后我们得出组内方差所占份额为 88.2%，而组间方差所占份额为 11.8%。也就是说，国家间的不同创业类型对创业者收入产生影响，这部分影响占到了创业者收入整体差异的 11.8%。

从表 4.2 的固定效应中可以看出企业存续时间的系数为 0.447，从随机效应的方差成分中我们可以看到组内方差为 0.232，而组间方差则为 0.016，x^2 值为 535.04，在 54 个自由度下 p < 0.001，证明组间的企业存续时间差异十分显著（证实假设 A3）。此外，根据两个层级的方差分布情况，可以计算出每个层级的方差成分占总方差的比例，最后得出组内方差所占份额为 93.5%，组间方差所占份额为 6.5%。也就是说，国家间的不同创业类型对企业存续时间产生影响，这部分影响占企业存续时间整体差异的 6.5%。

4. 两种创业类型特征的作用机制

上面我们讨论了在不加入任何自变量的情况下，国家间创业类型的不同对收入和企业存续时间的影响。下面，我们需要分析在加入创业类型特征变量和个人特征变量后，对于创业者收入和企业存续时间的影响机制：一是个人特征对于创业者收入和企业存续时间的直接影响作用；二是个人特征对于创业者收入和企业存续时间的间接作用。

（1）创业者收入的多层线性回归模型

第一层模型：

收入 $= \beta_{0j} + \beta_{1j} \times$ 性别 $+ \beta_{2j} \times$ 年龄 $+ r_{ij}$。

第二层模型：

$\beta_{0j} = \gamma_{00} + \gamma_{01} \times$ 产品新颖性 $+ \gamma_{02} \times$ 技术新颖性 $+ u_{0j}$；

$\beta_{1j} = \gamma_{10} + \gamma_{11} \times$ 创业类型 $+ \gamma_{12} \times$ 技术新颖性 $+ u_{1j}$；

$\beta_{2j} = \gamma_{20} + \gamma_{21} \times$ 产品新颖性 $+ \gamma_{22} \times$ 市场特征 $+ \gamma_{24} \times$ 行业属性 $+ u_{2j}$。

个人特征对于收入的影响主要是从第一层的截距项来看，从表 4.3 可以看出，性别、年龄的显著性 $p < 0.01$，所以说性别、年龄对平均收入产生影响。在这个多层线性模型中，更值得关注的是个人特征对于创业者收入的影响是如何随着两种创业类型特征的不同而变化的。对于这种变化，我们用模型中嵌套于层级一自变量下的层级二自变量的回归系数来表示。

从表 4.3 中平均收入项可以看到产品新颖性的回归系数为 –3.75，t 值为 –2.91，并且 $p < 0.01$。但是技术新颖性的 t 值为 0.526，显著性 p>0.1，也就是说技术新颖性对创业者收入影响不显著。这可能是因为机会型企业的增长潜力主要来源于产品或者外部环境。

在层级一的性别变量下，创业类型的回归系数为 1.06，t 值为 3.17，并且 $p < 0.01$（证明假设 A2）。但是从表 4.3 中我们可以看到，技术新颖性的 t 值为 –1.42，p 值大于 0.01（不能证明假设 B1），也就是说在技术越新颖的企业里，性别收入差距越大。这可能是与男性创业者更倾向于机会型创业有关，他们敢于冒险、大胆，更容易引进新技术。

在表 4.3 中层级一的年龄变量下，产品新颖性的回归系数为 0.1353，t 值

为 3.24，并且 p < 0.01（证明假设 B2）。市场特征的回归系数为 0.1166，t
值为 2.40，并且 p < 0.05（证明假设 B3）。但是从此表中我们可以看到，行
业属性的 t 值为 0.421，p 值大于 0.01，年龄的收入回报率在行业属性不同的
企业里差异不显著，也就是说，在行业属性不同的企业里，创业者年龄与收
入不存在明显相关性（假设 B4 不成立）。这可能有两个方面的原因，一是个
体层面的，另一个是环境和组织层面的。从个体层面来讲，创业者对工作经
验的总结和运用不尽相同，一部分人能够充分利用已掌握的经验来分析当前
的形势，并作出正确的决策；另一部分人虽然具备相应的工作经验，但是在
结合形势、应用上有所欠缺，导致工作经验的作用弱化。从环境和组织层面
来讲，创业者个人的收入受企业盈利能力的影响，而企业的盈利能力又受到
经济环境、国家政策、顾客群、竞争者等方面因素的影响，使得个人工作经
验难以对个人收入起到决定性作用。

表 4.3 创业者收入

平均收入实证分析			
固定效应（自变量）	回归系数	标准误	t值	p值
平均收入				
截距	4.55	0.6615	6.87	<0.001
产品新颖性	−3.75	1.29	−2.91	0.005
技术新颖性	0.1377	0.2615	0.526	0.601
性别（1=男）				
截距	−0.3105	0.1066	−2.91	0.005
创业类型（0=生存型）	1.06	0.3354	3.17	0.003
技术新颖性	−0.1540	0.1083	−1.42	0.161
年龄				
截距	−0.0983	0.0252	−3.9	<0.001
产品新颖性	0.1353	0.0418	3.24	0.002
市场特征	0.1166	0.0486	2.40	0.020
行业特征	0.0033	0.0078	0.421	0.676
随机效应	方差成分	自由度	x^2	p值
平均收入	0.1792	49	63.04	0.086
性别（1=男）	0.0042	48	50.98	0.357

续表

平均收入实证分析				
固定效应（自变量）	回归系数	标准误	t值	p值
年龄	0.0003	48	89.34	<0.001
r	0.5455			

资料来源：笔者自制。

（2）企业存续时间的多层线性回归模型

第一层模型：

企业存续时间 = $\beta_{0j} + \beta_{1j} \times$ 性别 $+ \beta_{2j} \times$ 年龄 $+ r_{ij}$。

第二层模型：

$\beta_{0j} = \gamma_{00} + u_{0j}$；

$\beta_{1j} = \gamma_{10} + \gamma_{11} \times$ 创业类型 $+ \gamma_{12} \times$ 技术新颖性 $+ \gamma_{13} \times$ 产品新颖性 $+ u_{1j}$；

$\beta_{2j} = \gamma_{20} + \gamma_{21} \times$ 创业类型 $+ \gamma_{23} \times$ 行业特征 $+ u_{2j}$。

从表4.4可以看到性别的显著性 $p < 0.05$，说明性别对企业存续时间产生影响，年龄的显著性 $p>0.1$，说明年龄对企业存续时间影响不显著。在层级一的性别变量下，创业类型的回归系数为 –0.4512，t值为 –1.50，显著性 $p < 0.5$（证明假设A4）。技术新颖性的回归系数为 –0.1392，t值为 –1.79，并且 $p < 0.1$；产品新颖性的回归系数为 –0.733，t值为 –2.56，并且 $p < 0.05$（证明假设B5）。

上文已经分析过，年龄对于企业存续时间的影响不显著。在第二层加入预测变量后，我们同样可以看到创业类型和市场特征的显著性p都大于0.01，也就是说在加入预测变量后，年龄对企业存续时间的影响差异不显著。换句话说，在行业属性不同的企业里，年龄与企业存续时间不存在明显相关性（不能证明假设B6）。一方面，可能是个体原因，即创业者个人对工作经验运用不尽相同；另一方面，可能是组织和环境层面的，决定企业存续时间长短的因素包括企业内部和企业外部因素，如企业的外部顾客、现有的竞争对手、潜在竞争对手、替代品的威胁等，个人工作经验与这些因素相比作用较小，不能起到决定性的作用。因此，在行业属性不同的企业里，年龄对企业存续时间的影响差异不显著。

表 4.4 创业企业存续时间

企业存续时间实证分析				
固定效应（自变量）	回归系数	标准误	t值	p 值
企业存续时间				
截距	0.5919	0.0562	10.54	<0.001
性别（1=男）				
截距	0.1803	0.0849	2.12	0.039
创业类型（0=生存型）	−0.4512	0.3005	−1.50	0.139
技术新颖性	−0.1392	0.0778	−1.79	0.080
产品新颖性	−0.733	0.2866	−2.56	0.014
年龄				
截距	−0.0060	0.0053	−1.13	0.265
创业类型（0=生存型）	0.031	0.0188	1.65	0.106
行业特征	0.0028	0.0035	0.790	0.433
随机效应	方差成分	自由度	x^2	p 值
企业存续时间	0.192	52	67.91	0.068
性别（1=男）	0.048	48	73.55	0.010
年龄	0.0058	49	64.99	0.063
r	0.4748			

资料来源：笔者自制。

图 4.2 假设检验结果总结

资料来源：笔者自制。

4.4 结论与展望

综上所述,我们知道生存型创业和机会型创业的企业特征存在差异,机会型创业更倾向于金融服务性行业,与生存型创业相比,机会型创业具有产品新颖性高、市场竞争程度低的特点。我们通过分析得出以下结论。

第一,各国的大学生创业类型确实对创业者收入和企业存续时间产生影响:机会型创业者收入更高,企业存续时间更长,就业质量更高。根据 2017 年中国创业观察报告数据:中国创业活动的主体是青年,占创业者总体比例的 41.67%;创业动机以机会型创业为主,64.29% 的创业者为机会型创业者,与 2005 年和 2010 年相比,机会型创业者的比重不断提高。但是与西方大学生创业现状的对比发现,我国大学生参与创业的比例不到毕业生人数的 1%,但是在发达国家,这一比例高达 20% ~ 30%。从整体上说,我国大学生进行创业人数不多,政府可以采取相应的措施引导、鼓励和帮助大学生进行创业。

第二,产品新颖性与创业者收入存在正相关关系。因此大学生要获得一定的就业质量,提高自己的创业收入,可以通过积极寻找新的满足顾客需要的产品。我们发现技术新颖性在生存型创业和机会型创业中同等重要,毛宇飞等[①] 的研究就证实了使用互联网提高了生存型和机会型创业者的收入,因此,不管是哪种创业类型,都应该积极鼓励、支持和引进新技术。此外,在不同市场特征的企业里,工作经验对其就业质量的影响是不同的。因此大学生创业者要想提高自己的就业质量,可以寻找新的、潜在的市场,提供新产品和新技术并注意提升自己的经验。

---

① 毛宇飞, 曾湘泉, 祝慧琳.互联网使用、就业决策与就业质量——基于CGSS数据的经验证据[J], 经济理论与经济管理, 2019(1).

第三，性别在两种创业类型的企业里对企业存续时间影响不显著，这说明女大学生在管理运营企业方面的能力不会比男生差，所以我国应该同时鼓励女大学生和男大学生进行创业。清华大学发布的历年中国创业观察报告数据以及中国青年创业就业基金会 2020 年发布的最新报告显示：男性创业明显多于女性创业。因此，提高大学生创业水平，支持和引导女大学生进行创业不失为一种明智的选择。

第四，年龄在不同行业特征的企业里对创业者收入和企业存续时间产生影响，这反映工作经验对两种大学生创业类型的就业质量产生影响。因此要提高大学生就业质量，就需要在大学时代帮助他们积累一定的工作经验。这种工作经验可以从两个方面入手。一是从相关创业知识入手。高校可以通过加大创业教育投入，帮助大学生掌握一些创业的理论技巧，帮助他们创业。即使在创业环境较好的浙江省，大学生创业的成功率也仅约5%，足见全国大学生创业的平均存活率比较低。国际大学生的平均创业成功率则是20%，有35%的大学生认为，"对失败的恐惧妨碍创业" ①。所以，帮助大学生解决创业面临的难题，使他们掌握一定的创业理论知识可以提高创业质量。二是从提高实际经验入手。政府应该继续推进大学生创业孵化基地建设，为大学生创业提供创业平台；学校应该积极与各大企业合作，为大学生提供实习机会；大学生更是要树立创业观念，多寻找实习机会、参与各种创业大赛等。

由于创业活动本身所具有的动态性、复杂性等原因，本研究还存在很多不足之处。首先，解释力度方面。从表4.3的随机效应中，我们可以看到，在第二层加入预测变量后，只有年龄的随机效应仍然十分显著，所以未来还需要进一步寻找其他变量来解释它们的变异。其次，本研究仅仅考虑了大学生创业类型对就业质量的影响，还有许多其他因素，如创业的外部环境、个性特征以及创业阶段等缺乏探讨，这些因素都有可能影响创业质量。所以，未来研究可以从这些方面着手进行完善。

---

① 麦可思研究院. 就业蓝皮书：2017年中国本科生就业报告[M]. 北京：社会科学文献出版社，2017：104.

附表　　　　　　　　　　各国的创业者收入和企业存续时间状况

国家	收入		企业存续时间		国家	收入		企业存续时间	
	均值	标准差	均值	标准差		均值	标准差	均值	标准差
美国	2.23	0.039	0.30	0.024	菲律宾	2.47	0.075	0.80	0.048
俄罗斯	2.72	0.158	0.72	0.109	新西兰	1.92	0.182	0.68	0.095
埃及	2.09	0.085	0.36	0.052	新加坡	2.56	0.054	0.47	0.041
南非	2.07	0.114	0.32	0.061	泰国	2.41	0.044	0.62	0.031
希腊	1.92	0.094	0.44	0.057	日本	1.81	0.125	0.39	0.082
荷兰	2.11	0.095	0.51	0.060	韩国	2.43	0.063	0.64	0.041
比利时	2.15	0.092	0.28	0.053	印度尼西亚	2.59	0.150	0.65	0.119
法国	2.01	0.090	0.28	0.055	土耳其	2.03	0.079	0.56	0.049
西班牙	2.10	0.023	0.59	0.015	印度	2.12	0.064	0.46	0.043
匈牙利	2.45	0.085	0.53	0.057	加拿大	1.90	0.083	0.41	0.053
意大利	1.63	0.080	0.10	0.031	爱尔兰	2.32	0.079	0.39	0.055
罗马尼亚	2.62	0.132	0.38	0.101	冰岛	2.37	0.087	0.32	0.050
瑞士	2.03	0.097	0.68	0.061	芬兰	2.11	0.087	0.51	0.056
奥地利	1.91	0.211	0.64	0.152	拉脱维亚	2.56	0.073	0.43	0.053
英国	1.70	0.036	0.48	0.022	赞比亚	2.14	0.177	0.36	0.133
丹麦	2.04	0.047	0.34	0.028	克罗地亚	2.57	0.097	0.35	0.071
瑞典	2.03	0.111	0.40	0.060	斯洛文尼亚	2.49	0.068	0.29	0.052
挪威	1.95	0.105	0.53	0.063	北马其顿	2.68	0.085	0.52	0.091
德国	2.01	0.062	0.43	0.039	捷克	2.88	0.125	0.50	0.189
秘鲁	1.89	0.037	0.37	0.023	委内瑞拉	2.00	0.076	0.33	0.050

续表

国家	收入		企业存续时间		国家	收入		企业存续时间	
	均值	标准差	均值	标准差		均值	标准差	均值	标准差
墨西哥	2.21	0.066	0.26	0.038	玻利维亚	2.22	0.116	0.22	0.061
阿根廷	2.38	0.038	0.24	0.023	乌拉圭	2.65	0.063	0.41	0.055
巴西	2.20	0.087	0.60	0.053	哈萨克斯坦	1.97	0.145	0.43	0.085
智利	2.13	0.045	0.45	0.029	波多黎各	2.42	0.159	0.47	0.118
哥伦比亚	1.54	0.048	0.62	0.034	牙买加	2.18	0.087	0.45	0.055
马来西亚	2.23	0.160	0.59	0.107	阿拉伯联合酋长国	1.61	0.072	0.42	0.054
澳大利亚	2.32	0.078	0.48	0.053	以色列	2.10	0.106	0.43	0.066

资料来源：笔者自制。

第五章　中国的创业与就业岗位的增加

"全球七成就业岗位是小企业创造的。"

——国际劳工组织（2021）

5.1 引言

创业对于就业的促进作用一直被国外学者们关注，不仅如此，各国政府也提出了很多政策来支持创业活动，以此解决就业问题。以美国为例，过去的 20 年间，小企业创造了美国 2/3 的新增就业。美国 2800 万家小企业雇用了 6000 万人，占私营部门就业量的一半。2020 年新冠疫情暴发之后，美国政府通过采取各种措施加大对中小企业和创业活动的扶持，解决了大量的劳动力就业问题。

在我国，自从党的十七大提出"实施扩大就业的发展战略，促进以创业带动就业"政策方针以来，各地方政府和相关部门为此制定和实施了不少具体的落实措施，据统计，我国仅在 2022 年全年返回农村创新创业的人数就达到了 1220 万人[①]。然而，我们还要注意的是：在创业人数不断增加的同时，就业岗位数量增加了多少？创业是否能够真正促进就业？当前中国就业压力接踵而至，例如在 2023 年，我国的大学毕业生达到 1158 万人。如果希望通过创业带动就业的话，研究上述两者之间的关系就很有意义了：比如创业活动带动就业的内在机制是什么，创业在多大的程度上促进就业等，或许有助于有关部门完善相应的管理措施从而更好地发挥创业的作用。

目前，国内对创业与就业的关系研究的实证研究文献不多：付宏[②]、董志

---

① 人民日报. 截至2022年底，全国返乡入乡创业人员数量累计达1220万人[EB/OL]. 光明网，2023-02-17.

② 付宏. 中国的创业活动与就业增长："难民效应"还是"熊彼特效应"？[C]. 第五届中国管理学年会——创业与中小企业管理分会场论文集，2010：319-324.

强等①、张成刚等②、侯永雄和谌新民③、朱金生和余凡④、朱金生和朱华⑤、王剑⑥主要关注创业活动降低失业率的影响。理论综述方面：汤灿晴等⑦、卢亮和邓汉慧⑧主要是对国外的创业活动和就业数量、就业质量的关系进行了回顾。本研究以相对收入的创业理论为基础，在借鉴前人的研究基础上进行改善，并提出一个分析创业与就业关系的理论框架，利用中国 1995—2010 年的各省份面板数据，首次探讨了全国范围内的创业活动对就业影响，实证分析的结果表明：创业对就业有积极的正向促进作用；创业在不同的时期，对就业的促进作用是不同的。

本章的余下部分安排如下：第二节是相关文献综述与评价；第三节是理论模型构建和数据来源以及定义说明，包括基本的统计描述；第四节是模型的实证分析；第五节是结论分析，探讨了未来的研究方向以及可能的政策措施。

---

① 董志强，魏下海，张天华.创业与失业：难民效应与企业家效应的实证检验[J].经济评论，2012（2）.

② 张成刚，廖毅，曾湘泉.创业带动就业：新建企业的就业效应分析[J].中国人口科学，2015（1）.

③ 侯永雄，谌新民.创业如何带动就业?——基于1997—2013年中国省区数据的创业与就业关系及时滞性[J].华南师范大学学报（社会科学版），2017（3）.

④ 朱金生，余凡.我国创新、创业与就业互动关系的地区异质性考察——基于VAR模型的实证分析[J].科技管理研究，2018（14）.

⑤ 朱金生，朱华.科技创新与科技创业的"本地—邻地"就业效应研究[J].科技管理研究，2021（11）.

⑥ 王剑.经济增长中的创业与就业增长：影响因素与传导机制——基于中国省际面板数据的实证研究[D].中国人民大学，2009.

⑦ 汤灿晴，董志强.李永杰.国外创业与就业关系研究现状探析与未来展望[J].外国经济与管理，2011（9）.

⑧ 卢亮，邓汉慧.当代创业的就业价值的研究综述[J].衡阳师范学院学报，2013（1）.

5.2　文献综述

5.2.1　创业与就业关系的理论

Knight（1921）在其名著《风险、不确定性与利润》[①]中提出的相对收入理论成为创业和就业关系的理论渊源，他认为个人会在失业、自雇和受雇这三种状态之间作出选择，其选择的标准就是上述三种状态的相对收入的比较。这一观点启发了 Oxenfeldt（1943），他把创业和失业联系在一起，认为当个人面临失业，并对受雇就业感到前景黯淡的时候，就会把创业作为可靠的选择。在此基础上，学者们提出了萧条时期的推动效应假说（Recession-push）和企业家的拉动效应假说（Entrepreneurial-pull）来解释创业和就业之间的关系（Holmes 和 Schmitz）。萧条时期的推动效应，即难民效应（Refugee Effect），就是指当经济萧条、就业率下降时，个人会觉得很难寻求到一份有薪水的工作，这时候，自我雇佣变得相对有吸引力，创业的人数就会增多，以至失业人数减少。企业家的拉动效应，也被称为熊彼特效应（Schumpeter effect）或者企业家效应，就是指那些具有经营才能和商业头脑的创业者通过创办企业，不仅雇用了自己，也雇用了他人，从而拉动了就业。

5.2.2　国外实证研究的归类和评价

国外的实证研究不仅对上述理论假说进行了验证，而且从其他方面来扩

---

① 弗兰克·H.奈特.风险、不确定性与利润[M].安佳译.北京：商务印书馆，2010：332.

展了就业和创业的关系研究。通过整理所收集的文献，本研究根据其所使用的研究方法和数据的不同，大致归纳为以下三类。

一是采用总体数据。在这种研究框架下，Johansson[1] 以 1994—1998 年瑞典 IT 企业为例，建立了企业平均规模与就业增长率之间的 U 形关系，在企业规模达到 240 名雇员时就业增长率最低。Shaffer[2] 不仅证实了在美国创业可以促进本部门的就业，而且发现了创业所带来的就业外部效应，即创业也可以带来其他部门的就业数量增长。Neumark 等[3] 通过研究整体经济发现，平均规模不到 100 名员工的企业贡献了 1992—2002 年这 10 年间总就业率的 70%，但规模不到 20 人的企业占 50%。Roy Thurik[4] 认为高失业率可能会导致个人的创业行为（难民效应），但更多的自我雇佣行为也许暗示了创业企业经过一定时期的增长后会减少失业（企业家效应），他们发现企业家效应要显然强于难民效应。然而 Golpe 和 Avan[5] 发现在西班牙低收入地区难民效应发挥了作用，企业家效应却没有发挥作用，可是高收入地区这两种效应都发挥了作用。

近年来，在使用总体数据方面呈现出一种新的研究趋势，即从地区层面的数据来分析创业活动的直接和间接效应如何影响就业增长。由于直接和间接效应作用机制存在差异，因此就会产生如下问题：在不同的经营期间内产生的就业效果是否相同？ André van Stel 和 David Storey[6] 的研究显示：对英国而言，20 世纪 90 年代比 80 年代的短期就业效应要强烈，长期的就业效

---

[1] Johansson, D.. The Turnover of Firms and Industry Growth[J]. Small Business Economics, 2005, 24 (5), 487-495.

[2] Shaffer, S.. Establishment Size and Local Employment Growth[J]. Small Business Economics, 2006, 26 (5), 439-454.

[3] Neumark, D.; Zhang, J.; Wall, B.. Business Establishment Dynamics and Employment Growth[R]. Hudson Institute Research Paper, No. 05-02, 2005.

[4] Roy Thurik A.. Does Self-employment Reduce Unemployment?[J]. Journal of Business Venturing, 2008, 23 (6), 673-686.

[5] Golpe.A.; Avan.S.. Self-employment and Unemployment in Spanish Regions in the Period 1979—2001[A]. In Measuring Entrepreneurship: Building a Statistic System, 2008, 191-204.

[6] André van Stel; David Storey. The Relationship between Firm Births and Job Creation: Did This Change in Britain in the 1990s?[R]. EIM Business and Policy Research, 2002.

应在第 5 年最为强烈，第 10 年后消失。Mueller 等[①] 将英国每年的创业率或每 1000 名员工的新企业数量与区域就业变化（两年以上）联系在一起，高的创业率与高的就业数量相关。若干年后，竞争压力导致裁员或倒闭使得创业率与就业增长呈现负相关，所以只有提高竞争力才能使得两者的关系保持正相关。Acs 和 Mueller[②] 发现了只有在美国多元化的都市地区，那些少于 500 人、大于 20 人的创业企业才有持久的就业效应。Baptista 等[③] 用葡萄牙数据显示间接效应在新企业创立后第 8 年才显现出来，而且在产业更为集聚的地区，知识型的企业比其他类型的企业对未来长期的就业能施加更大的影响。Carree 和 Thurik[④] 基于国家级的数据，也得出了相类似的结论：创业的增加与就业量的增长相关，短期效应较小，中期为负面效应，长期为积极效应。Martin Andersson 和 Florian Noseleit[⑤] 把创业企业对就业总的影响分解为两种效应：行业部门内效应和行业部门外效应。通过分析瑞典各地区 1994—2004 年的数据，他们发现某个部门的创业企业都会产生上述两种效应：创业企业会对同部门内的就业变动发挥正向影响；而对其他部门的就业变动发挥正向或者负向影响，比如高端服务业部门的创业企业可能对于制造业部门的就业变动产生负向影响，但是对于低端服务业部门的就业变动产生正向影响。

二是采用调整的吉伯特法则来分析非总体数据。一般来说，吉伯特法则是假定所有的企业具有同样的平均增长率，这样说来，企业规模从大到小调整的时候，对就业不会有影响。然而，人们在现实中发现，这样的推论是站不住脚的，于是在研究创业企业的就业效应的时候，人们对该项前提条件作

---

① Mueller, P.; Van Stel, A.; Storey, D.. The Effects of New Firm Formation on Regional Development over Time: The Case of Great Britain[J]. Small Business Economics, 2008, 30 (1), 59-71.

② Acs. Z. J.; Mueller, P.. Employment Effects of Business Dynamics: Mice, Gazelles and Elephants[J]. Small Business Economics, 2008, 30 (1), 85-100.

③ Baptista. R.; Escaria, V.; Madruga, P.. Entrepreneurship, Regional Development and Job Creation: The Case of Portugal[J]. Small Business Economics, 2008, 30 (1), 49-58.

④ Carree, M. A.; Thurik, A. R.. The Lag Structure of the Impact of Business Ownership on Economic Performance in OECD Countries[J]. Small Business Economics, 2008, 30 (1), 100-101.

⑤ Martin Andersson; Florian Noseleit. Start-ups and Employment Dynamics within and across Sectors[J]. Small Business Economics, 2011(36), 461-483.

了修改，假设所有的企业具有不同的增长率，并采用非总体数据来检验企业规模或者成立时间和相应数量的就业岗位之间的关系。公式如下：

$$\ln q_{it+1}=\alpha_i+\beta\ln q_{it}+\mu_{it+1}$$

如果企业规模用就业人数来测量，估计系数 β 就知道企业成长的速度以及是否和就业数量相关。

通过上述改进，Calvo[1] 对西班牙、Oliveira 和 Fortunato[2] 对葡萄牙的研究发现：创业企业有较高的成长率，能比大企业创造更多的就业，就业数量会随创业企业的规模和时间的不同存在显著性差异。Muller[3] 的研究也证实：处于不同分位水平上的创业企业提供的就业增长数量存在显著性差异。Sierdjan Koster[4] 发现，不同类型的新企业所产生的就业效应是不同的。已有企业建立的新企业，通过规模经济的资本化，带来了短期的积极的就业效应。而真正意义上的新企业，通过新的商业机会的识别和在未来年份内的创造性活动，产生了持久的就业效应。Kok 和 Wit[5] 以欧盟 27 个国家为例，运用动态分类法，分析了企业规模大小和就业创造的关系：从整个欧盟的角度来看，小企业确实比大企业更能创造工作岗位，然而，不是所有的行业都是如此，净工作岗位创造数量随着制造业和贸易业企业规模的下降而降低。从单个国家的层面来看，净职位增长率随着企业规模的不同而降低。不仅发达国家如此，Ayyagari 等[6] 对发展中国家的研究也得到了类似的结论：雇员少于 20 人的小企业在总就业人数中所占份额最小，但雇员少于 100 人的中小型企业部门的

① Calvo, J. L.. Testing Gibrat's Law for Small,Young, and Innovating Firms[J]. Small Business Economics, 2006, 26 (2), 117-123.

② Oliveira, B.; Fortunato, A.. Firm Growth and Liquidity Constraints: A Dynamic Analysis[J]. Small Business Economics, 2006, 27(2-3), 139-156.

③ Kathrin Muller. Employment Growth in Newly Established Firms—Is There Evidence for Academic Entrepreneur's Human Capital Depreciation?[R]. Centre for European Economic Research Discussion Paper, No. 09-050, 2009 .

④ Sierdjan Koster. Individual Foundings and Organizational Foundings: Their Effect on Employment Growth in the Netherlands[J]. Small Business Economics, 2011, 36 (4), 485-501.

⑤ Kok, J. D.; Wit, G. D.. Do Small Businesses Create More Jobs? New Evidence for Europe[J]. Small Business Economics, 2013, 42 (2), 283-295.

⑥ Ayyagari, M.; Demirguc-Kunt, A.; Maksimovic, V.. Who Creates Jobs in Eeveloping Countries?[J]. Small Business Economics, 2014, 43 (1), 75-99.

贡献份额与大型企业相当，而且小公司创造的就业机会最多。

三是采用 Davis 和 Haltiwanger[①] 所设计的框架。上述两种研究方法没有考虑到企业退出和进入的影响，Davis 和 Haltiwanger（1992）设计了一种新方法来弥补上述遗憾：首先把企业分为成长和新进入的企业（能创造新的职位）、退出市场和衰退的企业（会造成职位的消失）；其次设计出职位创造率和职位消失率两个指标，两者之差就是职业净增长率，即就业增长率；最后计算出企业规模大小和其职位创造或者职位损失的比例关系。遵循上述思路，Satu Hohti[②] 以芬兰制造业 1980—1994 年的数据为例，发现在此期间，人数少于 100 人的小型企业的就业份额增加了 5 个百分点，但是人数大于 500 人的企业的就业份额减少了 6 个百分点。Nikolaj 等[③] 专门研究了新建立企业的就业贡献，它们为丹麦提供了 8% 的就业份额。这种方法还有一种好处，就是能用来评估创业企业所引发的就业波动。Neumark[④] 以美国加州的数据为例，得到的结论是：新进入的小企业创造的职位相当于扩张中的大企业创造职位的 3 倍；而退出市场的小企业所损失的职位也是惊人的，相当于衰退大企业的 4 倍。由此可见，创业企业所创造的就业量不稳定，容易发生波动。Martina Lawless[⑤] 发现小企业确实能够增加新的就业岗位，然而，发挥就业促进作用的不仅是企业的规模，还有企业的年龄。在创造就业岗位方面，年轻企业比年老企业更具活力。

这些研究从不同的角度采用不同的研究方法分析了创业与就业的关系，既有优点，也存在一定的不足。比如说，如果采用整体数据的话，就有可能

---

①　Davis, S.J.; Haltiwanger, J.. Gross Job Creation, Gross Job Destruction, and Employment Reallocation[J]. Quarterly Journal of Economics, 1992, 107 (3), 819-863.

②　Satu Hohti. Job Flows and Job Quality by Establishment Size in the Finnish Manufacturing Sector 1980-1994[J]. Small Business Economics, 2000, 15 (4), 265-281.

③　Nikolaj; Malchow-Møller; Bertel Schjerning; Anders Sørensen. Entrepreneurship, Job Creation, and Wage Growth[R]. Centre for Applied Microeconometrics Working Paper, No. 2009-01, 2009.

④　Neumark, D.; Zhang, J.; Wall, B.. Business Establishment Dynamics and Employment Growth[R]. Hudson Institute Research Paper, No. 05-02, 2005.

⑤　Martina Lawless. Age or Size? Contributions to Job Creation[J]. Small Business Economics, 2014, 42 (4), 815-830.

遗漏掉与就业创造相关的一些重要的影响因素；如果使用改善的吉伯特法则，一定要注意企业的存活率和企业规模之间的关系在不同行业的差别；如果使用 Davis 和 Haltiwanger（1992）设计的方法，要注意对成长和新进入的企业以及退出市场和衰退的企业的归类和划分，以避免出现"回归谬误"。

5.2.3　国内的学术研究

尽管政府各部门重视创业对就业的拉动作用，但是学术界对此问题的研究似乎缺乏足够多的热情，特别是实证研究的文献并不多见。董志强和魏下海等（2012）利用广东省 21 个地区 1991—2007 年面板数据，使用 VAR 分析方法，对自雇创业率与失业率所产生的难民效应和企业家效应进行了探究，其分析结果支持创业可降低失业的企业家效应假说，并不支持高失业率会影响自雇创业率的难民效应。

但是付宏（2007）的结论恰恰相反，他利用中国 1991—2006 年自我雇佣人数和失业人数的数据，运用回归分析，发现我国的创业活动和就业增长之间存在难民效应，不存在企业家效应。

张成刚、廖毅和曾湘泉等（2015）主要研究了创业活动对就业的时滞效应，即在创业企业不同存续期间内所创造的就业岗位有什么变化。他们通过对全国 1996—2012 年 31 个省份的数据分析发现：在区域劳动力市场中，创业确实可以促进就业，但创业对就业岗位数量的创造存在着时间效应。短期内，创业能够正向促进就业；中期内，存在负向的挤出效应；长期内，正向的供给方效应仍旧发挥作用。与 OECD 国家相比，我国创业企业的就业挤出效应会存在较长的时间，而且供给方效应出现的时间更晚。

侯永雄和谌新民（2017）则注重不同的创业类型对就业效应增长的研究，通过分析 1997—2013 年中国 31 个省份面板数据，进一步证实了创业能带来就业的增长，机会型创业比生存型创业更能创造就业岗位，而且创业带动就业效应在不同时间和不同地区存在差异，在短期和长期内，创业是通过直接和间接效应带动就业增长。

朱金生和余凡（2018）具体地证实了在我国东部、中部、西部地区创新创业对就业的积极影响。他们利用向量自回归模型发现：创新可以促进创业和就业，创业能在长期内增加就业岗位数量：如果按照效果大小来排列，东部地区排在首位，中部地区其次，西部地区排在最后。然而，创新和创业能否共同作用于就业呢？朱金生和朱华的另一篇文献（2021）发现科技创新与科技创业的协同对本地就业发挥了积极作用，且能同时带动地理和经济距离相近地区的就业。

从已有的研究结论来看，创业确实对就业有部分或者总体拉动作用，但是也存在一定的局限性。例如，就整体数据的分析来看，由于各地的经济发展水平、社会、文化等众多环境条件的差异，使用简单的线性回归得出的结果是值得商榷的，可能会漏掉一些与就业创造相关的重要影响因素。不仅如此，上述研究对创业和就业关系微观层次机制的关注不够，比如一些验证难民效应和企业家效应的文章，缺乏创业与就业关系的理论分析，因此创业如何推动就业的内在机制也就相对欠缺。

5.3　实证分析

5.3.1　模型构建与理论假设

本研究力求从理论和经验研究上来探讨创业和就业的关系，我们利用 Knight 提出的相对收入理论，借鉴 Layard 等 [1] 和 Stefan [2] 的研究思路进行改善，并提出一个简单的微观分析理论框架，以此作为本文宏观分析和实证验证的基础。

在劳动力市场尤其在中国的劳动力市场中，由于"强资本和弱劳动"以及劳动力供给大于需求的情况，因此本文假设就业量由资方决定，即企业主根据市场平均工资水平来决定雇用多少劳动力，就业量 $e_{i,t}$ 是工资水平 $w_{i,t}$ 的负函数。由于本研究采用面板数据，各个地区 i 和各段时间 t 都有一个观察值，所以就业方程为：

$$e_{i,t}=a_i+a_t+\beta w_{i,t}+u_{i,t} \tag{1}$$

$u_{i,t}$ 为随机的正态分布误差项。

对于创业者而言，由于每人的创业天赋和把握机会的能力不同，创业人员获取的利润是不同的，而且随着创业人员的增多，创业人员所获取的平均利润逐步下降。假设 $\pi_{i,t}$ 为边际创业人员的利润，它是创业人员就业数量 $s_{i,t}$ 的减函数，$v_{i,t}$ 为随机的正态分布误差项，那么创业人员的利润方程为：

$$\pi_{i,t}=b_i+b_t+\delta s_{i,t}+v_{i,t} \tag{2}$$

---

[1]　Layard, R.; Jackman, R.; Nickell, S.. Unemployment, Macroeconomic Performance and the Labor Market[M]. Oxford: Oxford University Press, 1991.

[2]　Stefan Fölster. Do Entrepreneurs Create Jobs? Small Business Economics[J]. Small Business Economics, 2000, 14 (2), 137-148.

b_i、b_t、$v_{i,t}$ 和（1）式中的 a_i、a_t、$u_{i,t}$ 类似。

按照奈特的相对收入理论，追求利益最大化的个人会在就业（获得工资 w）和自我创业（获得创业利润 π）之间作出选择。这样，当市场出清条件满足方程式（3）的时候，创业人员的数量就会确定下来。对于那些获得创业利润 $\pi \geq \dfrac{w}{\theta}$ 的人，本研究假定他们会一直成为创业人员。

$$\pi_{i,t} = \frac{w_{i,t}}{\theta} \tag{3}$$

由（1）、（2）、（3）式得到（4）式：

$$s_{i,t} = \frac{e_{i,t}}{\theta\beta\delta} - \frac{(a_i + a_t)}{\theta\beta\delta} - \frac{(b_i + b_t)}{\delta} + u_{i,t} \tag{4}$$

把（4）式进行变化，就得到（5）式：

$$e_{i,t} = (a_i + a_t) + \theta\beta(b_i + b_t) + \theta\beta\delta s_{i,t} + u_{i,t} \tag{5}$$

除了在（1）式中受到工资水平的影响，从（5）式可以看出，就业还会受到创业的影响，比如创业人员本来就是自我雇佣就业人员或者创业者能雇用更多的人员就业。同时，创业者更有积极性进行技术创新从而提高生产率；在中国的创业企业里，创业者很少受到行业工会或者企业工会的制约，在劳资谈判中，资方处于有利的地位，其雇用的员工可能不会像工会成员要求较高的工资和较好的劳动条件从而降低了劳动力雇用成本，这些情况都可能会促使创业者雇用更多的员工。不仅如此，当创业者开始雇用劳动者的时候，当期的就业可能会对下期的就业产生影响，因此需要加入就业的滞后变量 $e_{i,t-1}$。

综上所述，再结合从理论推导中得到的（1）和（5）式，实证研究的模型如下式所示：

$$e_{i,t} = c_i + c_t + u_{t-1} + e_{i,t-1} + \eta w_{i,t} + \lambda s_{i,t} + z_{i,t} \tag{6}$$

从上文的理论假定中可以得知（1）式中的 β 和（2）式中的 δ 为负值，那么（5）式中的 $\theta\beta\delta$ 便为正值，也就是说（6）式中的 η 和 λ 分别为负值和正值，因此本文理论假设如下：

假设 1：在其他条件不变的情况下，工资水平相对于就业具有负的关系，η 的估计系数应该为负值。

假设 2：在其他条件不变的情况下，创业相对于就业具有正的关系，λ 的估计系数应该为正值。

5.3.2 变量说明和研究方法

本研究使用的数据主要来自《中国统计年鉴》《中国劳动统计年鉴》和《中国人口统计年鉴》（1996—2011），涉及 1995—2010 年中国 29 个省份（不包括香港、澳门、台湾、重庆、西藏）的数据。另外，关于各省份实施创业政策的情况来自全民创业政策汇编[①]。

从进行计量检验的方程式（6）中可以看到，因变量 $e_{i,t}$ 代表就业数量，本文定义为 1995—2010 年全国各省份就业总量（不包含第一产业的就业总量），取自然对数。

自变量 $e(-1)_{i,t}$ 为 $e_{i,t}$ 滞后一期。$w_{i,t}$ 为 1995—2010 年全国各省份平均工资水平，并经过各年居民消费物价指数处理，取自然对数。$s_{i,t}$ 为创业变量。"创业"在不同的学科中有不同的含义。有研究者（Low、Macmillan 和 Singh）建议为了不同背景的研究者有基础的交流平台，提出创业就是创办新企业，但经济学家一般把自我雇佣者称为创业，并得到了学界的广泛承认。本研究采用经济学研究里通常的做法（A. Roy Thurik、Baptista 等），用自我雇佣人数来衡量创业水平，即为 1995—2010 年全国各省份个体就业数量，取自然对数。为了保证计量结果的稳健性，本研究还将进行稳健性检验，分别定义了 $s_{i,t}'$ 和 $w_{i,t}'$，其具体定义表述如下：$s_{i,t}'$ 设定为全国各省份个体户单位数量，取自然对数；$w_{i,t}'$ 设定为全国各省份实际平均工资与全国实际平均工资的比例。

本研究还使用工具变量，$w_{i,t}^{*}$ 是 1995—2010 年全国平均工资水平，经过各年居民消费物价指数处理，取自然对数。zc 代表各省份是否实施鼓励创业就业政策，实施之前取 0，实施之后取 1。经分析，检验工具联合有效性的萨

---

① 中国产业集群研究院. 全民创业政策汇编[EB/OL] .中国产业集群研究院官网，2012-06-03.

甘统计量的 P 值为 0.99，不能拒绝工具联合有效的原假设，因此，我们选取的工具变量是合适的（见表 5.1）。

表 5.1　　　　　　　　　　　变量的描述性统计

变量	观察值	均值	标准差	最小值	最大值
因变量					
$e_{i,t}$	464	6.772000	0.874970	4.492000	8.365000
自变量					
$s_{i,t}$	464	4.821198	0.981834	2.208000	6.565000
$w_{i,t}$	464	9.440731	0.645419	8.166000	11.06900
$s_{i,t}'$	464	4.209504	0.892746	1.840000	5.810000
$w_{i,t}'$	464	0.985429	0.285852	0.718500	2.003800
工具变量					
$w_{i,t}^{*}$	464	9.375625	0.601772	8.410000	10.38000
zc	464	0.306034	0.461342	0.000000	1.000000

资料来源：笔者自制。

在上述实证验证模型中，引入了就业的滞后变量，导致了解释变量和随机扰动项的相关，使用 OLS 回归就会导致估计偏差，这种偏差可能会导致 η 被高估、λ 被低估。我们采用两阶段最小二乘回归法和动态面板（GMM）估计办法来解决上述问题。

第一种两阶段最小二乘回归法使用就业 $e_{i,t}$ 的二阶滞后变量作为工具变量，来替代就业的滞后变量。在第二种两阶段最小二乘回归法中，本研究采用工具变量法，来解决联立性偏误和延迟效应设定问题：对于 $w_{i,t}$，使用全国平均工资水平和 $w_{i,t}$ 的二阶滞后变量作为其工具变量；对于 $s_{i,t}$，使用各省份是否实施了支持创业政策和 $s_{i,t}$ 的二阶滞后变量作为其工具变量。

同时，本研究还使用 GMM 方法来估计，除了解决上述滞后变量和联立性的问题外，GMM 对于异方差和自相关具有一定的稳健性。

5.3.3　模型结果分析

表 5.2　　　　　　　　　　　　　1995—2010 年就业的回归方程估计

自变量	OLS（1）	2sls（2）	2sls（3）	GMM（4）
$e(-1)_{i,t}$	0.824870** （0.320960）	0.799466** （0.025779）	0.818354** （0.026799）	0.848691** （0.030707）
$s_{i,t}$	0.044810** （0.008133）	0.045373** （0.008903）	0.008648 （0.014932）	0.008884 （0.013172）
$w_{i,t}$	−0.011389 （0.028769）	−0.009169 （0.030331）	0.063063 （0.047238）	0.062630 （0.041769）
地区哑变量	是	是	是	是
时间哑变量	是	是	是	是
R^2-adj	0.998474	0.998494	0.998387	0.998388
Ljung–box Q–stata	3.2713	6.6627	6.4084	6.4429

注：①括号里的是标准误。

②方程（2）里用就业的第二期滞后值作为就业滞后值的工具变量。

③方程（3）和方程（4）的工具变量是就业的第二期滞后值、个体就业数量的二期滞后值、各省市平均工资的二期滞后值、创业政策实施与否的哑变量、全国工资水平值。

④**、*分别表示 1% 和 5% 水平显著。

资料来源：笔者自制。

我们首先进行豪斯曼检验（Hausman，1978），检验结果拒绝了原假设，采用固定效应模型（FEM）效果更好。表 5.2 的分析结果表明，自我创业确实能够促进就业，工资水平 $w_{i,t}$ 的估计系数在方程（1）和（2）中为负值，在方程（3）和（4）中为正值，而且只是部分支持了假设 1；$s_{i,t}$ 的估计系数在 4 个方程中都为正值而且显著，系数值在 0.0448 ~ 0.0089，支持本研究提出的理论假设 2。从自我创业 $s_{i,t}$ 的系数值变化来看，与 OLS 估计方法相比，在方程（3）和方程（4）中引入了多个外生工具变量后，λ 值，也就是自我创业 $s_{i,t}$ 的估计系数应该增加；η 值，也就是工资水平 $w_{i,t}$ 的估计系数应该变小，因为原有的 OLS 估计偏差可能会导致 η 被高估、λ 被低估。然而 Hausman 检验显示，各解释变量和方程误差项之间没有显著的相关关系，这说明变量的内生性已得到解决。我们估计可能是模型的设定出现了一定的问题，于是采用间隔 3 年的水平值来分析，结果如表 5.3 所示。

表 5.3   1995—2010 年就业的回归方程估计（3 年间隔，水平值）

自变量	OLS（1）	2sls（2）	2sls（3）	GMM（4）
$e(-1)_{i,t}$	0.543474** （0.046869）	0.482055** （0.092120）	0.411600* （0.200746）	0.414158* （0.168447）
$s_{i,t}$	0.130645** （0.018894）	0.116290** （0.027528）	0.220518* （0.103463）	0.222274** （0.074079）
$w_{i,t}$	−0.028875 （0.068645）	−0.074229 （0.081547）	−0.231430 （0.592994）	−0.216282 （0.482193）
地区哑变量	是	是	是	是
时间哑变量	是	是	是	是
R^2-adj	0.997052	0.997299	0.996612	0.996620
Ljung-box Q-stata	0.3128	2.9081	0.6221	0.6421

注：①括号里的是标准误。
②方程（2）里用就业的第二期滞后值作为就业滞后值的工具变量。
③方程（3）和方程（4）的工具变量是就业的第二期滞后值、个体就业数量的二期滞后值、各省市平均工资的二期滞后值、创业政策实施与否的哑变量、全国工资水平值。
④ **、* 分别表示 1% 和 5% 水平显著。
资料来源：笔者自制。

从表 5.3 可以看到，当使用间隔 3 年的数据进行分析后，所有方程中的 $s_{i,t}$ 和 $w_{i,t}$ 的估计系数分别为正值和负值，很好地支持了本研究提出的假设 1 和假设2，即工资水平相对于就业水平具有负向关系；自我创业能够促进就业增长，$s_{i,t}$ 系数值在 0.11 ~ 0.22 波动，而且在 4 个方程中都显著。与方程（1）相比，方程（3）和方程（4）中 $s_{i,t}$ 的系数值变大了，$w_{i,t}$ 的系数值变小了，说明方程的联立性偏差已经得到了改善。由于模型中存在滞后的因变量 $e(-1)_{i,t}$，本研究使用滞后三阶的 Ljung-box Q 值而不是 DW 值检验自相关，结果显示上述方程设定中不存在任何的序列自相关。

本研究还进行了稳健性检验，结果如表 5.4 和表 5.5 所示。

表 5.4　稳健性检验 $w_{i,t}$：**1995—2010 年就业的回归方程估计（3 年间隔，水平值）**

自变量	OLS（1）	2sls（2）	2sls（3）	GMM（4）
$e(-1)_{i,t}$	0.543259** （0.047404）	0.479541** （0.094477）	0.372324 （0.275775）	0.372757 （0.234905）
$s_{i,t}$	0.130643** （0.018917）	0.116653** （0.027543）	0.245040* （0.109272）	0.243094** （0.084266）
$w_{i,t}$	−0.024461 （0.068006）	−0.074963 （0.081874）	−0.323058 （0.745088）	−0.314803 （0.624200）
地区哑变量	是	是	是	是
时间哑变量	是	是	是	是
R^2-adj	0.997051	0.997301	0.996135	0.996186
Ljung-box Q-stata	0.3004	2.9091	0.3056	0.3245

资料来源：笔者自制。

表 5.5　稳健性检验 $s_{i,t}$：**1995—2010 年就业的回归方程估计（3 年间隔，水平值）**

自变量	OLS（1）	2sls（2）	2sls（3）	GMM（4）
$e(-1)_{i,t}$	0.516815** （0.046856）	0.474144** （0.090145）	0.337029 （0.218801）	0.337210 （0.196596）
$s_{i,t}$	0.154272** （0.020869）	0.147964** （0.031358）	0.267059* （0.137001）	0.266742* （0.115054）
$w_{i,t}$	−0.071586 （0.067841）	−0.099786 （0.079589）	−0.492227 （0.646894）	−0.491069 （0.577153）

续表

自变量	OLS（1）	2sls（2）	2sls（3）	GMM（4）
地区哑变量	是	是	是	是
时间哑变量	是	是	是	是
R^2-adj	0.997175	0.997463	0.996228	0.996235
Ljung-box Q-stata	0.6986	3.7827	0.1721	0.1752

资料来源：笔者自制。

稳健性检验结果显示，表5.4和表5.5中$s_{i,t}$回归系数的符号和显著性与表5.2中$s_{i,t}'$回归系数的方向和显著性一致，$w_{i,t}$和$w_{i,t}'$的回归系数的符号一致，这说明本研究提出的假设再次得到了验证。

为了更加全面地了解创业和就业的关系，本研究还作了两者的格兰杰因果检验[①]（见表5.6）。

表5.6　　　　　　　　　创业和就业的格兰杰因果检验

	一阶滞后	二阶滞后	三阶滞后	四阶滞后
$s_{i,t}$ does not Granger Cause $e_{i,t}$	6.44479 （0.0115）	7.29614 （0.1215）	1.41342 （0.2385）	3.29214 （0.0115）
$e_{i,t}$ does not Granger Cause $s_{i,t}$	17.1763 （4.E-05）	12.0155 （9.E-06）	15.7806 （1.E-09）	13.1780 （5.E-10）

资料来源：笔者自制。

从检验结果可以看出就业是引起自我创业的格兰杰原因，而创业只在一阶和四阶滞后期是就业的格兰杰原因，其他的滞后期则拒绝了原假设。如果再深入分析的话，我们认为，就业引起自我创业的格兰杰原因实际上就是创业的推动效应（或难民效应），而创业引起自我创业的格兰杰原因也就是创业的拉动效应（或企业家效应），这两种效应都得到了证实，只不过创业增加就业在不同的阶段会有不同的表现。上述检验结果和国际上大多数

---

① 两者都通过了5%水平的单位根检验。

研究结论（Fritsch[1]、Arauzo–Carod 等[2]）类似：即创业对就业的影响一般分为三个时期，在创业的初期，创业对就业有积极的促进作用；在创业中期，创业会摧毁就业岗位；在创业末期，创业又会起到带动就业的作用。

① Fritsch, M.. How does New Business Formation Affect Regional Development?[J]. Small Business Economics, 2008, 30 (1), 1-14.

② Arauzo-Carod; Liviano-Solis, J-M.D.; Martin-Bofarull, M.. New Business Formation and Employment Growth:Some Evidence for the Spanish Manufacturing Industry[J]. Small Business Economics, 2008, 30 (1), 73-84.

5.4　结论与展望

　　为了破解就业难题，我国政府出台了包括奖励支持全民创业等措施，但是国内对此问题研究的匮乏制约了人们对创业和就业关系的深入了解，从而影响了就业难题的解决。本研究首先在前人的微观理论框架上进行了改善并用来探讨宏观层面上创业对就业的影响，得到的研究结论是：创业对就业有积极的正向促进作用，创业每提高 1 个百分点，就业会相应地增加 0.11 ~ 0.22 个百分点，但是 Stefan（2000）对瑞典的研究显示，其创业对就业的促进系数为 0.5 ~ 0.57。董志强、魏下海的研究也表明，中国广东地区创业对失业的累积效应为 –0.93%，即在设定的研究范围内，广东的创业上升 1 个百分点只能降低失业 0.93 个百分点。Thurik[①] 的研究显示，23 个 OECD 国家创业对失业的累积效应为 1.29%。因此，和外国同类研究相比，我国创业促进就业的比例略微低了一些。这说明在促进就业方面，我国的创业活动还有改善的可能性。我们认为可以从两个方面进行完善。一是提高创业促进就业的稳定性，减少其波动。从本研究的分析中已经看到：在创业初期、中期和晚期，其促进就业的作用是不同的。对于这种情况，汤灿晴、董志强给出的解释是创业可带来不同程度的技术创新和市场创新，而技术创新的不同组合和创新的不同扩张速度就可以产生不同的影响地区就业的时间路径。实际上，影响的因素可能更多和更复杂，有创业者的人力资本、产业集聚和经济周期，结合我国的情况，可能还有政府相关政策的影响，等等。如果能够在以后的研究中对上述影响因素进行更深入的分析，那么能够提供的政策措

---

　　① Roy Thurik. Does Self-employment Reduce Unemployment?[J]. Journal of Business Venturing, 2008, 23 (6), 673-686.

施将更具有针对性。比如，是直接为创业者提供低息、免息贷款以及补贴厂租、资金，对创业者予以奖励；还是设立公共创业服务工作平台，建立创业指导服务组织等措施；或者两者兼顾。二是增强创业促进就业的有效性，也就是政策要扶持最能促进就业的创业类型。创业企业有不同的类型，他们对就业的影响是不同的。Baptista 和 Madruga（2008）认为知识型的企业比其他类型的企业在就业方面能发挥更大的作用，GEM 提出了生存型和创业型创业企业的概念，各种调查报告初步显示了机会型创业企业在提供就业机会和就业岗位方面要优于生存型创业企业。可惜这种分析不够深入，比如说，在什么条件下机会型创业企业创造就业的效率会比生存型创业企业高。而且上述绝大多数研究分析只注重分析两种类型创业企业对就业质量的影响，缺乏对就业数量的研究。这也是我们在未来研究中要关注的问题：哪种类型的创业企业最能创造就业岗位，而且通过什么方式来创造就业岗位？

第三部分

创业现状与对策研究

"理论是灰色的，生命之树常青。"本书的理论分析和实证检验只是揭示创业实践活动中所展现的复杂性的第一步。如果要尽可能地接近事实真相，还需要"从问题中来，到问题中去"。因此，本部分对全国数百位正在创业的大学毕业生进行了调查和访谈，了解他们在从事机会型与生存型创业活动的过程中所遇到的问题与挑战，对现实的感受与对未来的期待，并从中提炼与概括出高校、政府、家庭和个人的角色定位与所担负的责任，因为从创业意念的出现到创业活动的开展，是多个主体相互作用的结果，涉及创业者本人和多个利益相关者的协调与互动。当明确高校、政府、家庭和个人在创业活动中的角色定位与所担负的责任之后，便可深入分析复杂现象的成因，比如高校创业教育的目标、创业学科体系建设、创业教育管理平台所发挥的作用和可能存在的不足，以及多年来各级政府出台的关于扶持大学生创业就业政策内容的特点及工作思路，进而提出相应的政策措施。

　　从某种程度上看，针对大学生创业的现状提出对策建议，也是一个"创业"的过程，在追求对策建议的合理性和有效性的过程中，因为创业实践具有动态性，要求研究者既要对理论分析与实践调查进行碰撞和融合，又要在这个过程中兼顾多元主体的利益诉求和边界约束。本书在这方面进行了尝试，希望最终实现"创业"，即提出具有一定价值的政策建议。

第六章 中国大学毕业生创业现状以及影响因素分析

"青年就业创业关系到国家发展、社会进步。"

——世界青年发展论坛就业创业主题论坛（2022）

　　大学生创业有成功，也有失败。国内发布了不少关于大学生的创业现状报告，主要针对个人特征、创业满意度、创业动机与创业环境等情况进行调查，调查对象以在校大学生居多，难以深入认识其创业全貌。本章在借鉴上述调查报告的基础上，以已经毕业的创业大学生为调查对象，增加了关于其创业团队管理方式与社会关系调查内容，以便进一步厘清影响其创业实践的各项因素，了解大学生创业现状中的痛点与难点，借鉴成功的经验，总结失败的教训，为各社会群体认知大学生的创业活动提供一种"剥洋葱"的全新视角，也有利于社会各界采取相应的扶持措施。

6.1　中国大学毕业生创业的基本情况

　　随着 2015 年我国推出"大众创业、万众创新"政策以来，相关机构也陆续发布了关于大学生的创业情况报告，其中较有影响力的是：其一，中国人民大学从 2016 年以来发布的中国大学生创业专题报告；其二，清华大学得到全球创业观察组织授权，在每年发布报告中有相应的中国青年创业内容；其三，麦可思发布的大学生就业系列报告中相应的创业内容；其四，中国青年创业就业基金会发布的年度中国青年创业发展报告；其五，商业机构发布的中国大学生创业报告等。

　　综合上述机构发布的调研报告来看，从总体上讲，中国大学生的创业意愿持续攀升，2020 年在校大学生表现出创业意愿的比重创历年新高，而且中国青年的创业总体活跃程度在接受观察的国家中属于较为活跃的国家，虽然大学生创业的热度没有显著减退，但是大学生开始更加理性地看待创业了。这些报告从创业者的创业活动分布和特征、创业的质量以及国内的创业环境多个方面进行了分析研究。

第一，创业者的年龄和职业背景分布。19 ~ 23 岁的创业者占比 51.3%，其中 20 岁为创业高峰；职业背景方面，在校大学生占比 43.6%，高校应届毕业生占比 13.1%，毕业后待业人员占比 12.0%，三者合计 68.7%。

第二，创业者受教育程度。专科及以上学历的创业者占比超过 85%，其中，大专学历占比 27.7%、本科占比 56.1%、硕士及以上占比 2.3%，这说明我国青年创业者的学历水平在不断提高。

第三，创业动机。GEM 将创业动机区分为生存驱动（Necessity-driven）和机会驱动（Opportunity-driven）两种类型。相对于生存型创业，机会型创业能带来更多的就业、更好的创新、更新的市场和更大的成长潜力。GEM 的数据显示，年轻人以机会型创业为主要动机的比例达到 66% 以上，高于生存型创业的比例。这种现象也被中国青年创业发展报告所证实，在他们 2021 年的报告中，"因为良好的市场机会和行业前景而创业"的机会型创业比例为 28.3%，"因找不到理想的工作而创业"的生存型创业比例为 20% 左右。

第四，青年创业者的满意度。青年创业者对生活和工作收入的满意度高于没有创业的，本科毕业生创业 3 年后的收入涨幅为 132%，而未创业的涨幅是 84%；高职高专创业毕业生 3 年后的收入涨幅为 111%，而未创业的涨幅是 76%。尽管心理压力很大，但仍有超过五成的青年创业者对生活是满意的，而且青年创业者的创业越成功，满意的人越多，这一点在对工作收入的满意度上表现得更加明显。

第五，青年创业者重视产品的新颖性，但技术落后。在全体参与调研的创业者中，教育、零售与文体领域仍是大学生创业集中的领域。青年创业者在中高技术上并没有优势。从调查数据看，不到 2% 的青年创业是基于中高技术的创业，但是符合风险投资机构眼中"准备好的创业者"的仅有 2.12%。值得注意的是，新一代信息技术（云计算、区块链和大数据）和互联网是大部分学生所看好的领域，这说明年轻人的创新意识和创新思维还是敏锐的。

　　第六，创业资助来源。青年创业者的融资难问题一直存在，41.7%的受访者认为青年创业的最大困难依旧是资金问题，他们的3个主要资金排序来源是：个人家庭、朋友和亲戚，其中个人家庭的储蓄资金支持70%以上的创业者。另外，对于作为创业资金重要来源的风险投资，八成左右的大学生了解得并不深入。

6.2 中国大学毕业生创业现状

本项研究主要以武汉和深圳两地区的 232 余名毕业大学生创业者为调查对象，调查样本通过整群抽样的方式获得，采用访谈和问卷的形式。调查的内容分为六部分，第一部分是创业者的基本信息，包含创业者的性别、年龄、毕业院校类型、就读专业、家庭背景、创业经历等；第二部分是创业现状调查，包含创业的类型、所在行业、企业的利润水平、创业者的收入情况和创业满意度；第三部分是关于创业环境和产品或服务特征的调查；第四部分是有关创业者在创业中感受的调查；第五部分考察创业团队管理方式；最后一部分考察社会网络为创业者提供各种资源的程度。以下是对本项调查的描述性统计分析。

6.2.1 创业者个人基本特征分析

1. 性别、年龄比例

在本次调查的 232 位毕业大学生创业者中，女性共 62 人，占总数的 26.7%；男性为 170 人，占总数的 73.3%。男性大学生创业者是女性的 2.79 倍，占了绝大多数（见图 6.1）。

被调查的创业者年龄分布情况如图 6.2 所示，我们可以看出 22 岁的创业者人数最多，占 14.41% 的比重；其次是 23 岁、21 岁和 24 岁的创业者，分别占所有人数的 13.97%、12.23% 和 10.04%。

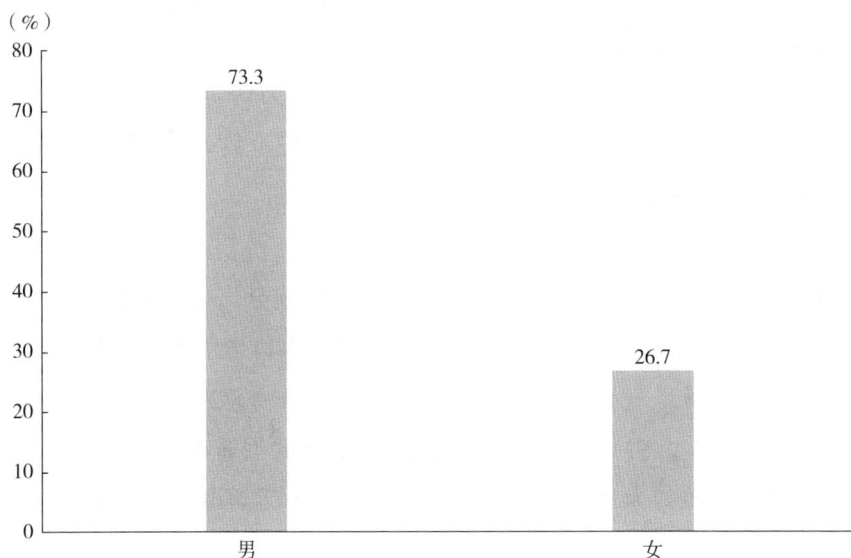

图 6.1　创业者性别比例

资料来源：笔者自制。

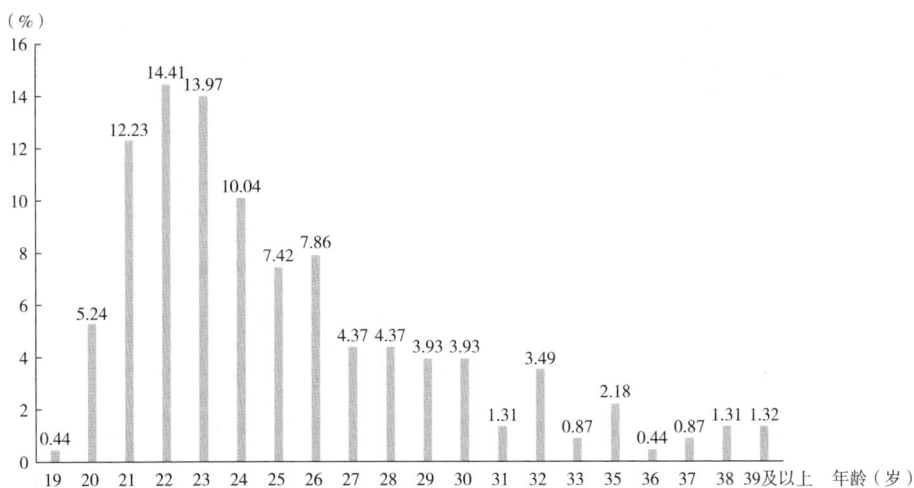

图 6.2　不同年龄创业者比例

注：被调查的创业者无 34 岁年龄段人群。

资料来源：笔者自制。

21～24岁这一年龄段的人数占总调查人数的一半之多，这个年龄段的创业者多数正处于毕业阶段（对于专科生而言，20～21岁就是毕业年龄），是创业的主力军。25～30岁年龄段的创业者分布较为均匀，30岁以上的创业者人数开始减少，35岁以上各年龄的创业者只有极少数人。从年龄分布人群来看，创业者主要集中在20～30岁。

2. 受教育情况

我们将创业者按照学历和毕业学校类别进行划分，得到了如图6.3所示的分布。在被调查的大学生创业者中，以专科和本科学历为主。其中，拥有本科学历者146人，比例为62.67%，占据了被调查者总人数的半壁江山；专科学历者有66人，占28.45%；硕士和博士学历的创业者仅有17人，只占7.33%，未填学历者为3人。可见受教育者与创业活动也有一定关系，学历较高的人创业意愿不高。原因可能在于，学历越高，竞争力也就越强，越容易找到自己满意的工作，同时学历较高，机会成本也较大，因此没有积极性去参与高风险的创业活动；而学历较低的人更希望通过自己创业寻求更好的发展机会。从图6.3也可以很明显地发现各学历的创业者中理工类学校的毕业生最多，占到了总数的35.43%，其次是综合类学校的毕业生，比例是30.93%。在每个类别学历的毕业生中，理工类学校毕业的创业者最多。但在大专学历的毕业生中，其他类型学校的创业者最多。

图6.4显示了被调查的创业者所学专业的分布情况，在各类专业中，理工类和经济管理类专业的创业比例最高，分别是33.84%和30.47%，之后依次是其他类22.32%、文史哲类8.58%、医疗类3.00%、农林类2.15%。由此可见，学习理工类和经济管理类专业的学生创业的意愿更强，理工类专业学生有着如计算机、电子技术等应用技术的基础，他们大部分是利用自己所学的技术知识走科技创业道路。经济管理类的学生在读书期间会学习到更多有关企业经营管理方面的知识，相对于其他专业的学生来说，他们更具有创立并经营自己的企业的意愿。

（%）

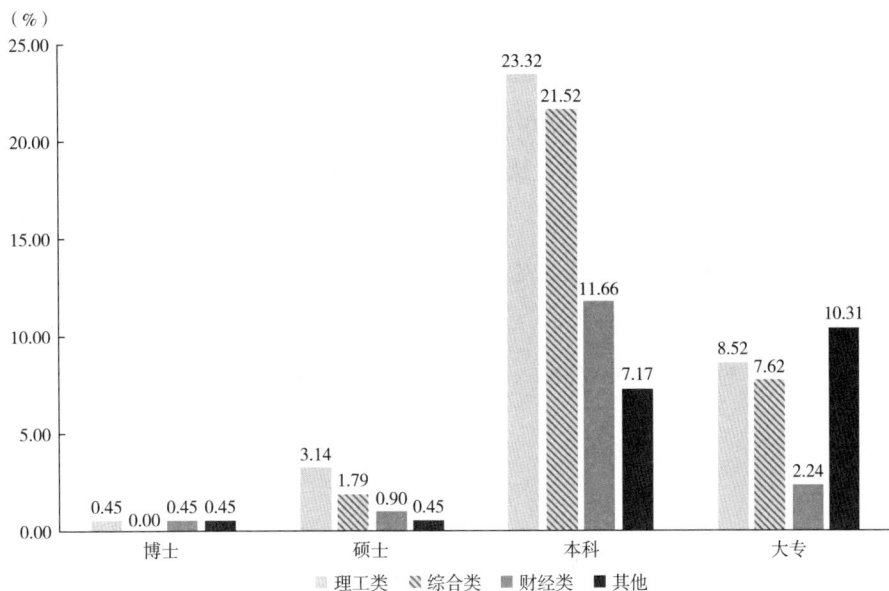

图 6.3　创业者学历和毕业学校类别比较

资料来源：笔者自制。

（%）

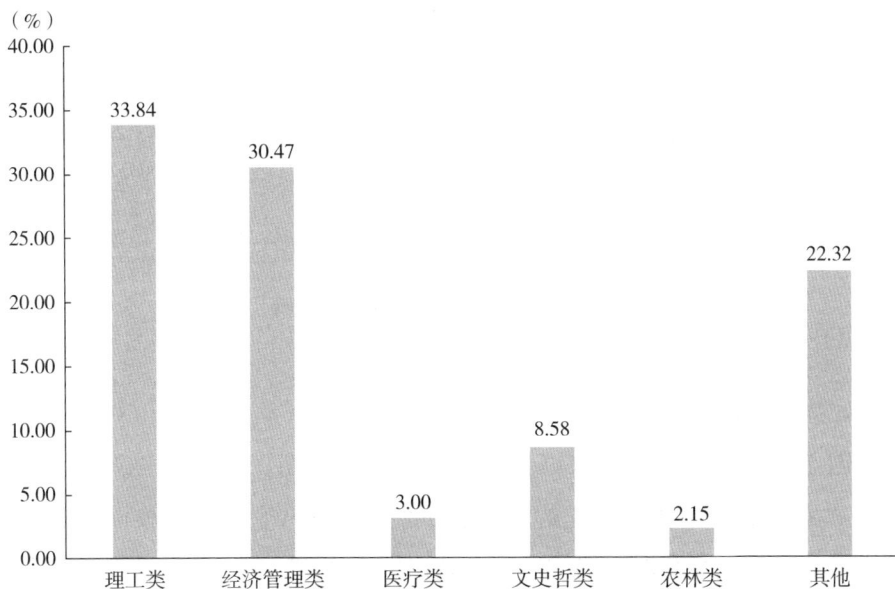

图 6.4　创业者不同所学专业比例

资料来源：笔者自制。

3. 居住地

创业者所来自的地区与创业动机之间也有一定的关系。图 6.5 显示了被调查的创业者所来自地区的分布情况，大部分的创业者来自二、三线普通城市，占到总调查人数 68.97%，来自这类地区的人创业意愿远远超过其他地区。像北京、上海、广州这类一线城市，虽然经济发展是最好的，但是创业者人数只占到了总人数的 22.41%，仅相当于二、三线城市创业者人数的 1/3。西部地区的经济发展较为落后，地理位置也较为偏僻，受各种原因的制约，来自西部地区的创业者人数最少，只占总人数的 8.62%。

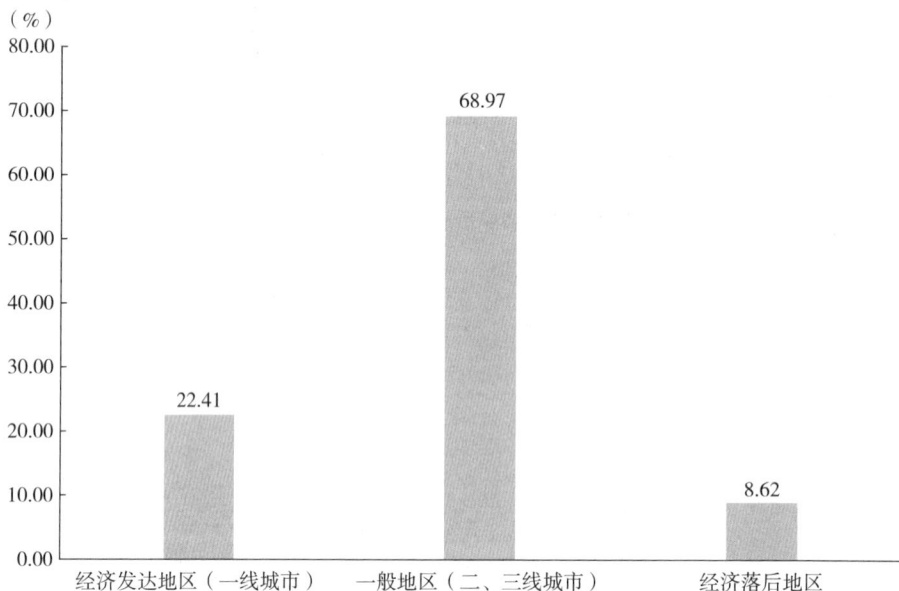

图 6.5　创业者地所在地区分布比例
资料来源：笔者自制。

4. 家庭背景

创业者的创业动机与家庭方面的影响不无关系。在我们的调查中，这种影响主要来自家庭的经济条件和家庭经商氛围两个方面。被调查的创业者大多数来自经济状况一般的家庭，其比例高达 67.1%；家庭经济状况很差的比例为 6.06%；经济状况较差的比例为 12.55%；经济状况较好的比例为 13.42%；经济状况很好的只有 2 人，占总数的 0.86%。图 6.6 是创业者家庭经济状况和所在地区的分布情况，在各种不同的经济条件下，依然是来自二、三线城市的创业者最多，尤其是家庭经济一般且来自二、三线城市的大学生从事创业活动的可能性最大，比例高达46.32%。大学生创业需要一定的原始资本积累，对于刚刚踏入社会的大学生来说，来自家庭的资助是最直接和最快速的渠道，所以如果创业者家庭经济条件好，那么在提供资金支持方面不会太差。那些家庭较为贫困的创业者，在创业之初面临更加艰巨的资金难题，同时也要肩负起成年人承担家庭开支的重任，所以他们在创业时需要更大的勇气。

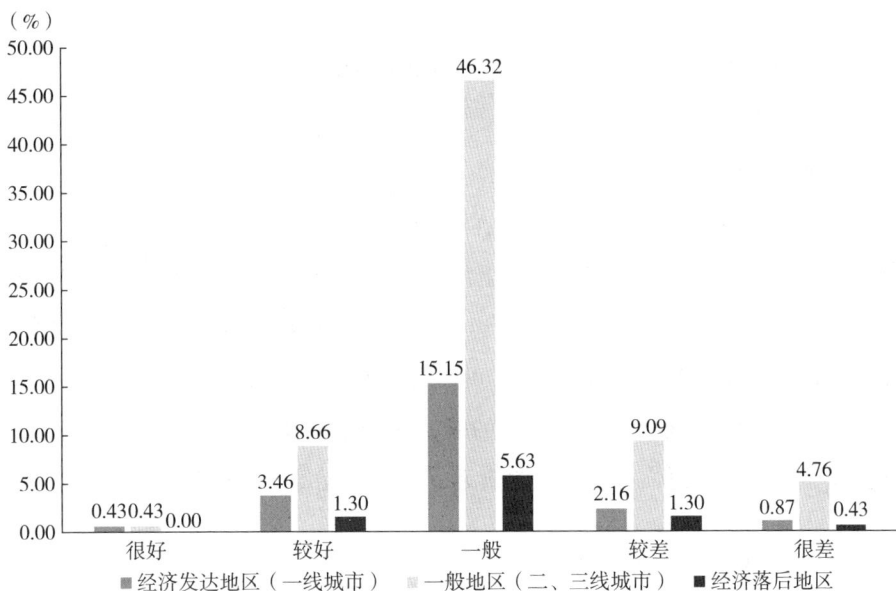

图6.6　创业者所在地区和家庭经济条件分布
资料来源：笔者自制。

在创业者家庭成员中是否有亲友从事创业活动的调查中，有77.59%的调查者表示自己的亲戚朋友中有正在创业的，22.41%的调查者亲友中没有从事创业活动，超过七成的创业者家庭中有经商的背景。家族中有经商背景的创业者，在其成长过程中会受到社会关系、家庭成员等多种因素的共同影响，对创业的态度也会有所改变。从调查结果来看，来自家庭的影响还是比较大的，有经商背景的创业者是没有经商背景的创业者的3倍之多（见图6.7）。

（%）

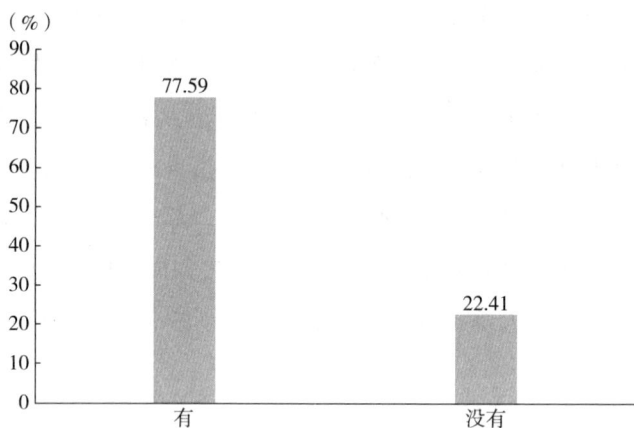

图 6.7　调查者亲友创业比例

资料来源：笔者自制。

5. 创业经验

调查还发现，有 1/3 的创业者在创业之前并没有任何工作经验，21.74%
的创业者表示有自己有 1 年以内的工作经验，16.96% 的创业者有 1～2 年的工
作经验，10.87% 的创业者有 2～3 年的工作经验，有 3 年以上工作经验的创业
者占总人数的 16.52%。通过比较，可以发现目前的大学生创业者大部分没有
丰富的工作经验，选择在刚刚毕业的时候就开始创业。这部分群体充满激情，
敢想敢干，但同时面临着社会经验匮乏、资金不足等系列问题（见图 6.8）。

（%）

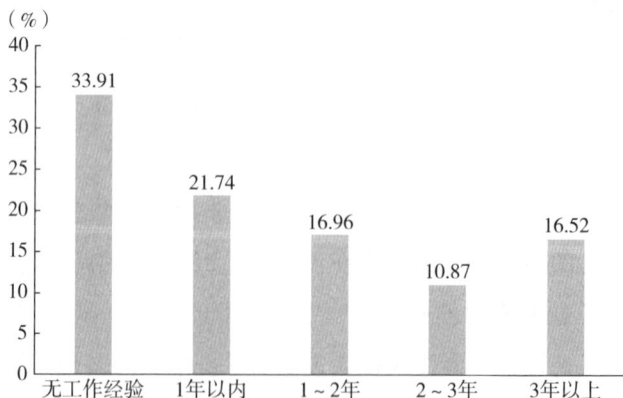

图 6.8　创业前工作经验分布

资料来源：笔者自制。

6.2.2　创业者创业现状分析

1. 创业类型

在本次调查中，74.24%的大学生创业者认为自己是机会型创业，25.76%的创业者认为自己属于生存型创业（见图6.9），可见目前的大学生创业者多数是出于自身意愿而选择的机会型创业，以获得更好的发展，也说明了我国目前整体的创业环境已经大为改善。按照GEM的说法，中国从2010年开始就已经从生存型导向的创业向机会型导向的创业转变了。本书的调查结果印证了这一说法。

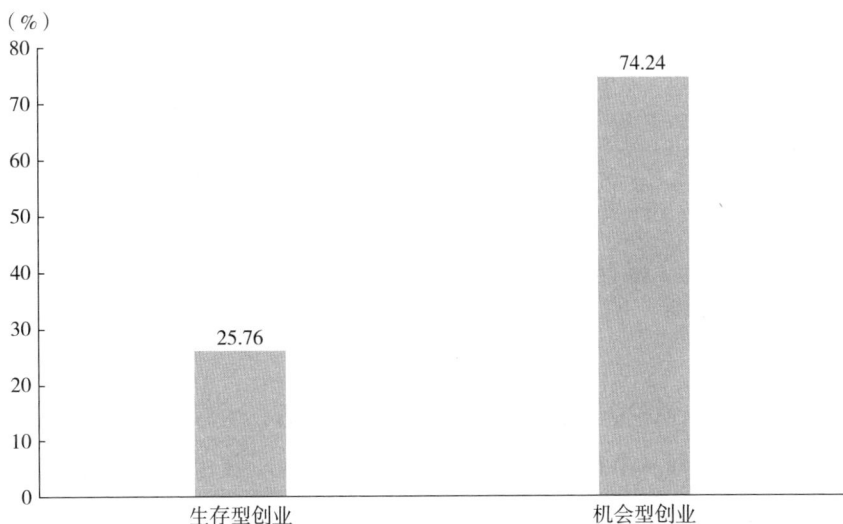

图6.9　创业者创业类型占比

资料来源：笔者自制。

2. 创业行业

图6.10显示了创业者所属行业的占比。在所有的行业中，有将近四成的人选择社会服务业，所占比例最高；选择其他行业的创业者比例为26.32%；

选择科学技术和综合服务业的创业者也有 1/5；选择制造业的创业者比例为 9.65%；选择金融保险行业的创业者比例为 3.95%。

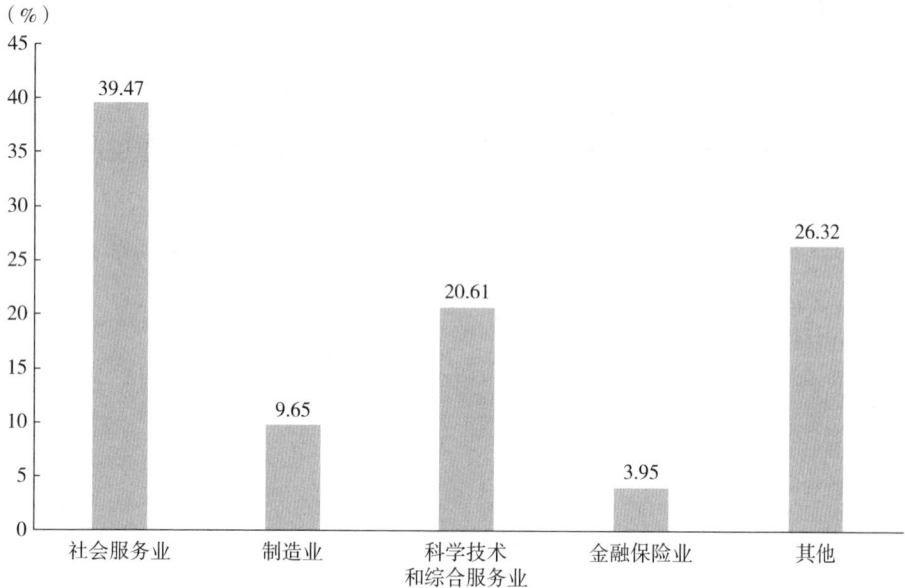

图 6.10　生存型和机会型创业者在不同行业的分布占比
资料来源：笔者自制。

通过上述两种类型创业者选择进入的行业来看，生存型创业者和机会型创业者都愿意选择从事社会服务业和制造业，在科学技术和综合服务业的机会型创业者的比例要远大于生存型创业者。科学技术行业属于高新技术行业，有非常好的发展前景，同时潜藏着巨大的风险，机会型创业者比生存型创业者更有面对挑战的勇气，这也符合我国政府政策鼓励大学生创业的方向：发展创新产业。从图 6.11 可以看出，在科学技术和综合服务行业的机会型创业者比例接近生存型创业者的 2 倍。

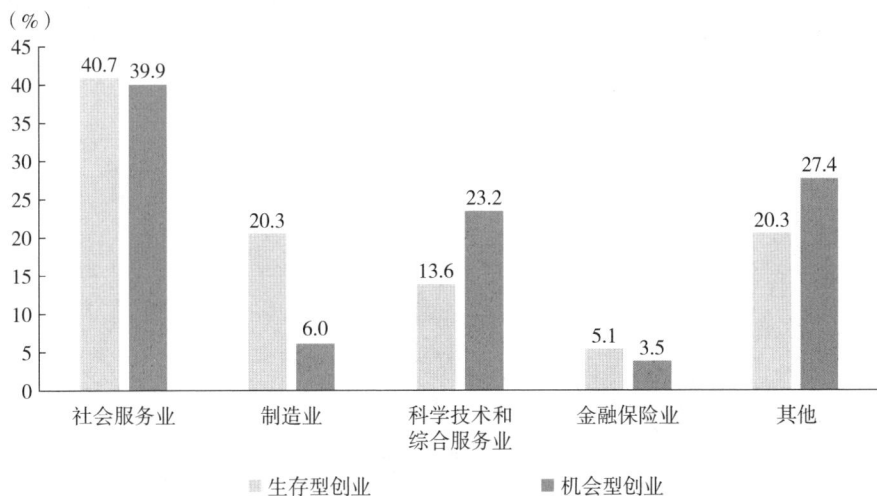

图 6.11　生存型和机会型创业企业所属行业比较
资料来源：笔者自制。

3. 企业性质

在创业企业性质上，合伙制企业的数量最多，比例为 52.7%，占据了一半的比例；数量第二的是个人独资企业，比例是 31.7%；最少的是公司制企业，比例为 15.6%。这也符合小微企业的发展规律：在企业成立之初，多以个人独资和合伙制为主（见图 6.12）。两种类型的创业在企业性质方面也有显著的差别，如图 6.13 所示，机会型创业者更愿意同其他优秀人才一起采取相互合作的方式成立合伙制企业，生存型创业者则更倾向于选择个人独资的方式。

4. 企业的利润水平

在被调查的创业者中，每月有 46.9% 的企业月平均利润可达 1 万～ 10 万元，32.4% 的企业月平均利润为 10 万～ 100 万元，月平均利润在 1 万元以下的企业比例为 18.8%，而月收入平均可达 100 万元以上的企业比例仅为 1.9%（见图 6.14）。这组数据显示出大学生创办的企业维持了良好的利润水平。

从图 6.15 中两种类型企业的利润比较，我们还可以发现，在较高利润水平上，机会型企业月平均利润要高于生存型企业，10 万～ 100 万元以上利润水平高出的比例最为明显。机会型创业者是为了寻求商机而主动创业，生存型创业者是对现实不满而被动创业，积极的态度给机会型创业者带来了更大的商机，企业收获了更多的利润。同时，也说明机会型创业的发展前途可能更加看好。

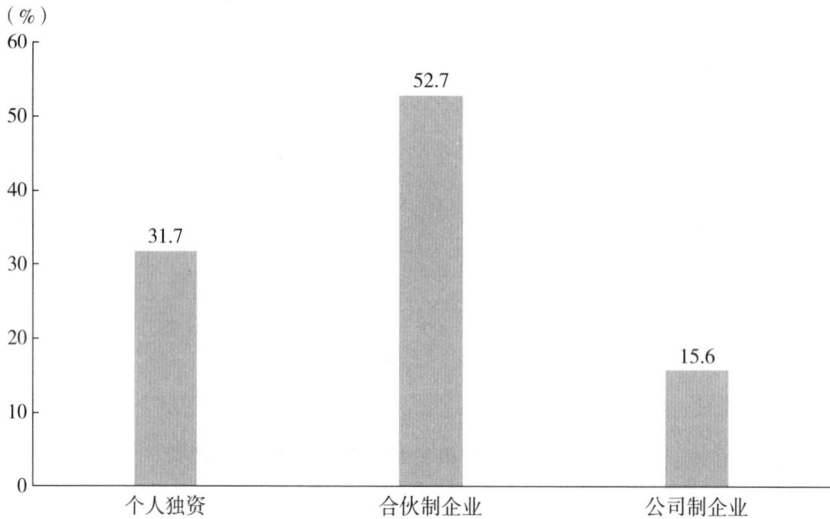

图 6.12　不同企业性质比例

资料来源：笔者自制。

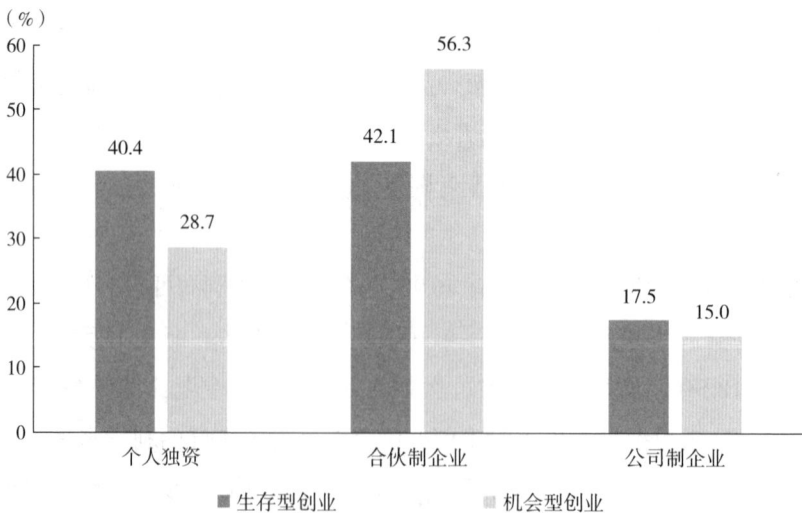

图 6.13　生存型和机会型创业企业性质比较

资料来源：笔者自制。

（%）

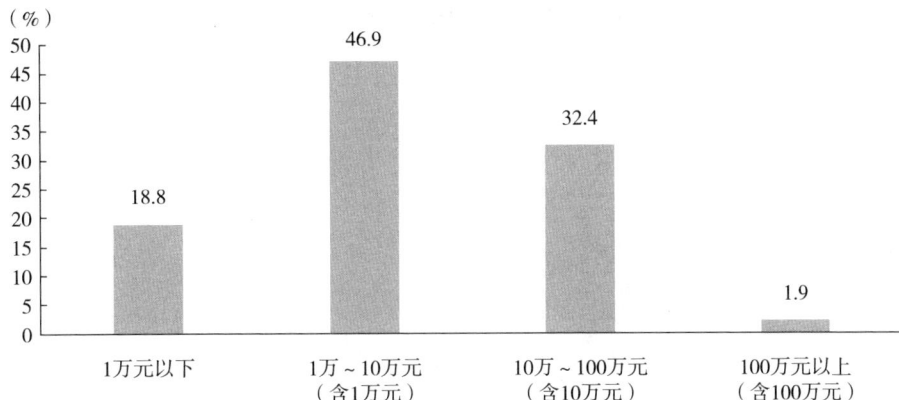

图 6.14　创业者月平均收入比较

资料来源：笔者自制。

（%）

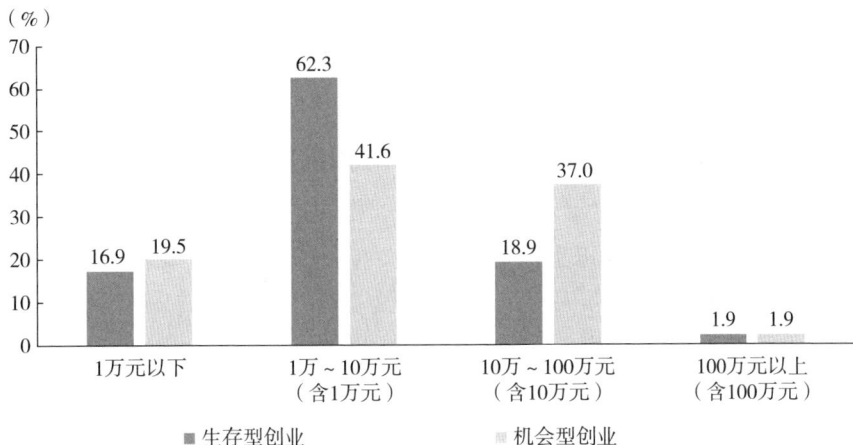

■ 生存型创业　　　▤ 机会型创业

图 6.15　机会型和生存型企业月平均利润比较

资料来源：笔者自制。

5. 创业者的收入

从被调查创业者的月收入水平来看，各个区间的比例比较平均，相差不大。月收入在 4500 元以上的人数最多，比例为 25.6%；月收入为 1500～2500 元的创业者比例为 22.7%；月收入为 3500～4500 元的创业者比例为 19.9%；月收入为 2500～3500 元的占 18.5%；平均月收入在 1500 元以下人数最少，比例为 13.3%。认为自己的收入在每月 4500 元以上的占到了 1/4 以上，不足 1500 元的只占到 13.3%，大部分的创业者平均月收入为 1500 ～ 4500 元（见图 6.16）。

（%）

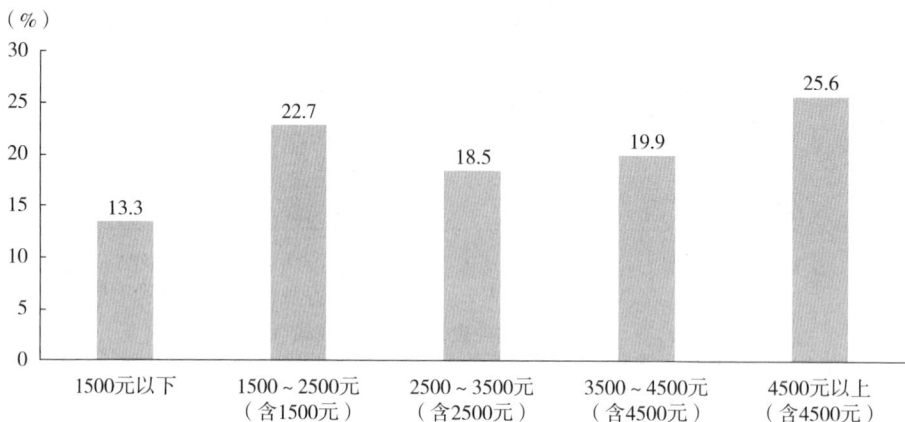

图 6.16　不同月平均收入创业者比例
资料来源：笔者自制。

如图 6.17 所示，在 2500 ～ 3500 元这个范围内，生存型创业者与机会型创业者体现出来的月收入差别最大。而其他收入水平上，两种类型创业者收益相差不大，在 4500 元以上这个较高的收入水平上，机会型创业者的人数大于生存型创业者的人数。

（%）

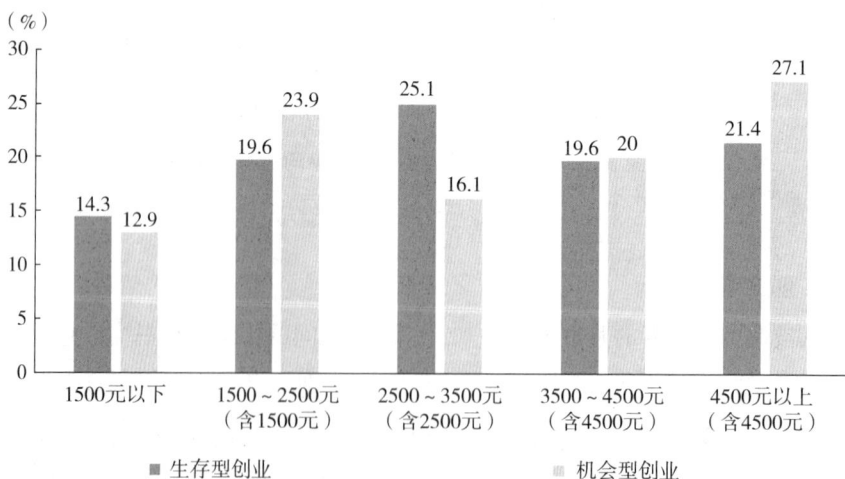

■ 生存型创业　　　　　　　　　　　■ 机会型创业

图 6.17　生存型和机会型创业者平均月收入比较
资料来源：笔者自制。

6. 企业存续时间预测

在图 6.18 中，创业者对企业存续时间的回答显示出的是他们对创业的信心和对企业前景的预测。大部分创业者对企业发展显示出很强的信心，认为自己的企业有 3 ～ 10 年存续时间的创业者有一半以上，更有超过 20% 的人表示自己的企业将会有 10 年以上的寿命。

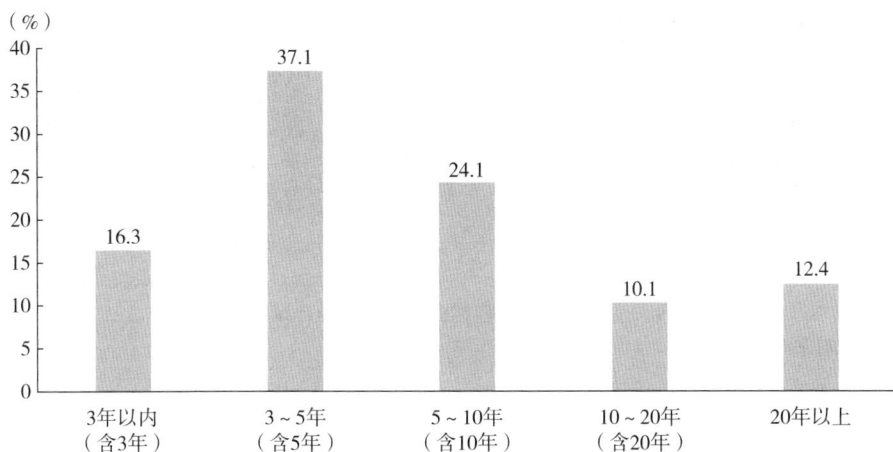

图 6.18　创业者预期企业存续时间比例

资料来源：笔者自制。

通过图 6.19 中两种类型创业者对企业存续时间预期的比较，我们可以看出，机会型创业者对自己企业的期望更高，认为自己企业可以生存 10 年以上的机会型创业者比例相比生存型创业者比例更高。机会型创业者更加渴望成功，建立自己的一番事业，再加上机会型创业多集中在创新产业方面，得到的政策优惠比较多，他们对自己的企业能够生存壮大起来信心更足。相对来看，生存型创业者更加关注眼前的利益，可能对企业的长远发展没有过多的规划，而且政府的扶持力度也没有那么大，因此信心难免不足。

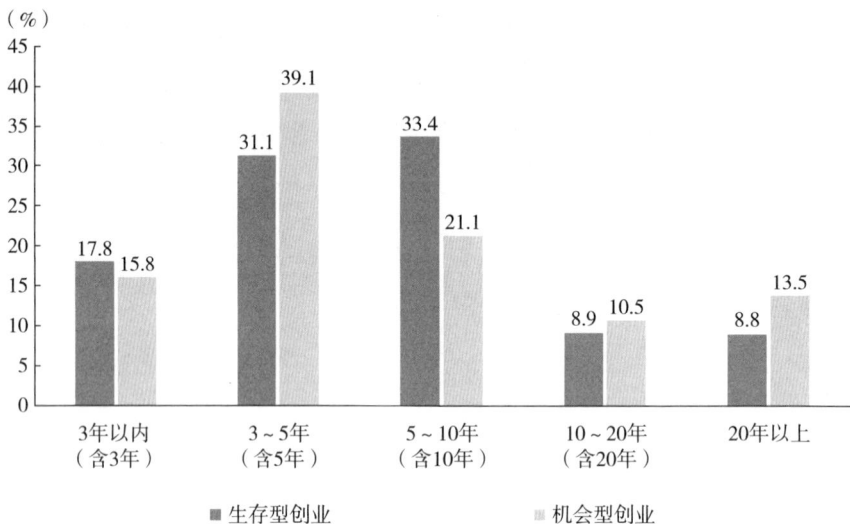

图 6.19　生存型和机会型创业者预期企业存续时间比较
资料来源：笔者自制。

7. 创业的满意度

大学生创业者在选择创业之路之后，他们的生活质量如何，对自己目前的状态是否满意，也是我们关注的一个重要方面。图 6.20 显示了被调查者对创业工作满意度的分布情况，我们可以看出，对目前自己所从事的工作感到不满的创业者人数只有不到 10% 的比例，45.9% 的创业者对自己目前所从事的工作表示比较满意，5.0% 的创业者对自己的工作非常满意，总体来说，感到满意的比例有 50.9%，和前文 2014 年中国青年创业报告提供的 50% 比例基本持平。如果把图 6.20 中对目前工作没有感到不满也没有觉得满意的 39.6% 创业者加起来，则有将近 90% 比例的年轻大学生创业者对自身的创业活动至少感觉不差。

（%）

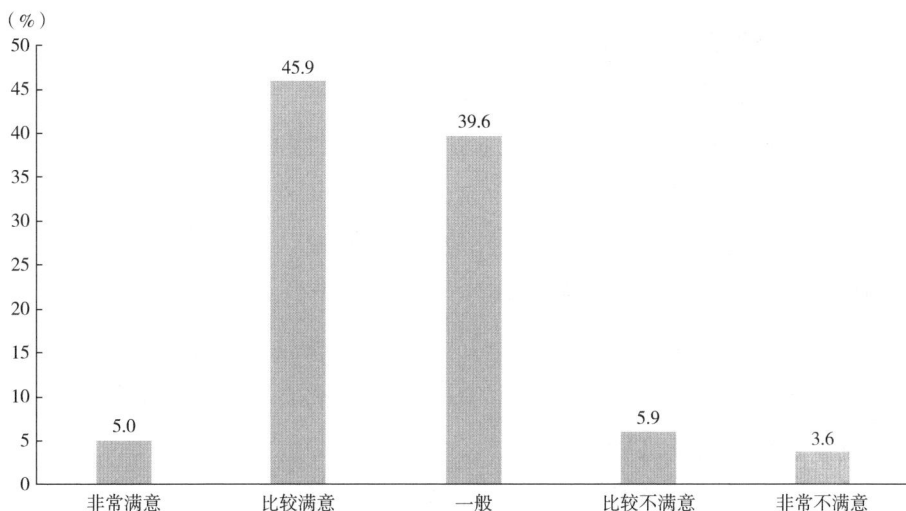

图 6.20　创业者工作满意度比例

资料来源：笔者自制。

在图 6.21 中，不论是生存型还是机会型创业者，他们对创业活动的满意度都是较高的，都有将近 50% 的创业者持满意态度。在比较不满意的创业者中，生存型创业者较多，这也从另一个侧面说明了生存型创业大学生创业境地的艰难。

（%）

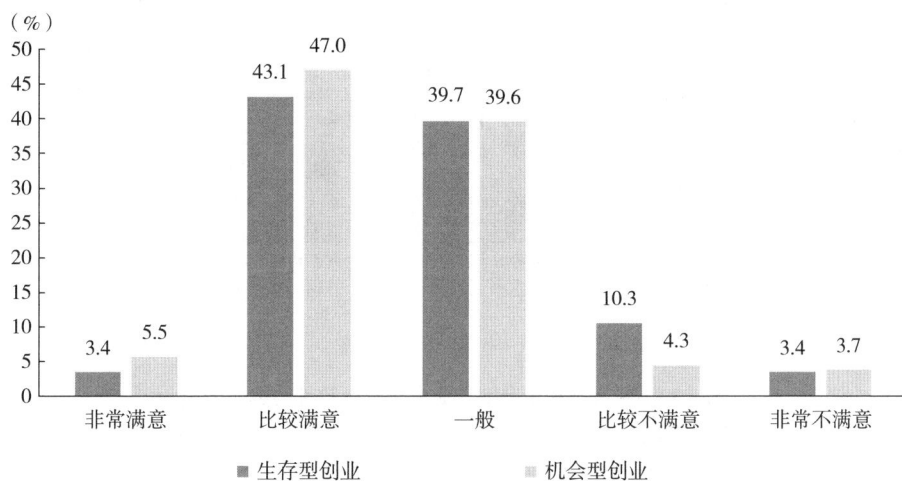

■生存型创业　　　■机会型创业

图 6.21　生存型和机会型创业者工作满意度比较

资料来源：笔者自制。

8. 最希望得到的政府帮助

大学生在创业的过程中会遇到各种困难与问题，因此了解大学生在创业过程中具体的需求将有利于提高创业扶持的针对性和有效性。创业者对政府的各项政策持有不同的态度，从图6.22中我们可以看出，两种类型创业者都认为政府提供资金支持、税费减免比较重要，同时认为企业管理知识培训和财政补贴方面的支持并不是非常需要。可能是因为创业者在企业成立的初期，企业的成员人数较少，不需要在公司的管理上耗费过多精力，所以他们更加关注的是如何获得资金来支持公司的日常运作，将自己的品牌和服务推广出去，使公司得以生存和发展。

在我们面对面的访谈中，相当一部分创业大学生对政府的培训和财政补贴领取的程序不是很清楚，甚至不知道有这么一回事。实际上，对于创业者来说，资金、管理经验、税费减免、财政补贴都是他们创业过程中必不可少的，只是每个创业者所需要的帮助程度不同而已，因此相关部门在提供创业服务时要因地制宜，结合创业者的实际需要，以满足他们的需要。

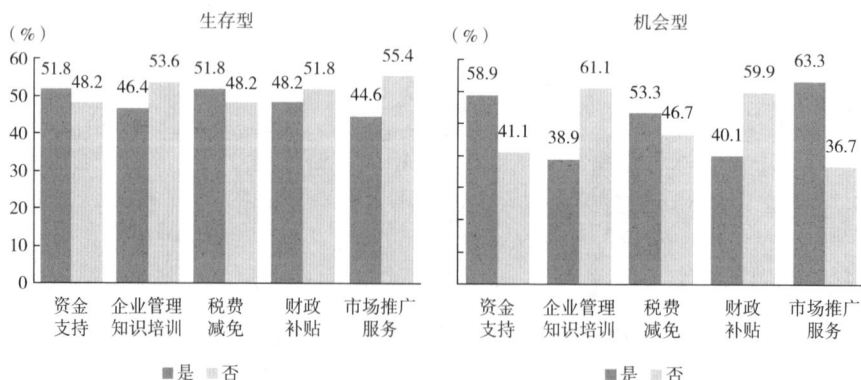

图6.22 机会型和生存型创业者对政府政策的态度比例

资料来源：笔者自制。

6.2.3 创业者对创业环境、自身产品或服务的感知调查

创业环境是创业活动开展的范围和领域，它直接影响和制约着创业者的创业思想和创业活动。GEM[①]项目组认为创业环境从本质意义上指的是制度环境，由规范的制度、认知的制度和规制的制度三个维度组成。规范的制度反映社会对创业者和创业活动的尊重程度，与社会、文化规范有关；认知的制度与人们的技能、知识和信息获取有关；规制的制度则包括法律、制度、规定和政府政策等促进和限制行为方面。

目前大学生的创业环境如何，我们从反映市场竞争和文化的社会环境，反映规制制度的政府政策环境以及反映创业者知识、技能和信息获取的学校创业教育环境三个角度考察了创业者对自身创业环境的感知情况。

当前中国正处于深刻的社会转型期，市场经济的发展为创业者提供了更加开放和公平的竞争平台。对创业者来说，在这样一个开放的市场体系中，创业的形势还是比较好的，能够获得较好的发展空间，同时这种激烈的竞争也给创业者带来巨大的压力，并且创业者所感知到的竞争压力比创业的机遇更加明显。

问题 3 ~ 5 反映的是创业者对创业活动的感知认识。问题 3 的分数低于中位数 3，这说明有大部分创业者认为目前的社会创业氛围还有待提高，我们的社会应该更加包容创业者。问题 4 和问题 5 处于高于中位数 3 的水平，这说明在我国对待创业的看法和态度正在发生改变，一种积极、宽容、鼓励的观念逐步形成（见图 6.23、表 6.1）。成功的创业者会受到他人的尊重，享有更高的社会声望，而且社会媒体对这些创业经历的正面评价，都为创业者制造了一个健康的氛围，进一步地激励着人们的创业热情。

---

① 高建，程源，李习保. 全球创业观察中国报告——基于2005年数据的分析[M]. 北京：清华大学出版社，2006：90-102.

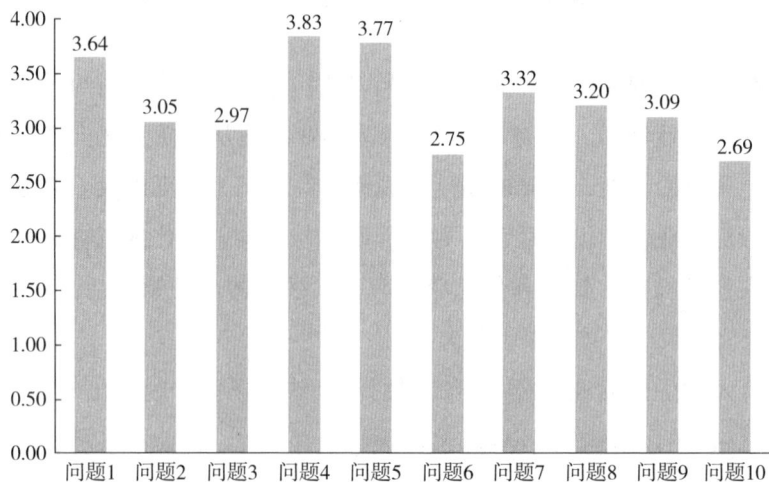

图 6.23　创业者对不同环境的感知分值

资料来源：笔者自制。

表 6.1　　　　　　　　　　　创业者对创业环境感知调查内容

问题	内　容
问题1	同类市场竞争给我带来了巨大的压力
问题2	目前国家的创业形势非常好
问题3	在国内，大部分人认为创业是他们更理想的职业选择
问题4	在国内，成功的创业者得到尊重并且享有更高的社会地位
问题5	在国内，您经常可以在大众媒体看到创业成功故事
问题6	我国政府有非常好的税费优惠政策
问题7	我国政府为创业者提供小额担保贷款或创业基金
问题8	我国政府为创业企业提供社会服务（基础设施、办公场地、咨询服务等）
问题9	在校期间学校对创业大力支持
问题10	在校期间接受了非常好的创业教育培训

资料来源：笔者自制。

政府为鼓励和帮助大学生创业活动提供了一系列的扶持政策。表 6.23 中，从调查结果的问题 6 ~ 8 来看，特别是问题 6 的得分最低，说明政府的税费优惠政策并没有得到过多的认同，没有为大学生减轻创业的资金负担。创业者对政府提供的小额担保或创业基金等资金支持和社会服务还是比较满意的。

图 6.23 中，对于涉及大学生创业教育的两个问题，其分值水平都不是很高。问题 9 的分值虽然高于中位值 3，但高出的水平不多，说明在创业者创业期间学校对他们创业活动的支持不是很明显。问题 10 较大地偏离了中位数 3，可以发现大学的创业教育培训课程并没有得到大多数创业者的认可。我国的创业教育要能够更好地服务于大学生创业者，还有待进一步完善和提升。

对于一个企业来说，好的产品和服务是其在众多同类企业中脱颖而出的关键，凭借一个好的创意抓住商机一举成功的例子并不少见。好的创意人人都会有，然而最终能取得成功的人只会是那些能够以客观、冷静态度评价自身产品和服务的创业者。在所调查的创业者眼中，他们会思考自己的产品和服务如何与同类企业竞争，与之相比，自己又有哪些优势。

从图 6.24、表 6.2 可以看出，除了问题 5，其他的问题的得分都高于 3 分，这说明创业者对自己的产品和服务持有自信心态，并且是企业投入了大量的资金、采用新的技术和工艺而研发出来的。值得注意的是在问题 1 和问题 4 两个互相矛盾的问题中，两者的分值水平不相上下且都处于较高的水平，可见创业者一方面对自己的产品和服务有着强烈的认同，觉得自己的产品和服务是新颖的，具有其他人所不具备的功能；另一方面，创业者也认同其他企业的产品和服务，感受到了来自竞争对手的强大压力。

在将企业的产品和服务推向市场的环节，我们设计了问题 5 ~ 7。其中只有问题 5 的分值水平较低，可见在产品和服务的市场推广方面，创业者的合作伙伴与其他竞争者相比差别不大，在创业者创业初期能够接触到的合作伙伴大多类似，想要和海外的企业或者行业内顶尖的优秀企业合作难度是比较大的。所以创业者想要获得竞争优势，只有选择多样化的合作伙伴、在合作伙伴之间运用差别化的合作方式。

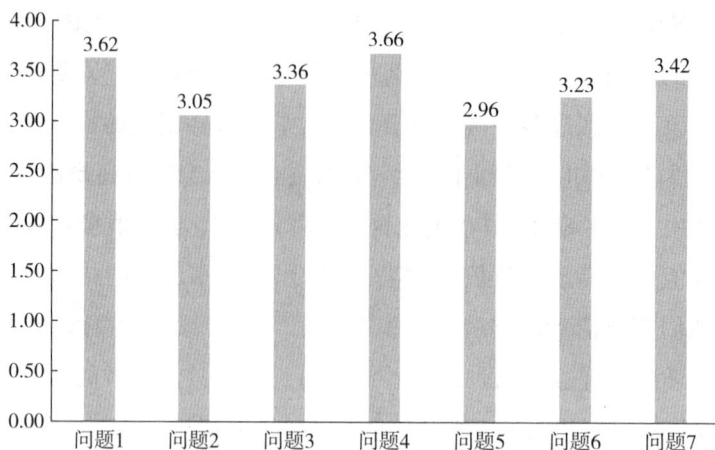

图 6.24　创业者对自身产品或服务的感知分值

资料来源：笔者自制。

表 6.2　　　　　　　　　　　　创业者对自身产品或服务的感知调查内容

问题	内　　容
问题1	与竞争对手相比，本企业的产品或服务具有非常新颖的功能
问题2	本企业产品或服务的研发投入非常高
问题3	本企业引入行业内其他不曾用过的新技术或工艺来创造产品或服务
问题4	本企业产品或服务面临非常强的竞争
问题5	在产品或服务推向市场的环节中，本企业吸纳了业内其他企业没有的新合作伙伴（如海外合作伙伴、新的分销商或供应商等）
问题6	在产品或服务推向市场的环节中，本企业和合作伙伴之间的合作方式不同于业内常规做法
问题7	在产品或服务推向市场的环节中，本企业合作伙伴的多样化程度较业内其他企业更强

资料来源：笔者自制。

6.2.4　创业者的创业感受调查

创业者在创业活动中会有一些想法和感受，我们从创业者自身能力、企业潜能和企业的运营管理来考察创业者的心理感知。

从图 6.25、表 6.3 中各项问题所显示的水平值来看，所有问题的分值都在中位数 3 以上，这说明大学生创业者的自我效能感很强，这对创业来说是

好事。创业者肯定自身的交际能力，认为凭此可以帮助自己结识各行各业的
朋友，相信凭借自己在朋友中的影响力，能够说服那些对自己创业活动有帮
助、与自己互补的人加入自己的创业队伍中，共同开创一番事业。但是从问
题3处于最低得分中可以看出，创业者的融资渠道较窄，对于创业者自身能
力要求来说，扩宽资金的来源渠道比组建团队的难度更高。

问题5～7反映了创业者对自己的企业的未来发展有一个积极的展望，
他们是一个富有激情和创新精神的团队，有能力发现新的市场机遇，推出更
新更好的产品和服务，使自己的企业在市场之中立于不败之地。

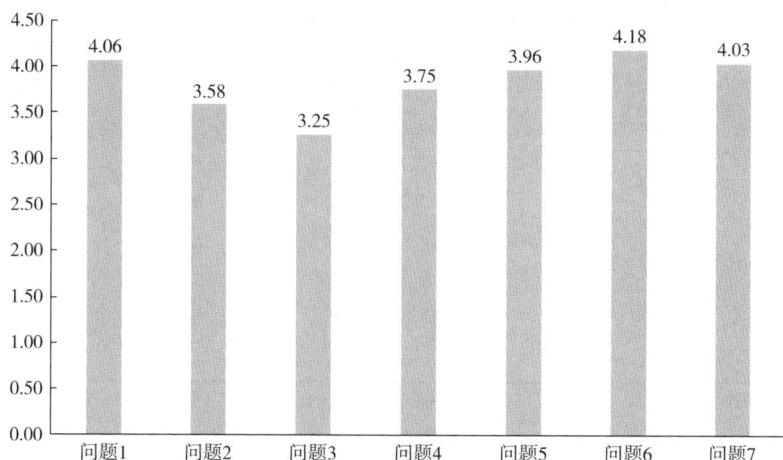

图 6.25 创业者的创业感受分值（1）

资料来源：笔者自制。

表 6.3 创业者的创业感受调查内容（1）

问题	内 容
问题1	我确信我与合作伙伴的合作很愉快
问题2	我有很多在圈子里比较有影响力的朋友
问题3	我确信我能够从银行或其他途径获得资金支持
问题4	我能够说服别人和我一起开拓事业
问题5	我确信企业不断有新的产品或服务
问题6	我确信企业是由一群有创新精神的创新人才组成
问题7	我确信企业会不断发现新市场

资料来源：笔者自制。

如图 6.26、表 6.4，关于企业日常运营管理的 10 个问题中，有 9 个问题均值处于高于 3 而低于 4 的水平，这表示被调查者持既不认同也不否认的态度。创业者要对自己所作出的决策负责，同时这也是对自己团队成员或员工负责任的表现。问题 2 的数值高于 4，表明创业者还是有较强的责任心的，能够为自己的行为负责，这要求创业者在作出决策的时候必须保持冷静的头脑和承担风险的决心。

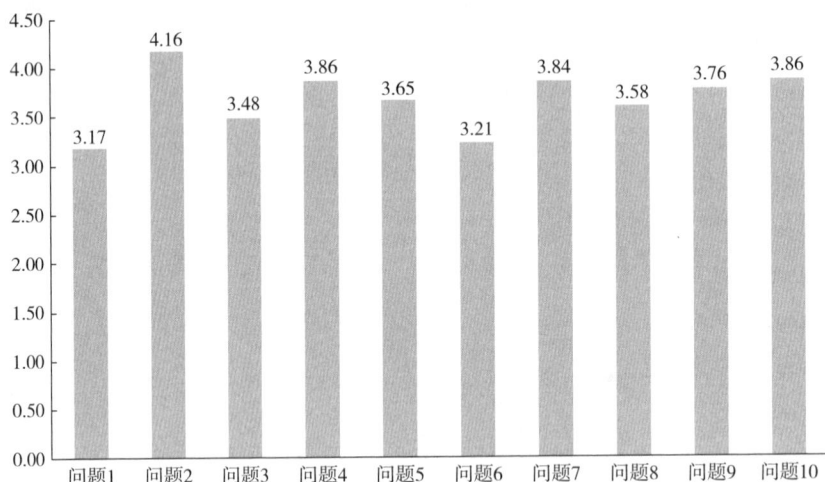

图 6.26 创业者的创业感受分值（2）

资料来源：笔者自制。

表 6.4 　　　　　　　　　　创业者的创业感受调查内容（2）

问题	内　　容
问题1	我确信企业日常的经营运作方面一直没有什么大的变化
问题2	我确信我能够对所作出的决策负责
问题3	我确信企业能够在压力和冲突下正常运转
问题4	我确信自己能够在不确定的风险情况下作出较好决策
问题5	我确信企业能够承担可预测的风险
问题6	我对企业的成本控制不满意
问题7	我确信企业能做好战略规划
问题8	我确信企业的财务体系建设做得很好
问题9	我确信企业今年可以实现预定的利润率
问题10	我确信企业能够清楚定义所有岗位的职责权利

资料来源：笔者自制。

6.2.5　创业者团队管理方式认知调查

组建一支成功的团队会为创业的成功提供更多的可能，团队成员之间的密切配合、相互包容、共同协作能保证创业的各项活动高效率、有计划地运行，所以发展团队建设是发展事业的根本保障，以下问题反映了被调查的创业者在团队管理方式上的感受。

在 15 个问题中，有半数以上的问题得分在 4 以上，说明他们认为自己的团队是一个相互信任和包容的团队，体现在团队中的成员能够尊重其他人的劳动成果，肯定其他人的能力和在团队中的价值；对于其他人提出的批评会虚心接受，认真反思自己的问题和缺点；团队成员之间会互相学习新的技术和知识，保持旺盛的生命力（见图 6.27、表 6.5）。

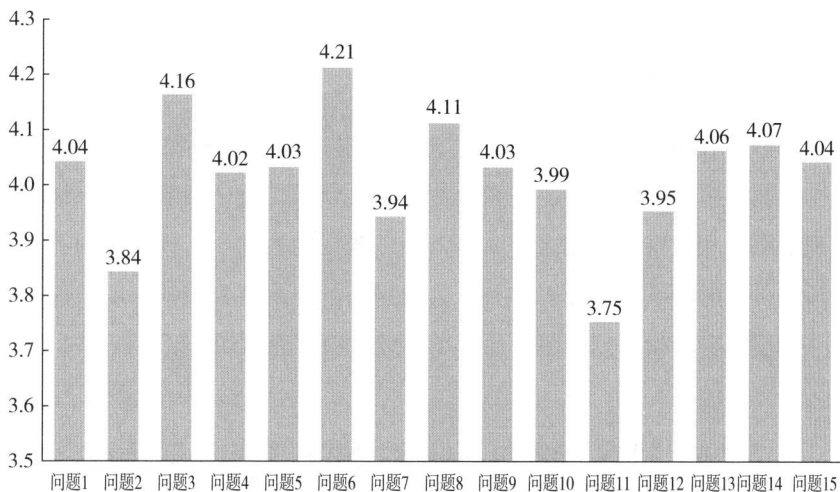

图 6.27　创业者团队管理方式感受分值
资料来源：笔者自制。

表 6.5 创业者团队管理方式感受调查内容

问题	内　容
问题1	我认为公司有很好的发展前景
问题2	我认为我所在的职位有很大的发展空间
问题3	我们的团队是一个相互尊重的集体
问题4	团队成员间有明确的责任分工
问题5	成员清楚自己的工作内容和完成要求
问题6	团队成员互相信任
问题7	团队成员之间在个性上能够相互包容
问题8	团队领导成为团队成员创造施展才华的机会
问题9	团队领导能够接受团队成员的不同观点
问题10	团队的分配奖励体制公平合理
问题11	团队中有一套公平的成员绩效评估制度和办法
问题12	团队领导赋予我充分的职权去完成分配给我的任务
问题13	成员之间非常愿意共享与工作有关的信息和知识
问题14	团队成员之间能够相互倾听不同意见并积极反馈
问题15	团队领导人具有协调成员之间的摩擦和分歧的能力

资料来源：笔者自制。

再来看看得分值最低的问题 11，我们可以发现创业者对团队的绩效评估和奖励分配的公平性有所不满。在企业日常运营中，公平的绩效考核机制是团队管理最重要和最难的问题之一，作为个性张扬的大学生，极易受到不公平的团队考核机制的影响，从而影响到个人对组织的忠诚度和奉献程度。这个问题的得分也反映了大学生创业团队在提高管理效率方面迫切需要解决的难题。

6.2.6　社会网络为创业者提供资源的认知调查

企业的社会网络是企业的无形资本，社会网络的规模和复杂程度反映了创业者经营人脉的能力大小，这些人脉资源可以为创业者带来更多的信息资源、技术资源、财务资源、情感资源。在中国这样一个重视人情血缘社会里，当创业活动遭遇瓶颈或停滞不前时，社会网络可能会成为扭转局面的关键资源。

对于社会网络提供的资源，图 6.28 列出了几种情况的分值，4 道题（见表 6.6）的得分都是在中位数 3 之上，社会网络资源提供信息的答题得分最高，其次是社会网络提供的情感资源的认同度，可见维持好的情感交流，建立广泛的人际网络，能给创业者带来充足的信息资源；同时也说明目前的大学生还是比较会利用身边的社会资源的。

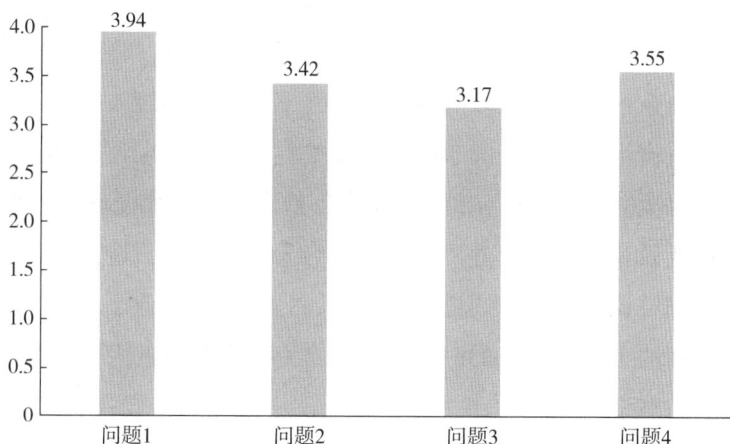

图 6.28　社会网络为创业者提供资源的认知分值

资料来源：笔者自制。

表 6.6　　　　　　　　　社会网络为创业者提供资源的调查内容

问题	内　容
问题1	提供信息资源的程度
问题2	提供技术资源的程度
问题3	提供财务资源的程度
问题4	提供情感资源的程度

资料来源：笔者自制。

6.3 大学生创业的影响因素

大学生是一群充满热情的年轻群体，他们朝气蓬勃，富有创新精神和冒险精神。在当今社会如此严峻的就业形势之下，这些年轻人中有不少人在创业。社会和政府也为了鼓励大学生创业，扩宽新的就业渠道，以创业带动就业，不断为大学生提供各种有利的政策，创造了一个富有机遇和前景的环境。在学校，创业教育也在轰轰烈烈地展开，为大学生创业营造了一个良好的氛围，帮助他们结识了一批志同道合的朋友，为将来的创业活动打下坚实的基础。当各方面的条件都具备的时候，那些富有雄心壮志的大学生很自然地就会走上创业的道路。

大学生创业过程中存在着各种各样的影响因素，它们会对大学生创业行为产生不同的影响。本研究将影响大学生创业的因素分为自身因素和环境因素两方面（见图 6.29）。一般来说，心理学家强调影响学生创业的心理特质，例如成就动机、自我效能感、对风险的态度等因素；社会学家则强调外在环境例如文化氛围、家庭背景、政府政策等因素的重要性。综合起来看，本书认为这两种因素都能发挥作用。其中自身因素指大学生的内在素质，环境因素指家庭背景、高等学校的创业教育、政府政策和社会文化等。

为了更好地分析大学生创业过程中各个影响因素的具体作用，贴近实际地了解大学生在创业过程中的感想和体会，为此次调查提供实际的支持素材，我们还先后对将近 20 位大学生进行了访谈，以下几位创业的大学生是其中的典型代表（见表 6.7），通过他们的亲身体验，我们对大学生创业的影响因素有了更深入的了解。

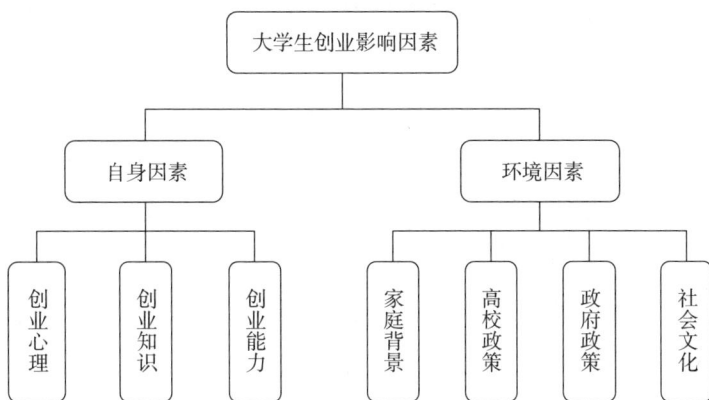

图 6.29　创业影响因素

资料来源：笔者自制。

表 **6.7**　　　　　　　　　　针对 **20** 位大学生访谈创业过程中的体会

访谈对象	创业方向	访谈方式
A	健身行业的移动互联网产品	电话访谈
B	真人密室逃脱	电话访谈
C	奶茶店	面谈
D	咖啡店	面谈

资料来源：笔者自制。

6.3.1　大学生自身素质

大学生的自身素质不健全会导致很多大学生创业初期势头高涨，到后期却黯然收场。创业素质包括大学生的创业知识、心理和能力等。

第一，创业心理素质是在创业过程中对人的心理和行为起调节作用的个性特质。Lüthje 和 Franke[1] 从个性特征（包括冒险倾向和内部控制源两个角度）以及外部影响因素（包括有利环境和不利环境两个角度）对麻省理工学

[1]　Lüthje, C.; Franke, N.. The "Making" of an Entrepreneur: Testing a Model of Entrepreneurial Intent among Engineering Students at MIT[J]. R&D Management, 2003, 33 (2), 135-147.

院工程学院的 2193 名学生进行问卷调查，结果发现，个性特征和外部因素对麻省理工学院学生创业倾向的影响强度分别为 0.388 和 0.31，个性特征略强于外部因素。中国人民大学发布的 2020 年大学生创业报告中，提到大学生自主创业者的品质特征较个人统计特征对创业绩效的影响更为显著，创新性、先动性与风险承担性的品质特征对创业者的创业绩效呈正向影响。

按照创业学派"特质论"的观点，创业是否成功在很大程度上取决于创业者的人格特质，只有经过思想上的充分准备才能取得成功，因此创业者必须具备良好的心理素质。首先，创业是一项充满挑战并且充满风险的事业。正确的自我评价、对自我价值的肯定、相信自己的能力和对成功的渴望是促使一个人创业的动力源泉，这要求创业者要有雄心和野心，敢于挑战风险，有胆识、有度量的人才会选择在创业过程中实现自我价值。其次，创业是一条充满艰辛的道路，是对创业者耐性和勇气的极大考验。在创业过程中，需要承担巨大的风险和压力，面对各种各样的困境，创业者要以顽强的毅力面对困难和挫折，百折不挠地向目标前进。再次，个人的兴趣爱好也是激发创业者创业意识的影响因素。个人的兴趣爱好能够促使创业者从事自己感兴趣的行业，引导创业者预见别人所不能预见的领域，从而投身到创业的活动中去，并愿意为之付出努力。最后，务实和责任感是事业的根基。创业的行为不仅关系到个人利益，创业者的命运也是和创业团队成员的前途联系在一起的。创业者只有对公司、员工、投资者和社会有强烈的责任感和使命感，正确处理好局部利益、个人利益与整体利益、社会利益和国家利益的关系，才能使自己的企业意义得到社会的认可。

创业者 A 对创业者需要的基本素质总结道："创业大学生，重要的性格特点第一是有毅力，他能够坚持去做这样一件事，并且持之以恒。第二是一定要有自己的信念和信心，他一定要相信自己的努力会有收获，会取得成果。第三是要对自己的方向感兴趣，就是他要做与自己的兴趣爱好相关的一些事情，这样他才能够踏踏实实地凭借着一腔热血去做自己感兴趣、喜欢做的事情。第四是在做项目的同时一定要考虑与市场相结合，要跳出自己思维的常规范围，跳到更高的角度去看整个市场和大的环境，然后寻找市场的机会，能够去为社会创造价值、为公司获得利润……因为只有公司有了利润，才有好的发展。"

大学生群体由于社会经验不足，其创业心理素质不成熟。在与创业者的交流中，我们发现很多创业者在创业初期的想法比较简单，缺乏成熟的思考和市场调查，对未来创业路上可能遇到的困难估计不足，在创业过程中容易出现意志不坚定、遇到困难轻言放弃、沟通能力不够、不善于解决冲突和矛盾等问题。所以，成熟的创业心理是创业成功的关键因素，对自己进行正确的评价是很有必要的，这些前期的思想准备能够激发创业者的行为。

比如，创业者 B 就在解释其创业原因时说："每个人的世界观不一样，我的性格和经历各方面来讲比较适合创业。"同时，他也肯定了良好的创业心理素质的重要性，"我觉得要有一个很好的心理素质，因为创业的成功率不是特别高。"

第二，创业知识是创业过程中必不可缺的一项素质，包括哲学知识、专业知识、社会科学知识等。在现代管理理论中，经营哲学被认为是驾驭全部经营管理活动的基本理念，可以帮助创业者认清事物的本质，把握趋势和规律，树立全局观。企业的运作涉及资源配置、预算决策、经济分析等一系列经济问题以及人事管理、资金管理、生产管理和市场营销管理等问题，这些经济学和管理学知识是企业家的必备知识。创业对创业者有很强的技术性要求，要想成功地经营企业，创业者还必须具备扎实的专业知识和技术。创业者还必须熟悉市场和社会等企业外部的法律环境，只有这样，创业者才能熟悉和利用市场。

调查显示，有技术背景的大学生，专业知识扎实，但他们在财务、管理、宣传策划上显示出了短板；缺乏专业知识的创业者，他们往往面临着创业项目技术含量低、缺乏竞争力等问题，这种制约因素极大地影响了其后续发展。2011 年在对浙江省大学生创业现状的调研中显示，注册持有自己独立品牌的独创企业不到 30%。很多大学生由于自身技术水平的限制，无法开发出具有独特竞争力的产品和服务，企业在创办多年后依然规模很小，利润也少[①]。

---

① 王飞绒，陈劲，池仁勇. 团队创业研究述评[J]. 外国经济与管理，2006（7）.

2019 年 GEM 的中国报告中就指出，利润少或者不盈利成为创业活动终止的主要原因，最近几年受新冠疫情影响，国内青年创业发展面临着业务来源单一、创新能力不足、融资困难、人才招聘困难、行业竞争激烈等挑战。

第三，创业能力是一种综合能力，它包括学习能力、应变能力和社交合作能力等，直接影响创业活动的成效。

在竞争激烈的市场中，要想不被淘汰出局，只有一个办法：持续不断地提高自己的学习能力。提高自己只有一条路可走：善于学习、勇于实践。创业者时常会遇到各种各样自己从未接触过却又无法回避的问题，比如相关知识领域或现实社会的问题，这需要他们去思考、去摸索，找到解决问题的办法。比如，在刚刚开始进入一个行业领域创业的时候，最好的学习是模仿，通过模仿积累经验，完成超越，实现创新。不仅如此，还要带动创业团队一起学习，从而接受新知识和新事物，使自己的企业保持旺盛的生命力，不断成长壮大。

应变能力是创业者适应环境、驾驭环境的能力，这建立在创业者敏锐的洞察力、准确的判断力之上。环境会变，市场会变，消费者会变，创业路上充满了变化，创业者要有能力理性地分析这些变化，迅速发现这些变化可能蕴含的机会，这样才能随机应变，也才能把危机转化成对自己有利的机遇。

具备协作能力和团队意识是创业者事业的重要支撑，创业者要尽量去寻找那些与自己价值观相似并且能力上又能够互补的人组成团队，具有相似的价值观往往更容易达成共同目标，团队的效率和执行能力就越强。本次调研中，我们发现学生往往会选择关系要好的朋友和同学作为合作伙伴，这种依靠关系组建起的团队极不稳定，尤其是当成员的意见不一致或企业的运营出现困难时，由于没有健全的管理机制，团队很容易走向分崩离析的结局。人员结构的不科学体现在团队成员在视野、年龄、知识结构上相仿，但在能力上却无法互补。此外，大学生创业团队成员会面临很多选择，当他们认为自己有更好的机会时，就可能选择离开创业团队，这导致大学生创业团队的稳定性较低，尤其是当团队的核心成员离开时，会带来很不好的影响，因为他们可能会带走公司的核心技术以及客户，成为原来企业的竞争对手。Chandler

和 Hanks 在他们所考察的 12 个创业团队个案中发现，只有 2 个创业团队在公司创立 5 年以后能够完整如初地保持下来，其余 10 个团队失败的重要原因就是创业团队不稳定 [1]。所以创业者在选择团队成员时必须谨慎思考，同时又要掌握较强的团队管理技巧，才能维持团队的稳定与高效。

6.3.2　家庭背景因素

每个人从出生开始，最先接触到的就是家庭。由于家庭的成员构成、社会关系地位、经济收入情况的不同，大学生在其成长的过程中所受的教育也完全不同，于是在价值观上会产生差异，随着年龄、阅历和教育程度的增长，这些差异会不断地分化和加深。学生的行为和性格或多或少都有着父母的影子，而且父母的职业经历对子女的职业道路选择有着潜移默化的影响。父母对创业支持或否定的态度在很大程度上会决定其子女创业的主动性和持久性。当今社会青年人大多是独生子女，一部分父母对子女溺爱，担心孩子创业吃苦受罪，对他们的创业行为持反对态度，反而是希望子女能够找一份安稳的工作。但是另一部分家长能够鼓励子女大胆创新，开创自己的事业，这样家庭里长大的大学生极有可能积极、乐观地去创业。如果家长有创业经历或家庭有经商背景，对大学生创业会有积极的影响。在本次调查中，我们发现，有超过七成的被调查者表示自己有正在创业的亲戚和朋友。此外，有数据 [2] 显示，江浙地区大学生的创业率达到 4%，远高于全国平均水平，这与江浙一带高度发达的民营经济不无关系。家庭经济条件对大学生的创业选择也会产生很大的影响，父母有稳定收入、生活较为富足的家庭不需要子女在当前给予照顾，在子女创业的情况下能够提供一定的资金支持。在这样的情况下，大学生的创业将会有更大的自主性，也敢于承担更大的风险。例如，创业者 C

---

① Gaylen N. Chandler; Steven H. Hanks. An Investigation of New Venture Teams in Emerging Businesses: Hypothesis Testing[A]. In Paul D. Reynolds; William D. Bygrave; Nancy M. Carter; Sophie Manigart; Colin M. Mason; Dale G. Meyer; Kelly G. Shaver.(Eds.). Frontiers of Entrepreneurship Research[C]. Wellesley, Massachusetts: Babson College Press, 1998: 318-330.

② 余靖静.浙江：高校毕业生自主创业比例首次突破5% [EB/OL]，教育部官网，2016-01-15.

和创业者 D 就表示他们早期创业的启动资金就是由家人提供的。而家庭经济条件不太好的大学生，就会更加看重创业的成败，在创业上的阻力就会更大。

除了资金支持，社会网络也是创业必不可少的资源。在创业之初，人脉、技术和信息的缺乏都可能成为创业的极大阻力，社会资源是大学生的薄弱之处。作为一个刚刚步入社会的大学生来说，在学校积累的人脉资源可能远远不能满足创业的需要。但是如果创业者的家庭中有经商的背景，拥有各种信息获得的渠道或人脉资源都可以弥补一定的不足。在本次调查中，社会网络为创业者提供资源的认知调查结果显示，调查者普遍认为周围的社会网络资源可以在其创业过程中为自己提供诸如信息、技术、财务和情感等所需的各种资源。

在教育成长的整个过程中，家庭成员的经商行为会对大学生产生潜移默化的影响。在成长过程中，相较于那些没有经商活动的家庭，在有经商活动的家庭中接受熏陶的学生，会接触到更多与企业、创业有关的信息，家庭成员对创业的正向态度更能激发创业的动机。在与创业者的访谈中，我们发现选择自主创业的大学生主要分为两种类型：一类是有家庭成员经商，他们受到家庭环境的影响很大，创业活动也更容易得到家庭的支持，这既包括资金支持也有经验的传授；另一类就是家庭较为贫困的大学生，他们迫切地希望通过创业活动改变自己的命运，这类大学生在刚刚进入大学校园后，就通过各类兼职和勤工俭学来赚取学费和生活费用，这些活动提高了他们的实践能力，为未来的创业活动奠定了坚实的基础。一方面，如果是开明的家长，那么孩子的创业会得到父母的支持，也能在资金上得到父母的帮助，创业者会获得良好的心态和经济基础；另一方面，如果家长思想比较保守，认为创业就是冒险，父母会极力地反对子女创业，劝说他们找一份稳定的工作。所以大学生在创业初期能否获得心理和社会资源支持，家庭成员的态度非常关键。

6.3.3　高校因素

1. 营造创业氛围

高校存在的意义不仅在于为社会提供人才和服务，还在于其将研究与教学相结合。从微软、雅虎到风靡全球的社交网站脸书（现更名为 Meta），新科技成果和新的企业不断从大学校园中走出，进入人们的日常生活中。在新的时代背景下，大学的教育功能不再局限于科学研究，更应该注重成果的实用性。科研成果应当具有社会意义、能够服务于经济发展的，这是大学教育发展的必然趋势。大学生创业会受到学校的显著影响，高校对大学生创业的积极态度和完善的服务体系将会有利于大学生的创业。大学成为培养创业者的摇篮，目前越来越多的高校把目光投向了"创业"这一主题，每年都会组织如创业设计挑战赛、"挑战杯"等类似的活动，并通过成立创业学院和创业论坛等形式营造创业氛围。同时学校也会举办成功创业者的报告讲座，为有创业意图的学生传授经验，这样能帮助大学生寻找到一群志同道合的朋友，极大地激发大学生的创业热情。存在于校园中的创业企业也可以帮助在校大学生更为深入地了解创业活动，成为创业教育的一个重要组成部分，这就在大学校园中形成了一种浓厚的创业氛围，对于高校和创业者来说实现了双赢。在这样的宽松、开放的校园文化中，学生们的好奇心和求知欲得到了很好的保护，也形成了一个师生能够自由讨论的平台。

　　创业者 A 表述道："我们在学校里会经常参加讲座，跟同学讲一些当时的经历，在学校里面是怎么想的、进入社会了又是怎么想的、怎么去面对这些问题、怎么去解决这些问题。不仅如此，我的母校有一个特别好的方式，不仅能够让同学们听到这些讲座，还能给学生提供一个平台。比如，在我们创业后，学校允许我们把办公场地设置在学校里面，让有意向或者有创业想法的同学能够到这些专业型公司里亲身地体会、实际地感受一些实际的工作是怎么样开展的、这个公司里面的每个部门到底是怎样运行的，有这样一种认知—实习—认知的体验，无论对于树立在校大学生的创业信心还是对于提高可执行性都有一定帮助。有些同学可能觉得想象特别美好，但是通过在公司这种环境下的体验，他可能慢慢地感觉到一种压力。同时他如果有创业这样的想法或者是创业的实践，也能够很容易得到我们的帮助，把我们之前的一些经历和我们能够去对接的一些相关部门的经验传授给他们。通过以上方式，让我们感觉：第一距离很近，第二就在身边，第三能够亲身体会。"

2. 建立创业服务体系

建立一套完善的扶持体系，是学生创业活动有力的后勤保障。美国硅谷之所以能有闻名于世的成绩，得益于斯坦福大学输送的创业人才。长期以来，斯坦福大学一直认为教育和研究是密不可分的整体，为了在学校营造出一个积极向上的创业氛围，学校出台了一系列相关政策来鼓励师生勇于创新、创造。同时，学校还与企业合作，好的创业项目可以获得投资，加速了科学研究成果向产业的转化。斯坦福大学培养出了一批批优秀的高科技人才，这些人才成为硅谷建设发展不可缺少的中坚力量，所以斯坦福大学也被称为"硅谷的心脏"。我国政府历来强调要把高校毕业生就业放在突出位置，加快建设一批投资少、见效快的创业园或孵化基地。这类孵化基地依托高校、科研院所，能够充分利用先进的仪器设备、优秀的人才资源、专家的技术指导，为进入孵化基地的创业大学生提供全方位的人才和技术服务。创业服务体系主要包含硬件和软件两个方面。建设创业环境的首要任务是打好硬件基础，主要包括孵化场地以及交通、自然环境、通信等基础建设，这样一来创造者可以不必为办公场所而烦恼。软件服务也是创业健康发展的必要条件，比如健全的政策、法律等体系，并且以临近高校的地理优势，能够快速地聚集各类学科人才，整合已有的技术成果和知识资源，充分发挥多学科的交叉优势。创业者 A 就是这项政策的受益人，他在其创业初期得到了母校的很大帮助："有很多创业孵化器里的兄弟企业，他们毕业以后可能就要到外面去找一些新的办公地点，那么这对他们来说成本是比较高的……我们毕业之后，正好母校也有相关的场地，希望我们能够把产学研一起结合起来，所以我们在学校就有了一个 80 平方米的办公室，这个办公室相当于是由学校提供的。同时我们成立了一个创新工作室，通过这样的方式，学校里相关的同学可以对我进行一定的工作帮助。另外，这也能够让他们在公司日常参与的过程中获得一定经验，增长一些见识。而且学校里面也有非常多的老师、教授、博士研究生、硕士研究生等智力资源，可以对我们的项目和公司的发展提供很多必要的支撑和帮助，这样一种模式对我们这样的公司来说是非常大的帮助，而且目前来说整个过程非常顺利。"

3. 提供思想指导

在大学生的创业帮助上，不仅要有资金、场地和技术的指导，也要对他们的思想进行一定的指导。大学生虽然有很强烈的自主创业意愿，但对于自己是否适合创业、怎样创业、创业万一失败了怎么办、创业占用了学习时间如何平衡等问题一无所知。学校要帮助学生克服这些心理难题，指引他们走出迷惑，教育他们不要盲目创业，先要正确地衡量自己的实力，帮助他们发现自己的潜力，树立他们的信心。创业者 B 就认为高校的创业教育应当正确地引导学生："我觉得创业这种东西，你不能把它当作一种时尚潮流，还是需要理性地看待，毕竟创业是有风险的。并不是说创业一定就能成功的，所以说学校不能鼓励大家说创业是很容易的……并不是每个人都适合创业的。如果有学生要创业，首先要告诉他并不是一定要他创业，而是要培养挖掘你自身创业的潜能和天赋，也不是说开这个课就是给他灌输知识，盲目地鼓励他创业。其次，如果他有这样一种创业天赋的话，一定要重点培养。"学校的这些心理指导在大学生创业中发挥了重要作用，但也有一些高校对大学生创业的态度并不积极，尤其对在校大学生的创业更是缺乏关怀和包容心，不能帮助创业大学生平衡学业与创业，致使他们无法处理好学业与创业的关系，最后选择放弃创业。特别是在大学生创业初期最艰难的时刻，学校如果不能及时给予关心，甚至认为其不务正业，就会打击其创业积极性。因为在学生看来，他们认为和学校存在一种心理契约："既然我们响应号召去创业，在我们创业困难的时候，学校也应该给予关心和支持。"在与大学生创业者的访谈中，有创业者就表示自己在大学期间的创业没有得到老师的支持，请假不被批准，甚至成为老师重点"关注"的对象。某些学校只有在大学生创业成功并取得一定成绩时，才会把该大学生作为学校开展创业教育的典型例子进行广泛宣传，锦上添花而非雪中送炭是一些高校面对大学生创业者的态度。

4. 组织实施创业教育

如今许多高校相继建立了创业教育研究中心，开设了相关的课程，主要以课堂的方式为学生传授创业相关的知识，同时开展社会实践、企业实习、创业大赛等第二课堂活动。依托于第一课堂传授的创业知识，学生可以在

第二课堂上将所学到的知识运用于实践之中，课堂与实践相辅相成。比如上海交通大学[①]和当地政府合作，建设"零号湾"全球创新创业集聚区，截至2023年5月，"大零号湾"共集聚硬科技企业3000余家，高新技术企业563家，上市企业9家，"独角兽"企业2家，估值超10亿的企业有22家，大部分是上海交通大学校友、师生创业企业。

总体来说，缺乏系统、完善的教育理论与培训体系是我国创业教育的一大问题。从2003年开始，教育部开始了面向高校的创业教育师资培训工作，力图在全国范围内培训和覆盖创业教育骨干教师。近年来，高校也更加重视创业教育的相关建设，开设的创业教育课程数量也与日俱增。创业教育在激发学生创业兴趣、培养学生创业能力上还是发挥了一定作用的，创业者A对高校的创业教育持有积极乐观的态度，他这样评价道："创业教育其实是近几年来很多学校才开始有的一个方式和思路，很多学校还在探索阶段，现在就属于一种百花齐放、百家争鸣的阶段，每个学校都有自己的一种思路和方法。因为创业的周期是比较长的，不会一两年就能看到成果，甚至需要四五年这样一个长期的过程才能够看得到成效，所以目前来说，我觉得没有一种既定的什么样是好的、什么样是不好的。"

6.3.4　政府政策的因素

通过研究和分析世界各国政府的大学生创业政策，我们发现其政策目标主要是发展创业教育，创造良好的创业环境，鼓励大学生创业[②]。我国政府一直高度重视大学生创业就业问题，在政策支持上也给予一定倾斜。2009年国务院办公厅发布《关于加强普通高等学校毕业生就业工作的通知》，具体内容如下："鼓励高校积极开展创业教育和实践活动。对高校毕业生从事个体经营符合条件，免收行政事业性收费，落实鼓励残疾人就业、下岗失业人员

---

① 刘晓洁. 走进"大零号湾"：目标做上海世界级的科创湾区，入驻硬科技企业达3000家[EB/OL]. 第一财经，2023-05-08.

② 秦琴，江志斌. 大学生创业政策：评析、借鉴与设计[J]. 重庆大学学报，2012（3）.

再就业以及中小企业、高新技术企业发展等现行收税优惠政策和创业经营场所安排等扶持政策。在当地公共就业服务机构登记失业的自主创业高校毕业生，自筹资金不足的，可申请不超过 5 万元的小额担保贷款；对合伙经营和组织起来就业的，可按规定适当扩大贷款规模；从事当地政府规定微利项目的，可按规定享受贴息扶持。"从这个文件可看出，当时政府对大学生创业的政策扶持点主要在税费优惠、小额贷款以及场所安排方面。2014 年，人力资源和社会保障部等 9 个部门联合出台了"大学生创业引领计划"，不仅政策目标更明确，而且从普及创业教育、加强创业培训、提供工商登记和银行开户便利、提供多渠道资金支持、提供创业经营场所支持、加强创业公共服务等 6 个方面综合实施措施，支持内容更全面。2015 年国务院提出"大众创业、万众创新"的号召后，专门推出了针对大学生创业就业的《关于深化高等学校创新创业教育改革的实施意见》，对大学生的创新创业有了很多具体的政策规定，既包括开设创新创业课、设置创新创业学分，也包括允许保留学籍、休学创新创业，还包括建立学生创业指导服务专门机构等。2021 年国务院办公厅发布了《关于进一步支持大学生创新创业的指导意见》，从提升大学生创新创业能力、优化大学生创新创业环境、加强大学生创新创业服务平台建设、推动落实大学生创新创业财税扶持政策、加强对大学生创新创业的金融政策支持、促进大学生创新创业成果转化、办好中国国际"互联网 +"大学生创新创业大赛、加强大学生创新创业信息服务等 8 个方面提出了具体而细致的指导建议。

政府实施帮助大学生的创业政策的过程中，要注意具体的配套措施、实施手段和服务态度，否则会显著影响他们的创业行为。在一段时间内，高额保证金和繁杂审批手续经常为创业者所诟病，这增加了创业的难度和创业者的负担，对于面对资金和经验双重压力的大学生创业者来说，这更是雪上加霜。因此，完善行政审批制度、降低创业的门槛，不仅是政府行政改革的突破口，也是推动大学生创业的必然之举。在与大学生创业者的访谈中，我们发现，科技型创业更容易得到政府的支持和帮助，这主要表现在他们更容易进驻政府创办的创业孵化园，从而享受工商注册、税费减免和咨询服务等方面的优惠政策；此外，他们也更容易申请到来自政府的创业资金。

创业者 A 就表示："我们在成长发展初期，也就是在团省委进行孵化的这个阶段，除了获得零首付的注册资本之外……还可以获得相关的创业活动扶持资金。去年我们拿到了 5 万元无偿资助，这对于我们的资金来源有很大帮助。"

硅谷之所以成为一个高科技企业云集的重要电子工业基地，与政府的资金支持有关。我们访谈的一些创业企业都直接或间接地获得了政府订单形式的资金支持，但目前大部分以服务业为主的创业者还处于"单打独斗"的状态。不少大学生创业者会选择门槛较低的服务业作为最初的事业起点，这些创业活动由于技术含量低，现有的政策对该类创业者的支持有限，创业者面临着资金、团队管理、项目运营等巨大的困难。例如，创业者 C 创办了一家西餐厅，他非常希望能够得到政府的扶持。由于所租用场地的房东不愿提供相关资料，致使西餐厅至今没有能够注册，按照规定，他无法享受到针对大学生创业者的政策优惠。在本项调查中，我们发现很多创业者面临着这类问题：根据相关法律的规定，公司的注册可以拥有多个地址，但很多大学生创业者所创办的企业都会选择在房租便宜的学校或居民区附近。由于多种原因，他们无法提供企业注册所需的场地证明，致使他们处于"无照运营"的状态，无法获得政府为大学生创业者提供的扶持。因此进一步深化"政管服"改革、降低大学生创业者创办企业的门槛是促进大学生创业的一项重要举措。

6.3.5 社会文化层面因素

Busenitz 和 Lau[1] 的"跨文化认知模型"认为文化价值观、个人特征等因素会影响创业者的认知，该种认知会让创业者思考如何建立新企业，以及决定新企业发展方向，一些研究也证实，个体主义文化中更容易出现创业导向的个

---

[1] Busenitz, L.W.; C.M.Lau. A Cross-Cultural Cognitive Model of New Venture Creation. Entrepreneurship[J]. Theory and Practice, 1996, 20 (4), 25-39.

体（Anisya 和 Stephen[①]；孙杨[②]）。美国是一个以个人主义价值观导向为主体的国家，鼓励个人英雄主义，尊重个人的才情性格和野心得到了其社会的理解和认同。因此，在创业方面，美国的社会文化体现为对创业者的尊重和认可，以及对创业失败的宽容。众多美国人渴望个人成功，在他们看来，经营企业或者成为高级专业人士是积累社会财富的重要手段，美国前总统柯立芝就曾说过，"美国的事业就是企业"。成功的企业家尤其是白手起家的企业家更能得到他人的认可和尊重，像亨利·福特、比尔·盖茨、山姆·沃顿这样的成功创业家是普通美国公民眼中的商业偶像，在这样一种将企业和企业家尊为社会主角的文化氛围里，美国人创业的热情很高，即使受到疫情重创，到 2023 年 11 月为止，美国中小企业所创造的就业岗位数量还是超过了疫情之前的 2019 年。

创业伴随着风险，在美国现有的小企业中，超过 50% 的企业在创业的第 1 年就失败了，超过 95% 的小企业在头 5 年失败[③]，可见在创业过程中，经历失败是很常见的事情。但是在美国，人们对创业失败比较包容，社会允许失败的创业者重新创业。美国 3M 公司曾有个很幽默的口号："为了发现王子，你必须和无数个青蛙接吻。"意思是说如果想成功地发现自己事业上的"王子"，就要"接吻青蛙"，去迎接冒险与失败。正是在这种文化氛围的激励和包容下，美国高校师生都积极投入创业活动，成功的例子如著名的惠普、思科、硅谷图文和雅虎等公司。同时，允许失败和提供失败路径（破产保护等）也成为小企业生长的土壤，据统计[④]，每年倒闭的小企业占总数的 14% 左右，新增（包括重组）大约 16%，这一淘汰转化过程使经济结构得到持续优化。

在我国的传统文化中，保守的小农意识与"义利之辨"意识在一定程度上影响了人们的创新创业动机和行为。保守的小农意识使得社会上存在"重农抑商"的认知，"君子耻言利"的观念让商人的社会地位不高，即使追求自己合理的利益时也不敢大胆放开手脚，缺乏创业活动中所要求的冒险进取、

① Anisya, S.Thomas; Stephen Mueller. A Case for Comparative Entrepreneurship: Assessing the Relevance of Culture[J]. Journal of International Business Studies, 2000, 31(2), 287-301.

② 孙杨.中美大学生创业教育、人格与创业意向的关系[D]. 东北师范大学，2015.

③ 美国小企业管理局.美国小企业管理局2019年统计数据[EB/OL]. 美国小企业管理局网站.

④ 吕枫.简析美国制造业竞争力的来源[EB/OL]. 长江产业经济研究院，2021-07-07.

抓住有利机会的想法，创业行为因此受限。相对来说，类似于公务员、国企单位这种稳定性高、风险性低的具有保障的制度规则下的工作对我国的老百姓更有吸引力。据统计[①]，国家公务员考试的报名人数从 2012 年的 130 万人增加至 2022 年的 212.3 万人，11 年间增长了 63.3%；但是按照教育部提供的数字[②]，2015 届到 2020 届大学生中共有创业学生 54.1 万，上述数字对比的差异显示了大学生的就业选择，即传统文化的保守特点必然会导致创新创业活动发展缓慢。大学生对创业活动缺乏认同的现象也反映在本书的调查数据中：所有被调查者对"创业是一种理想的职业选择"的打分值最低。

　　虽然我国传统文化对大学生创业活动的开展有一定的消极影响，但如果积极挖掘传统文化中的有益成分，是能提升其对创业的支持。比如创业所强调的个人主义与中国所提倡的集体主义存在冲突，但不意味着集体主义不能发挥作用。在创业的过程中离不开团队的合作，优秀的创业者可以从零起步，打开局面去创建新企业，但是新企业的持续运营和发展壮大需要团队其他成员的共同努力，雷军与小米公司的成功就是鲜活的案例，即所谓的"一个好汉三个帮"。同时，优秀的创业者要意识到创业成功与国家和社会的发展紧密相联，因此需要承担一定的社会责任，如协助解决贫困难题，实现共同富裕等，目前日益兴起的社会创业活动就要求创业者具有较强的家国情怀意识和责任担当。

　　总之，在不同的国家地区之间，社会文化环境存在一定的差异性，从而对创业活动有不同的影响，我们需要科学合理地分析这些社会文化影响因素，明白自身已有特色以及不足，从传统文化中汲取优秀的资源，有针对性地提高新时代背景下大学生创新创业意向和开展创业活动。

①　中公教育.国家公务员考试历年数据研究报告[EB/OL].中公教育网.2023-12-20.

②　教育部：全国2015届至2020届大学生中共有创业学生54.1万[EB/OL].人民网，2021-10-09.

第七章　高校创业教育分析

"开发创业的能力和精神，必须成为高等教育的主要任务，以便促进毕业生就业，使他们不再是求职者，而应成为就业机会的创造者。"

——《世界高等教育会议宣言》（1998）

7.1　创业教育的现状分析

现代社会是人才的竞争，青少年又是人才竞争要抢占的制高点，能够磨练青少年品质精神和提升知识技能的教育，也必然是社会各界所重视的教育。从各国的实践来看，创业教育能磨砺青少年的品质，提高其识别机会的能力，培养其社会所需的专业素质，锻炼其承担风险的勇气，所以发展创业教育是增强国家竞争能力的有效途径。正是因为如此，2000 年 3 月，欧盟 15 国领导人通过"里斯本战略"，将创业定义为"一项需要通过终身学习获得的新的基本技能"[1]，强调各类学校培养青少年的创业意识和创业技能，承担重要的角色。

7.1.1　我国创业教育的模式

综合目前各种对创业教育的讨论和分析来看，对于什么是创业教育，还没有形成一个普遍可以接受的定义。在本书里，我们把创业教育定义为：它既是一种理念教育，也是一种创新教育。它通过培养学生的创业意识、创业精神和创业能力，达到培养创新型人才的目的。由此可见，创业教育不仅要传授给学生创业的基础知识和理论，帮助他们了解创业的基本流程和方法，以及必要的法律法规和相关政策，更重要的是要激发学生的创业热情和创业意识，提高他们的社会责任感，以达到促进学生创业和就业全面发展的目的[2]。要注意的是，创业教育不等同于创业，不是教育学生如何开展纯粹的商

---

[1]　Mini-companies in Secondary Education [EB/OL]. European Commission.2005-11.
[2]　普通本科学校创业教育教学基本要求（试行）[EB/OL]. 教育部官网，2012-08-17.

业活动，其核心是学生创业素质的培养，让学生知晓学以致用，学习体验创业，撒播的是创业的"种子"。国外的创业教育研究和实践开始于 20 世纪 70 年代，经过 40 多年的发展，已经基本形成了一套完整成熟的体系。然而，创业教育在我国相对薄弱，尚处在不断探索的初级阶段，随着大学生创业活动日益兴起，政府和高校都越来越重视对大学生的创业教育，都为此展开了有益的探索。2002 年，教育部批准了清华大学、中国人民大学、北京航空航天大学、上海交通大学、南京财经大学、武汉大学、西安交通大学、西北工业大学、黑龙江大学等 9 所高校作为创业教育试点高校①，从此，我国的高校正式启动了创业教育的步伐，经过多年的探索发展，形成了多种不同的发展模式，以下是 3 种典型模式。

第一种是以北京航空航天大学为代表的"三全"新模式，即对学生的素质、专业、年级和空间进行创业教育的"全覆盖"；通过构建资源、平台、载体"三位一体"的创业实训体系链，开发"学习、训练、评测"一体化模拟教学训练系统，实现创业实验的连续化，对学生进行"全链型"创业实训；由学校出面，整合资源，通过校内互动、校政携手、校企合作，推进"全方位"创业孵化，让学生的创业梦想成为现实②。

第二种是以中国人民大学为代表的"三创融合，三位一体"的教育模式。以贯彻国家战略、培养学生成才、深化教育改革为出发点，坚持"价值引领、能力培养和知识传授""创业教育、创业训练和创业实践""创新、创意、创业"3 个"三位一体"，将创业教育分植于培养方案中的不同课程类别和培养环节，以创新思维激发、创新能力培养两条主线组织教学内容。

第三种是以上海交通大学为代表的"三个导向式"的创业教育。首先是以学生的兴趣为导向，把培养目标由培养企业家拓展到具有创新创业兴趣、具有社会责任感和管理技能的人才，从课程改革和师资培养方面创新培养机制。其次以学生的能力为导向，建立各种创新创业训练体系，搭建各种能力提升和创新平台，为学生的创新和创业实践提供支持。最后以研究为导向，

---

① 尚大军.大学生创新创业教育的课程体系构建[J].教育探索，2015（9）.
② 刘晓月.存活率97%！这所大学，撑起中国硬科技版图[EB/OL].新浪网，2022-11-05.

组建学术与实务、创新与创业、本土与国际相结合的常态化创业研究队伍，为创业企业、高新园区和政府提供服务①。

　　总体来说，经过多年的努力，各高校都相继取得了不错的成绩。一方面，对创业教育的态度由积极参与开设创业竞赛成功过渡到主动实施创业教育。另一方面，在创业教育模式的探索上形成了多样化的典型创业模式，在一些非试点高校也开拓出了一些独特的道路，基本上做到了理论教学和课外实践相结合、校内与校外共建合作平台、"双创"比赛和社团活动相结合，这些经验都为创业教育在全国高校的推广普及打下了坚实的基础。

7.1.2　我国创业教育的目标

　　正确的指导方针是校园创业教育顺利实施的关键。校园创业教育的目的性很明确：培养高创业素质的学生。围绕着这一中心目标，把它转换为具有可行性的各项举措，只有细分为一系列的活动，才能更好地展开创业教育。关于大学生创业教育的目标包含哪些内容，李尚群和兰勇提出了这样一个框架结构：创业意识—创业心理品质—创业能力—创业社会知识结构，这事实上也是普遍流传的一种框架②，所包含的4个要素也是创业教育的基本使命。将这4点内容进一步具体化形成更为细致的规定要求，创业教育成功实施的概率也会更大。

　　培养创业意识的根本目的是要提升创业者的综合素质。创业者在创业行为中体现出的个人心理特性，如动机、兴趣、价值观、信念、倾向性等心理成分就是创业意识的具体体现，这些都在创业活动中起到了动力和引导作用。创业的过程是一个充满艰辛和困难的过程，如果创业者不具有强烈的创业意识和创业欲望，创业者就可能会望而却步，导致创业实践的夭折。创业者自发地投入创业实践活动中对创业的成败至关重要，所以创业教育必须引导学生并激发出他们心中的创业欲望。

① 上海交通大学"三个导向"构建创新创业教育体系[EB/OL].上海教育网，2017-03-07.
② 李尚群，兰勇.中国大学创业教育发展事略 [J].中国农业教育，2011（6）.

创业的心理品质是创业者自身拥有的特质，它可以帮助创业者在创业活动中根据情况的变化调整自己的认知和行动，从而顺利地实施创业计划。良好的心理品质能够帮助大学生用正确的心态面对创业过程中遇到的挫折、推动创业活动的发展，是创业取得成功的重要基础。成功的创业者往往具有一些共同的心理品质，如适应性、责任心、道德感、合作性、坚韧性等。

创业能力是创业者整合资源、实现创业规划的能力，能力的大小直接影响创业活动的效率和结果。创业能力具有极强的社会性，依靠书本上所学习到的知识还远远不够，需要创业者从实践活动中汲取经验。

创业知识是开展创业活动不可或缺的基础知识，包括行业发展的相关专业知识、企业运营的管理知识以及创业相关的法律、财务、政策知识等。创业知识是影响创业活动成效的关键变量之一，如果创业者缺乏创业的相关知识，就无法使创业活动顺利展开。创业知识本身是一个庞大而复杂的体系，需要由专门的教师对学生进行系统化的培养。

我国开展创业教育的目标总体上来看是结合我国国情，培养具有企业家思维和创新能力的新一代复合型创业人才。在实现上述 4 种创业教育细分目标的过程中，一定注意要处理好每一个教育目标之间的关系：创业意识是"道"，体现的是一种教育理念；创业心理品质、创业能力和创业知识是"术"，表现为一种创新式教育。不仅如此，每所大学在自己的创业教育上也有不同的侧重，使创业教育的实现形式和手段更加多样化。

7.2　创业教育存在的问题

近几年来，各个高校对开设创业教育课程的诉求越来越强烈，创业讲座和创业挑战赛在各个高校普遍展开。然而，在高涨的热情背后，缺乏的是对创业教育规律的认识和理解[①]，因此学校简单地将比赛和讲座等同为创业教育也就不足为怪了。目前，诸多因素限制着创业教育的发展。

7.2.1　对创业教育的误解

健康、理性和宽松的环境是创业教育发展的前提。相较于美国等发达国家浓厚的创业氛围和对创业教育广泛的社会支持，中国大学的创业教育社会环境显得极为单薄，极大地束缚了创业教育的开展。发达国家的创业教育相较于中国起步更早，积累了大量的实践成果，值得我们借鉴学习。近年来，越来越多的大学开始意识到学习和分析发达国家创业教育的成功实践的重要性，但对创业教育认识不足且观念落后，"创业代替就业"的观点就体现了对创业教育的错误理解，创业教育被置于一个十分尴尬的位置[②]，直接或间接地表现在了大学生对创业活动的投入热情上。有统计数据表明，我国2021届本科毕业生自主创业比例为1.2%，高职毕业生自主创业比例为3.1%[③]，相较于美国等发达国家高达20% ~ 30%的比例来说，还有很大差距。

自古以来，中国社会就有"顺其自然""既来之，则安之"的思想，受

---

① 张建东，李淼凡，李晶晶.构建大学生创业教育的长效机制 [J].家教世界，2013（6）.

② 吴小龙，李德平.当代大学生创业现状与教育对策 [J].学校党建与思想教育（高教），2011（2）.

③ 麦可思.2022年麦可思中国大学生就业报告 [EB/OL].麦可思网站，2022-06-13.

传统文化观念的影响，不少家庭对子女创业的支持并不高，家长们认为创业过程过于艰苦且风险较大，更加倾向于让自己的子女从事一份稳定的工作。2021 年，《中国青年报》社会调查中心的一项调研显示，21.2% 的受访者认为支持孩子创业的父母少，46.8% 的受访者选择"一般"，家长们都抱有"怕孩子过苦日子""当下创业环境较差"之类的顾虑①。同时，社会上也存在关于大学生创业的错误认识，认为大学生创业是一种不务正业、荒废学业的行为。这些错误的认识和舆论也给大学开展创业教育带来了不小阻力，绝大多数的学生缺乏对创业的热情，对创业教育存在误解，主要包含以下几个方面。一是认为只需要掌握自己本专业的知识，这些知识能够帮助自己在毕业后找到工作就可以了，没必要再去学习创业知识。二是有些学生认为创业学是创业研究的专家学者或对创业有浓厚兴趣的人研究的学问，自己不准备创业，也对创业没有兴趣，也就没有必要接受创业教育。三是表现为一种事不关己的态度，大部分高校虽然开设了诸如"创业社团""创业孵化器"等机构，但设立了极高的加入门槛，面对极为苛刻的要求，大多数学生都望而却步，久而久之，创业教育被贴上了"精英教育"的标签。其实这样的误解都是由于创业教育的宣传和普及不够，使得学生缺乏对创业教育的全面了解，创业教育的本质是要培养具备综合能力的创新人才。创业教育能够帮助学生了解企业的实际运作，并非培养企业家的"速成班"，这类极具功利性的做法扼杀了学生对创业学这门课程的兴趣。

在本次问卷调查中，被调查者对"在校期间接受了非常好的创业教育培训"评价得分仅有 2.69 分，低于中位数 3。可见，大学的创业教育培训没有得到多数大学生创业者的认可。由于学校所提供的创业教育课程无法引起这些学生的足够重视，创业教育也难以达到其原本的目的。同时，在缺失各种社会资源的支持下，学校难以和社会、政府和企业之间形成一种良性互动，创业教育也难以得到更好的发展。综观整个社会环境，无论是在学校、家庭还是学生层面，对创业教育的必要性和重要性的理性认识亟待重新建立。

---

① 周易. 66.6% 受访者认为家庭因素对大学生创业意愿影响最大[N]. 中国青年报，2014-07-15.

7.2.2　不成熟的学科定位

在许多发达国家，创业学已经成为一门具有显著地位的学科。在中国，创业学并不属于正规学科体系中的一员，与其他学科的专业课程设计相比还有极大差别，所以创业学一直游离于"正规"教育体系之外，大多数学校并未形成正规的学科体系。清华大学于 2016 年开设了全国第一个创业创新辅修专业，针对在校本科生，学制一年半。2016 年，武汉理工大学成立创业学院，开设全国首个创业管理专业，招收本科生及研究生。直到 2021 年教育部公布新的普通高等学校本科专业目录的新专业名单中，创业管理才作为新开设的专业正式出现在管理学的大类专业里。到 2021 年底，国内有 13 所高校开设本科创业管理专业，其中公办高校 7 所、民办高校 6 所。这意味着国家规定的学科和专业划分中，创业教育仍然处于初期发展阶段。作为一门为社会经济发展提供急需的创业型人才的新兴学科，创业学才刚刚起步，这种初始的发展状况实际上体现的是高校对创业教育的理论研究和系统探讨还不深入。也就是说，高校对开设学科、进行创业教育的终极目的是什么并不清晰。虽然很多专家学者认为创业教育是培养高创业素质的人才，但是在实践的过程中却有不同的理解。比如，以提升学生素质为主的北京师范大学 – 香港浸会大学联合国际学院认为，创业管理的培养目标是：创新思维，批判性思维，创新创意人才，从知识、思维到实践成果，洞察、组织、把握商业机会。武汉理工大学以培养各类创新创业人才闻名，其目标是通过创业教育培养能够胜任创投管理、创业咨询、企业管理、公共事业管理和高校科技成果转化等领域相关工作的创新创业高级专门人才。民办高校之一的长城商学院的目标是培养具备"新思想、洞见力、领导力、使命感"的新经济企业管理者、创服机构运营者及新一代创业者。而且，相当多的高校为了解决大学生的就业问题，把创业教育作为就业教育的构成部分来对待，把创业课程和就业课程混为一谈，对高校创业教育课程的特殊性、专业性认识不足，从而更倾向于认为创业教育是一种基础的普适性教育，虽然有助于培养全体学生的创业意识和创业精神，但是教育的效果不太理想：专业课与创业课不易融合，学生创业行为的附加价值有所降低。这种对创业教育目标定位实践层面的执行与观念上理解的分歧，在一定程度上不利于创业学的发展和创业教育的建设。

7.2.3　不完善的创业教育体系

大学创业教育体系的搭建是需要长时间进行摸索、完善和发展的，它是高校实施校园创业教育必不可少的框架。在这个框架之内，创业教育与许多相关学科知识相互关联，结合成一个庞大的有机体系。以不同的视角与目的为指导，各个大学应该结合自身的特点和需求，来探索和构建适合自己的创业教育体系，在这种摸索过程中，会呈现多样化的趋势。然而实际情况是，一些高校按照各自理解的方向构建创业教育体系，过于重视创业教育的实务层面，如创业设计大赛等课外活动。

高校创业教育在每所大学的校园中开展，它的本质还是一种创新教育，提高人才全面素质，培养优秀的创业人才，它不是营利性质的教育。创业教育体系包含理论知识和实践实务两个层面的内容。在理论体系层面，就如其他学科的课程一样，不要全面地功利化。在实践实务层面，应该紧密地将创业教育与专业教育联系起来，不应该把创业教育视为一种简单的机械的技能训练。与通识教育相比，专业教育需要更坚实的基础，更加重视在实践和创新上的运用。如果要正确地处理两者的关系，应该是将创业教育寓于专业教育之中，前者以后者作为指导实践的理论基础，学生的创新精神和意识培养离不开扎实的理论知识和专业知识基础。学生展现出的创业精神和意识，所传递的是学科专业培养的最终成果，所反映的是学科研究的最新进展，这种创业精神和意识反过来能够促进专业教育的改善和提升。

在创业教育理论知识层面，创业学科是一个系统化、理论化的知识体系，创业知识的传授需要借助于教师采用多种教学形式高效地传输出去，实现大面积的知识外溢扩散。中国大学创业教育最初主要是以具有鲜明实践性的创业计划大赛的形式开展。随着其影响力逐步扩大，创业大赛的普及和受关注程度越来越大，越来越多的学校把开展内容丰富的创业教育误解为举办形式多样的创业计划竞赛等活动，反而忽视了最基本的创业理论与知识的教学，忽视了创业教育素质能力培养，当然也就无法培养出真正素质健全的创业者。这说明，中国大学创业教育的一个误区就是把创业教育局限于一种基本的技能训练。

目前我国创业教育研究刚刚起步，还需要很好地总结创业教育的实践经验，这种不够健全的创业教育理论体系很难发挥指导作用。根据发达国家的经验来看，创业教育的内容设置、目标确定以及管理的方式都有赖于创业教育理论体系来提供依据。

中国非常重视大学生的创新创业大赛，先后推出了一系列比赛，比较知名的有：中国国际"互联网＋"大学生创新创业大赛、"挑战杯"中国大学生创业计划竞赛、中国创新创业大赛、"创青春"全国大学生创业大赛、中国大学生服务外包创新创业大赛、全国大学生电子商务"创新、创意及创业"挑战赛，等等，希望以此为依托，来激发大学生的创新创业热情，提升社会创业就业质量，从而推动新时代高等教育创新，提高人才培养质量。这些比赛的开展取得了一定的效果，以"中国国际'互联网＋'大学生创新创业大赛"为例，自从大赛举办以来，已经累计吸引 120 个国家和地区的 603 万个团队、2533 万名大学生踊跃参赛，直接及间接带动就业 500 余万人，创造灵活就业岗位近 50 万个[1]。然而，我们也必须正视这些耀眼成绩背后的问题。一方面，高校参加比赛的功利性仍旧存在（向密密等[2]；兰文巧[3]）。由于大赛的成绩会影响社会各界对高校创业教育实力的评估，进而可能会与高校的办学声誉和招生就业相关联，创业大赛就成为某些学校获得关注度的方式，他们将大量

---

① 新浪财经. 第八届中国国际"互联网+"大学生创新创业大赛赛后综述 [EB/OL]. 新浪网，2023-04-17.

② 向密密，周荀，姜峰. 英美国家大学生创业支持体系对我国大学生创业的启示[J]. 出国与就业，2010（13）.

③ 兰文巧. 创业竞赛在大学生创业教育中的作用、困境及对策——基于"挑战杯"中国大学生创业计划竞赛的回顾与思考[J].辽宁大学学报（哲学社会科学版），2021（5）.

资金投入极为个别的项目中，造成人力和物力的浪费；比赛的成果并非学生努力完成的研究成果，变成了收获名誉的工具。还有些高校为了吸引学生参加此类创业竞赛，规定获奖学生可获得保送名额和奖学金，不太关注学生在创新创业实践中的成长与发展，学生能力提升有限，忽视了创业热情和兴趣的激发，与举办比赛的初衷相违背。另一方面，比赛项目的产业化需要得到保障。如上所述，由于某些高校队伍为声誉比赛，某些学生为获取保研资格或奖学金比赛，他们对创业项目的落地实施就不会那么关注了。如果后续的融资渠道、手续补办与过程辅导等措施没有及时跟上，仅凭比赛获得的经验和资金在竞争激烈的市场竞争中脱颖而出是非常困难的。如果上述问题仍旧存在，那么它会造成目前的比赛很难发挥创业构想的推介功能，更像培养大学生创业意识的普通竞赛活动，而且由于创业计划不能真正走向市场，企业和风险投资人对这些创业计划大赛的兴趣就会降低。在我们与创业者的访谈中，相当一部分创业大学生没有参加创业大赛的经历，反而那些热衷于参加此类比赛的学生不会选择创业。部分创业者表示，自己从来没有参加过任何创业大赛，因为这类比赛过于重视形式，反而参加这类比赛的大学生多数是冲着奖项去的，他们提出的项目很多缺乏操作性，没有市场前景，比赛结束后团队就立刻解散。目前的创业比赛还处于纸上谈兵的阶段，并不能像发达国家的创业大赛一样能够涌现一批优秀的创业团队和创业企业。学校过于重视此类创业大赛，忽视实际创业的大学生。因此要想发挥创业大赛对大学生创业的促进作用，高校需要持有更加务实的态度。

7.2.4　缺失的创业教育管理平台

当代大学创业教育是一项复杂的教育改革工程，创业教育管理平台的缺失，制约着创业教育的发展，因此加强创业教育管理平台建设是创业教育的一个重要保障。创业教育初创阶段，中国大学的创业教育管理模式相对单一，一般由团委来负责。在中国高校中，团委是一个管理学生事务的常设性机构，由于分管青年学生的思想政治教育工作，对大学创业教育的运作和管理具有天然的优势，如清华大学早期就是采取这一管理模式。这一模式本身也存在局限性，团委作为一个非教学事务的管理部门，对教学资源的调动和管理能力是有限的。随着大学创业教育的深入展开，会涉及师资、创业基地和社会实践等更加全面的内容，这将超出团委的职能范围，团委对创业的管理就会力不从心。随着创业教育的逐渐发展，幸运的是，一些高校已经意识到这个问题，开始设置独立或者非独立的机构来进行统筹管理。独立的机构一般是创业学院或者创新创业指导中心，这些独立机构的成立意味着高校能做更广泛的资源协调，在更大的管理创新平台上发力，来解决大学生创业教育、创业研究、创业服务的问题。国内已有越来越多的高校先后成立了创业学院，在 2022 年，教育部就认定了北京大学等 100 所高校为国家级创新创业学院建设单位，创业学院与各个高校的优势相结合，经过摸索和改进，形成了各具特色的创业教育管理的模式。但同时，还是有相当一部分高校把创新创业教育工作交给学校学生处或者招生就业处来牵头协调处理，这必然难以在学校的各个部门之间形成合力，进而影响创业教育的成效。

7.2.5 滞后的创业学科建设

对于处于探索中的创业教育来说，创业学科建设无疑是一项提前性、基础性的工作，学科建设成效对创业教育的实际成果有显著影响。我国创业研究的时间不长，缺乏相关的理论研究，没有权威的教材体系，这种现状导致很多高校开设的创业相关课程仅以创业导论等入门知识为基础，缺乏独立和专业的创业课程体系。引进国外教材是我国创业教育学科建设的一项主要工作内容，多数学校都在国外创业核心课程内容的基础上选择性地修订和编写部分内容作为教材和讲授内容，结合中国的实际情况对教材进行再度开发的力度不够，缺乏权威统一教材。在一项基于全国 938 所高校的调查中[①]，"高质量教材"这个评价题项得到了最差的评价。

---

① 刘帆. 高校创新创业教育现况调查及分析——基于全国938所高校样本[J]. 中国青年社会科学，2019（4）.

除了创业学的教材，创业教育的课程设置也是学科建设的一项重要内容。课程设置、课程内容、课程模式是我国高校创业教育课程体系的主要组成部分。从课程设置来看，不是所有的高校都开设了创新创业课程，而且课程类型也较少，开设系统的创业教育核心课程体系的高校不多；知识理论课程较多，能力实践课程较少；注重公共选修课，必修课较少。从课程内容来看，大多数高校开设的创业创新课程内容相似，没有反映行业最新研究成果，很少根据学生的实际需求作出调整。从课程模式来看，创业创新的课程和专业课程的融合度不够紧密，而且一般由商学院或管理学院来提供，这一点在朱恬恬和舒霞玉[1]的研究中得到了证实（见图 7.1）。

所在学院独立开设 ▇▇▇▇▇▇▇▇▇▇▇▇▇ 74.9%
所在学院与校内其他学院联合开设 ▇▇▇▇▇▇▇ 46.2%
所在学院与其他高校联合开设 ▇▇▇ 23.0%
从其他高校引进 ▇ 11.9%
其他 | 1.7%

图 7.1　专创融合课程的开设主体
资料来源：朱恬恬，舒霞玉（2021）。

创业教育就是要培养既具备稳固的专业知识又具备极强的实践能力的综合型人才，特点是注重学生思维模式的训练。经过学习之后，学生把所学到的知识消化吸收，进而运用到真正的创业实践中。但是现阶段高校的创业教育并没有摆脱传统的、简单的、填鸭式的应试教育模式，教学方法单一，大班授课方式比较常见。真正的素质教育应该是要激发学生的创造能力，在现实的教学过程中不能忽视学生的专业和个性。如果学校打着创业教育的名号，实际上只是将知识强行地灌输给学生，这种教师讲授、学生死记硬背的落后教育模式不可能教出优秀的学生，从而导致创业成功的概率低，学生最终只能走被动求职的老路。

---

① 朱恬恬, 舒霞玉. 我国高校创新创业教育课程建设的调研与改进[J]. 大学教育科学, 2021（3）.

7.2.6 薄弱的师资力量

目前我国的创业教育在师资力量上暴露出极大的薄弱点：师生比严重不足、教师专业胜任力不强。就师资数量而言，截至 2021 年，教育部公布的创新创业专职教师为 3.5 万余人，兼职的创新创业导师接近 14 万人，而 2015—2021 年的中国国际"互联网＋"大学生创新创业大赛中累计 603 万个团队、2533 万名大学生参赛，师生比还有继续提升的余地①。从师资的质量而言，创业教育的特点决定了教师既要具有精深的理论专业素养，也要具备丰富的实践经验。在我国高校开设创业课程的教师，恰恰缺乏这方面的素质，也没有接受过系统化和专门化训练。目前的教学工作多由具有管理学知识背景的教师和政工干部来承担，这些教师对于理论知识的传授多于实际经验的指点，缺乏创业实践经验，属于典型的"学院师资派"，接受笔者访谈的学生就反映高校的创业课程缺乏实用性。也有部分高校外聘社会上的企业家和成功的创业者来授课，但这部分师资比例不大，缺乏教学经验和一定教学手段，影响有限。高校的创业计划大赛大多也是由学生辅导员或是校团委等部门负责。由于任课老师自身没有自主创业的经历，缺乏相关的创业实践经验，因此他们的讲授更强调理论知识，对大学生的帮助有限。同样地，在上述对全国 938 所高校的专项调查中，在有关教育师资的满意度的评价指标上，教育师资的满意度不高，开展创新创业的教育能力欠缺，评价最低的指标是"创业或企业经验师资"（见图 7.2）。

指标	全样本	一本	二本	三本	高职
整体评价	3.19	3.37	3.14	3.16	3.05
学研能力	3.20	3.31	3.17	3.21	3.11
创业或企业经验师资	2.77	2.83	2.71	2.69	2.74
专项激励	3.21	3.45	3.14	3.17	3.09

图 7.2 创业师资满意度调查

资料来源：刘帆.高校创新创业教育现况调查及分析——基于全国 938 所高校样本 [J]. 中国青年社会科学，2019（4）.

---

① 教育部：全国2015届至2020届大学生中共有创业学生54.1万[EB/OL]. 教育部网站，2021-10-09.

7.3 中美创业教育比较

7.3.1 中美创业教育特点对比

美国社会是一个充满商机和活力的创业社会，创业为社会提供了大量的就业机会，创业也因此成为美国社会的动力和活力所在。在这背后，美国成熟的创业教育体系发挥了不可忽视的作用。他山之石，可以攻玉。如何借鉴美国创业教育的先进经验，用于指导中国的创业教育事业，这是每一个有责任感的教育工作者和从事相关工作的人士必须认真思考的问题。

1. 创业教育环境

有数据显示，美国自 1990 年以来，每年新成立的公司有 100 多万个，业绩最为突出的高技术企业主和股市专家中八成以上参加过创业教育的培训[1]。有研究者[2] 这样描述美国的创业活动：在美国的创业热潮中，大学生的创业活动引人注目，当代许多著名的美国高科技公司几乎都是大学生创业者们利用风险投资创造出来的，如英特尔的葛鲁夫、微软的盖茨、戴尔的艾尔、雅虎的杨致远、Meta 的扎克伯格、惠普的休利特和帕卡德等无不是创业者们的典范。这些活动不仅能够推动美国的经济发展，随之而起的也是美国高校创业教育的发展[3]：创业学课程连续 27 年蝉联 U.S.News 全美第一的巴布森学院（Babson College），创业课程数量多并且自成体系，开设有 100 多门创业课程，而且教授创业课程的老师必须具有实际创业经验。巴布森校友中 45% 是

---

[1] 常建坤，李时椿. 发达国家创业活动和创业教育的借鉴与启示[J]. 山西财经大学学报（高等教育版），2007（3）.

[2] 顾光明. 美国培养科技创新人才的经验及启示[J]. 全球科技经济瞭望，2007（11）.

[3] 京领新国际. 创业学课程连续27年蝉联U.S.News全美第一，与知名企业家做校友的"神仙"商学院[EB/OL].网易号,2021-05-07.

创业者，有三成的学生来自于创二代或创 N 代。美国的麻省理工学院校友创办的活跃企业超过 3 万家，提供工作岗位约 460 万个，年产值约 1.9 万亿美元[①]。此外，还有大量诸如创业中心、创业培训机构、创业者协会等多种多样的组织机构。广而言之，政府对创业的重视、资本市场的发达、社会舆论的宽松、法律制度的规范更是支持美国创业教育发展的大背景和大环境，造就了美国大学创业教育对经济的巨大贡献。

但是，中国的创业教育面临的整体环境并不乐观，尽管我国政府对创业教育高度重视，但是多年来中国大学生的创业成功率为 1% ~ 3%，一直低于 10% 的世界平均水平。不仅是大学校园，整个社会也缺少一种创业文化。社会对创业积极的舆论和看法能够促使学生自发、主动地参与到创业教育中来，尽管近年来社会各界也在重视创业教育的发展，但是目前社会上的创业教育机构到底有多少，还没有一个确切的数字[②]，也就无法针对创业教育机构出现的问题来采取法律手段规范其发展。根据 GEM 的研究，中国在涉及教育和培训的 6 个方面，即中小学教育鼓励创造性、自立和个人原创，中小学教育提供了充分的市场经济原理的指导，中小学教育充分关注创业和创办公司，大学里为初创企业和新成长型企业提供了很好的、充分的准备，商业和管理教育的水平为初创企业和新成长型企业提供了很好的、充分的准备，职业技术教育和再教育体系，为初创企业和新成长型企业提供了很好的、充分的准备，都低于中位数 3 的水平，教育和培训还没有为中国创业活动的开展提供有效的支撑。只有在整个社会都达成创业的共识以后，才能创造出一个健康的环境，为创业教育提供支持。

2. 项目支持

美国高校创业教育的蓬勃发展少不了来自社会政商各界的帮助，例如考夫曼（Kauffman）基金会、国家独立企业联合会、新墨西哥企业发展中心等机构。以考夫曼基金会为例，它是世界上最大的、专门以支持创业教育为目

---

① 宋志平. 麻省理工创新体系带给一位央企董事长的3个思考 [EB/OL]. 搜狐网，2021-02-26.
② 根据人力资源和社会保障部的"马兰花计划"，从2020年开始，我国准备建立5000家创业培训机构。

的的基金会，拥有近 21 亿美元的运营经费，每年都有约 9000 万美元的资金支出用于资助创业活动和开发相关创业项目。考夫曼基金会为推动美国创业教育发展，资助了一系列项目，如雪屋创业项目（Ice House Entrepreneurship Program）、考夫曼校园计划（Kauffman Campus Initiative，KCI）等，吸纳了美国数所高校参与到创业教育的推广中。其中，考夫曼校园计划不会拘泥于单一的模式，而是依据不同学校的特点、学生的数量和院系特色来推出最合适的创业教育推广方式，如磁石模式和辐射模式，以保证项目与组织者、教师与学生的专业背景契合。从一定程度上说，美国的创业教育多来自自下而上的草根式的支持，也就是民间力量的支持。

国外的经验已经证明，创业教育的发展需要长时间规划的，通过创业教育来促进创业，从而缓解社会就业压力，并非一朝一夕就能完成。吸引更多的企业和投资者为创业者提供支持，以项目支持作为引导也是高校发展创业教育的一种重要手段。目前已有上百所高校加入了中国产学合作协会，以多种多样的形式开展合作，其中不乏成功案例，比如上海复旦大学、北大方正、清华同方、东大阿派等。学校为教师提供政策支持，科研成果可以作为创业的指导；产业运作中的实践反馈又能为科研提供新的思路。各类高新企业、创业园区和创业孵化器等相继走入校园，拉近了学生与企业之间的距离，好的创业项目也有了更多实现的可能。与美国不同的是，我国创业教育发展的资金主要由政府和高校来提供，基本上走的是自上而下的道路。

3. 创业课程

美国高校创业教育的课程体系发展至今，已经非常规范而且成熟，内容囊括创业构思、融资、设立、管理等方方面面[①]，其常见的做法是先开设基础课程，专门创业课程一般会有 10 多门，如企业管理原理、人力资源管理、财务管理、企业成长管理、市场营销、投融资、风险企业成长战略、创业法律、技术创新等课程，接下来再成立创业专业。同时，课程设置会考虑不同学科学生的欠缺方面以方便进行全面教学，如把创业教育与工程技术进行互补的

---

① 任荣伟，申旭斌，张武保.欧美创业教育的新趋势及对中国的启示[J].管理世界，2005（9）.

百森商学院和欧林工程学院，两校间的合作使得创业教育集成到工程学课程。欧林工程学院的学生有机会获得百森商学院的先锋创业教育，加强商学知识和创业技能；百森商学院的学生有机会扩展技术基础知识[①]。由于创业教育是一种开放的、与各种创业活动密切相关的教育活动，因此创业教育有别于其他常规课堂教学，不同学科之间会交叉和渗透，内容也会呈现多样化的特点。例如，加州大学洛杉矶分校就会邀请创业成功的精英为选修创业课程的同学提供一对一的指导，并帮助他们改进创业计划；百森商学院的"创立人之日"活动，在活动期间会邀请全世界的杰出创业家到现场与学生们进行沟通交流[②]。这些多样的课堂形式和丰富的课堂内容，传授给学生的不仅是书本上的知识，天使投资人、风险投资家、法律专业人士、财会专业人士也都积极地参与到学校的创业教育活动中，以自身的经历给学生讲述真实创业活动过程，帮助学生解决问题与疑惑。

目前，中国许多高校开展了创业教育的选修课和相关讲座，但这些课程间缺乏联系、相互孤立，课程内部的逻辑性还有待进一步完善。我国的高校正在探索合理的创业教育课程，比较典型的必修课主要有"创业管理""创业财务学""创业营销学""创业学"等，但大多数课程是以选修课的形式展开，而且校际共享程度较低，不方便学生对课程资源的了解，同时在创业心理品质课程的构建方面需要加强，因为创业者在创办和管理企业时，所面临的很重要的问题不是缺乏相关的知识，而是需要有面对困境和挑战时所必需的勇气和态度。除此之外，如创业挑战赛、产学园和企业孵化器之类以第二课堂形式展开的教育课程，对学生的创业能力培养也能提供一定的帮助。总而言之，要深入认识创业教育课程的本质，即综合性强、实践性强，在此基础上开发出符合社会需要的，而且能有效施教的多层次、多类型的课程体系。

4. 师资力量

教师负责给学生传道授业解惑，高水平的教师才能进行高水平的创业教学，才能培养出高质量的创业人才。在美国高校承担创业课程的师资队伍

---

① 卢亮, 胡若痴, 但彬. 发达国家大学生创业措施及对中国的借鉴[J]. 中国高教研究, 2014(8).

② 董晓红. 高校创业教育管理模式与质量评价研究[D]. 天津大学, 2009.

中，既有学术水平高的理论科研型教师，也有实践经验丰富的兼职教师，如企业家或行业协会的专家。美国百森商学院在 1980 年首次设立创业首席教授职位 ①，并且要求创业教育师资中必须有创业风险投资家、创业家、实业家和初创企业的高级管理人才。美国非常重视对教师的创业教育培训：首先要求教师参加创业模仿活动，获得创业体验；其次对教师进行培训，使之能够掌握有关创业教育教学知识；最后召开讨论会，互相交流创业教育经验，从而提高教师的创业教育水平。现在，越来越多的美国大学教师尤其是科学和工程学院的教师，逐渐从单纯的学者向创业型科学家转变。正因为如此，美国还成立专门的创业家协会和智囊团就创业教育提出建议与措施，发挥咨询与外联的作用等，形成了高校和企业的良性互动。美国排名前 25 位的高校创业培训机构专职教师中是企业家身份的平均比例在 60% 以上。最低的是芝加哥大学创业培训中心，比例为 35%；最高的是以学生创业著称的百森商学院，比例为 100%。这些专职教师的社会经验、关系网络对大学生创业有着积极显著的影响 ②。

创业教育教师数量和质量上的保证，是发展创业教育的前提。结合前文的论述，对比美国高校在创业教育上的师资队伍，无论在数量还是质量方面，中国都有很大差距。教师除了要有理论知识，更需要有很强的引导能力，好的教师不仅可以给学生提供理论上的知识，也能凭借自身的社会经历积淀指导学生完成创业的实践活动，把创业教育的目标真正地落到实处。

5. 组织机构

采用多样化的组织机构是解决创业教育发展问题的有效方式。美国的许多大学成立了自己的创业中心，这种创业中心和外界的政府、社会、院校、家庭的各种创业服务组织机构联系紧密，并展开各种创业活动交流。例如，百森商学院创立的杰出创业家学会，每年都会邀请创业精英到学校给学生演讲，像麦当劳公司总裁、数字化设备公司总裁等都曾经接受过邀请。大学生能够从这些成功人士的经验中获得宝贵的灵感，学习他们的思维和精神。除

---

① 陈华，陈伟.大学生自主创业研究：全球视角与中国的选择[J].石家庄经济学院学报，2007（12）.
② 卢亮，胡若痴，但彬.发达国家大学生创业措施及对中国的借鉴[J].中国高教研究，2014（8）.

了参与到教学中来，这些创业家还为创业中心的运营捐助资金①。同时，社会上还存在着非常多与创业教育相关的机构，比如1958年，美国批准成立中小企业投资公司（Small Business Investment Company，简称SBIC），实施中小企业投资公司计划，它隶属于美国联邦政府，为创业型企业提供服务和帮助②。

中国的高校也意识到单纯地依靠学校这一组织来实现创业教育目的也不现实，需要更多的社会组织机构参与进来。例如，黑龙江大学的创业教育学院设置了创业教学基地、创新实验基地、社会实践基地、科技园开发区、商业园服务区等，成立了科技创业基金会、学生创业协会和教师创业教育研究会等机构组织。上海的复旦大学还与日本的大学建立合作关系，通过与日本大学学生团队的沟通，学习新的技术和解决问题。学生能从亲身参与的项目中积累创业经验，不同学校之间的经验知识碰撞也能激发更多的创业灵感。

不仅如此，高校内相应的创业教育组织机构需要改善工作效率，理顺和统筹高校、政府与社会之间的关系。从对外合作来说，加强校内机构与政府、企业以及其他社会机构的对接，最大限度地整合资源；从对内工作而言，加强自身服务能力建设，最终实现创业教育机构的良好发展。

7.3.2　中美创业教育现状比较

美、英等国实施创业教育多年，在这个过程中积累了大量有益的经验，已经形成了适合自身特点的教育体系。表7.1是中国和美国在创业教育方面的对比。

---

① 刘沁玲.美国高校的创业教育——理念与机构运作[J].世界教育信息，2004（10）.
② 段华洽，谢刘波.国外创业网站特色及其启示：以美国创业网站为例[J].商业文化，2012（3）.

表 7.1 中美两国创业教育比较 [①]

	美 国	中 国
发展阶段	成熟阶段	起步阶段
教育对象	商学院创业学专业学生为主，其他专业学生为辅	全体大学生，无明显专业区分，商学院学生也并不突出
课程实用性	实用性高，学生学习的目标就是创办自己的企业	实用性低，理论性强，重在培养学生的创业意识
管理体制	大多由商学院管理，成立专门的创业中心负责独立的教学与发展	大多数由学校学生工作部门进行管理
教育学历层次	本科、硕士、博士3个层次	主要在本科生中进行，有少数的硕士生
创业教育课程	有完善的教学体系与课程，课程成熟度高	以选修课为主要形式
学术研究活动	有大量的学者从事相关研究工作，每年都有大量的学术会议与高级研讨会，研究成果显著	学术成果少，尚处于萌芽阶段
师资储备	（1）美国管理学会创业学部提供"创业学博士"项目； （2）考夫曼基金会与一些大学联合提供"创业教育者终身学习计划"项目	教育部自2003年开始举办创业教育培训项目；人力资源和社会保障部提供"SYB师资培训项目"
发展驱动力	政府、成功创业者提供捐助，公益性基金会提供研究资助	政府为主导，促进就业作为发展的动因

资料来源：中华人民共和国教育部高等教育司。

通过表 7.1 中的比较，我们可以发现，美国的创业教育相较于中国有着更长的发展历史，无论是在学科建设、课程设置、师资储备还是社会支持上，美国创业教育的优势是显而易见的。作为世界上创业教育最发达的国家之一，其在规模上和形式上的优点值得我们借鉴和学习。

① 中华人民共和国教育部高等教育司组编.创业教育在中国：试点与实施[M].北京：高等教育出版社，2006：18-24.

7.4　创业教育问题的改进

许多学者从各自的研究角度出发，对如何改进中国创业教育提出了不少合理化的建议，可谓仁者见仁、智者见智。在这里，由于篇幅所限，就不一一罗列，我们只是提出一些原则性和方向性的建议。

7.4.1　观念更新：正视创业教育的重要性与紧迫性

通过与美国的对比，不难看出创业教育已经成为国家高等教育的组成部分，并且形成了一套成熟的运作方式。创业是当今时代的主流发展趋势，创业教育很好地将大学教育与社会经济发展、学生的自身发展紧密联系在一起。也就是说，创业教育很好地反映了当今发展潮流：大学越来越直接地为社会服务，为社会服务。然而对于我国很多大学来说，还没有充分认识到创业与社会发展、经济增长之间的积极关系，也没有完全理解发展创业教育的重要意义。同时，对于创业教育的定位也是不够准确，往往将其游离于主干学科之外，因此许多大学将创业教育视为一种课外活动，更类似于一种素质教育也就不足为怪了。

虽然创业教育与专业教育的关系没有相互排斥或对立，但在现实中总会存在一定矛盾。例如，创业教育可能会挤占一部分教学资源，特别是在教学时数有限的情况下，创业教育就只能以选修课或课外实践的形式出现。我们必须将创业教育视为专业教育的一种延伸，将创业教育提升到专业教育的层次进行专业化与精细化的设计与管理，这是目前的迫切需要。

7.4.2　科学规划：完善创业教育体系

建立完善的教育体系，是发挥创业教育功能的根本任务。有学者结合中国创业教育的现状，提出了包含5个相互关联的教育模块的创业教育体系，这5个模块是：创业课程、创业研究、创业论坛、创业竞赛和创业者联盟[①]。也就是说，这5个模块应该着重构建创业教育的教学服务体系、实践服务体系以及公共服务体系。同时，教育体系应有一定的层次性和侧重点，注重不同的参与主体在理论层次和实践层次的区分。比如，学校多强调发挥教学平台的作用，完善教学服务体系的建设（师资建设、学科建设、创业教育评估等）；社会多注重实践服务体系的参与；国家多参与公共服务体系的建设。再如，创业课程注重理论性，创业论坛具有明显的社会性，而创业竞赛同时具备了理论性和社会参与性。

7.4.3　借鉴学习：鼓励对创业教育的多样化探索

创业教育没有万能的模式与方法，广泛地吸纳各国所长，探索多样化的创业教育实践，才能发展创业教育。美国的百森商学院是美国开展创业教育历史最悠久的大学之一，其特色在于培养学生的创业精神与意识；哈佛大学的创业教育则重视实际经验与技能的传授，重视案例教学和实践教学；斯坦福大学则采取系统化的创业教育课程。中国可以与发达国家的大学展开交流合作，借鉴外国先进的管理模式与课程建设方法，吸收发达国家创业教育经验，结合自身特点开发出一套最适合自身的创业教育运作模式。

---

① 李尚群，刘强. 创业教育：一个大学教育主题的确立与阐扬[M]. 北京：新华出版社，2009：10-154.

第八章　创业扶持政策回顾与展望

"实施就业优先战略，强化就业优先政策，健全就业公共服务体系，加强困难群体就业兜底帮扶，消除影响平等就业的不合理限制和就业歧视，使人人都有通过勤奋劳动实现自身发展的机会。"

——中国共产党第二十次全国代表大会（2022）

　　我国社会各界从开始关注大学生创业到重视大学生创业，已经过去了20多年了，距离2015年提出"大众创业、万众创新"也已将近10年。目前，我国大学生创业活动已经取得了长足的进步，这无不得益于政府制定和实施的相关扶持政策。这些创业政策有何特点？实施的情况如何？还存在哪些不足之处以及如何改进？回答上述问题需要我们对这些年来的政策进行分析和总结，提炼出有益的经验，这对我国大学生创业活动的持续繁荣发展具有非常重要的意义。本章对我国大学生创业政策进行系统的整理和归纳，一方面介绍我国创业政策实施的现状，以期发现其中存在的问题；另一方面，针对目前政策的薄弱环节，提出了相应的改进建议，并对未来政策发展方向进行了展望。

8.1　全国创业扶持政策

　　1999年首届大学生"挑战杯"创业计划大赛在清华大学举行，自此"大学生创业"这个概念被大家知晓。随后越来越活跃的大学生创业活动逐渐引起政府的关注和重视，直到被誉为中国第一家大学生高科技创业公司的视美乐公司成立，国家开始推出大学生创业扶持政策。从那时开始，相关的政策措施不断完善和发展，具体可分为以下几个阶段。

8.1.1 1999—2002 年：关注创新，提倡大学生高科技创业

1999 年 1 月，教育部提出：加强对教师和学生的创业教育，采取措施鼓励他们自主创办高新技术企业[①]。不难看出，此时创业并不是国家重点关注的问题，提及"创业教育"的目的也只是发展高新技术产业，并没有提及将其作为解决大学生就业的主要途径。同年，首届大学生"挑战杯"创业计划大赛在清华园的成功举办，使"创业潮"从清华园向全国扩散，在全国高校内扩大了影响，孕育了视美乐、易得方舟等一批高科技公司。此次创业大赛由政府机构主办的背景使其传达的政策信号不言而喻：一方面，对于社会大众来说，大学生创业由于政策支持的权威性而受到更加广泛的认可；另一方面，对于高校来说，倡导积极自主创业理念、传播和普及创业相关知识、引领创业行为已经成为明确的培养目标和方向。2002 年 4 月，教育部确定了 9 所创业教育试点高校，包括清华大学、中国人民大学、武汉大学等，并给予资金和政策支持（见图 8.1）。其实，早在 1997 年，清华大学经管学院就在其MBA 的培养方案中设立了创新与创业方向，开设如"创业管理"的研究生创业类课程。在被定为试点学校后的 2003 年，清华大学经管学院和清华科技园共建创业课程，面向全体在校大学生创设"科技创业理论与实务"[②]。中国人民大学也开设了"企业家精神""风险投资""创业管理"的全校选修课。可以看出，此时创业教育已经被国家和高校作为促进大学生创业的重要举措。受此鼓舞，大学生中涌现出创业热潮，除了上文提到的视美乐、易得方舟外，由清华几名学生创办的软件公司慧点科技、由清华大学博士方兴东创办的"互联网实验室"都是很好的例子。这一阶段，政府逐步开始制定相关政策，一方面期望这些优惠政策能够鼓励更多的大学生积极创业，另一方面也为今后大学生创业相关政策的制定奠定基调。这一阶段政策的主要特点如下：一是高科技创业成为鼓励创业的重点领域，倡导大学生将自身的专业知识应用

① 梅伟惠，徐小洲.中国高校创业教育的发展难题与策略[J]. 教育研究，2009（4）.
② 谢贵兵.论高职院校创业教育理论课程体系的设计与开发[J].宿州教育学院学报，2012（4）.

于创业活动中以提高创业水平；二是开始将大学生创业视为拓宽大学生就业范围的一种选择，作为完善大学生就业制度的一种方式；三是从高校创业教育开始着力提升大学生的创业能力；四是实质性的措施并不多，主要是对大学生进行精神性扶持。

图8.1 全国创业政策变化（1999—2002年）
资料来源：笔者自制。

8.1.2 2003—2007年：增加就业，重视一般性创业活动

1998年，随着网络技术兴起，越来越多的大学生走出校门，进行互联网创业。2001年，美国互联网泡沫破裂，大量学生创办的企业倒闭，大学生创业陷入低谷。当时处在创业初期的新浪、搜狐和网易就曾受到重创：新浪采取了"一小时走人"的裁员方式，一天内裁员六七十人；在美国纳斯达克，搜狐的股价跌破1美元，网易被停牌。2003年之后，扩招后的高校毕业生陆续走向工作岗位，大学毕业生的就业形势不容乐观。基于此，政府将注意力再次集中到大学生自主创业上。2003年5月，国务院办公厅提出，要减轻大学生创业者的负担，免除其从事个体经营的登记类和管理类的各项行政事业性收费，时间范围是从其获得工商部门批准的经营之日起一年内。此时倡导自主创业的主要目的是为了缓解就业压力，所以创业重点就不局限在高新技术产业了。2005年，国家加大了对大学毕业生自主创业的支持力度：设立大学科技园以及创业孵化机构，加大创业培训力度，实施创业税费减免政策。与此同时，地方政府开始响应国家政策，为大学生创业提供各种便捷条件。

例如，创建大学创业活动园区，给他们提供良好的实践场所和必要的基础设施；设立各种创业投资基金，为大学生创业提供资金来源；减少大学生创业者的经营成本，实行各种税收优惠和降低收费标准等。2007 年，党的十七大提出了"实施扩大就业的发展战略，促进以创业带动就业"的行动计划，对创业的就业功能开始重视起来（见图 8.2）。这些措施表明各级政府对于大学生创业的引导和支持工作有了新的重点，在出台相关优惠政策减轻大学生创业压力和负担的同时，更加注重创业环境的培养和创业社会风气的培育。总体来看，此阶段政策呈现以下特点：一是提倡的大学生创业领域明显拓宽，从高科技领域逐步向服务业、零售业等行业拓展；二是能够切实减轻大学生创业者压力和负担的政策落地，如小额担保贷款、税费减免的优惠政策；三是注重承接高校的创业教育，即加强对大学毕业生创业者的创业培训。

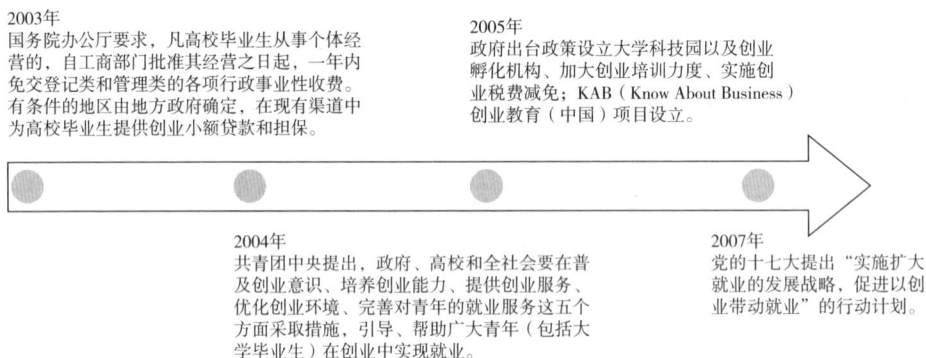

2003年
国务院办公厅要求，凡高校毕业生从事个体经营的，自工商部门批准其经营之日起，一年内免交登记类和管理类的各项行政事业性收费。有条件的地区由地方政府确定，在现有渠道中为高校毕业生提供创业小额贷款和担保。

2005年
政府出台政策设立大学科技园以及创业孵化机构、加大创业培训力度、实施创业税费减免；KAB（Know About Business）创业教育（中国）项目设立。

2004年
共青团中央提出，政府、高校和全社会要在普及创业意识、培养创业能力、提供创业服务、优化创业环境、完善对青年的就业服务这五个方面采取措施，引导、帮助广大青年（包括大学毕业生）在创业中实现就业。

2007年
党的十七大提出"实施扩大就业的发展战略，促进以创业带动就业"的行动计划。

图 8.2　全国创业政策变化（2003—2007 年）
资料来源：笔者自制。

8.1.3　2008—2014 年：以创业带动就业，构建创业扶持政策体系

2008 年后，全球金融危机的冲击逐渐显现，劳动力市场供需状况开始恶化，高校毕业生数量依旧每年递增，劳动力市场供远大于需的状况致使大学生就业问题更加突出。大学生就业不仅关系到自身的生存与尊严，也直接关系到社会和谐稳定，不容忽视。面对这种情况，以创业带动大学生就业成为

全社会的普遍共识。为了鼓励大学生创业，各级政府部门加大政策实施力度，推出多项措施。2008 年，国务院办公厅转发人力资源和社会保障部、教育部等 11 个部门《关于促进以创业带动就业工作的指导意见》（以下简称《意见》）。除了人力资源和社会保障部、教育部外，这 11 个部门还包括国家发展改革委、工业和信息化部、财政部、国土资源部（现为自然资源部）、住房和城乡建设部、商务部、中国人民银行、国家税务总局和工商总局（现为市场监督管理总局）①。不难看出，这 11 个部门几乎覆盖了创业工作所涉及的所有方面：商务部、中国人民银行、国家税务总局和原工商总局能给创业者在创业过程中带来各种指导和优惠；原国土资源部、住房和城乡建设部能帮助创业者解决落户、住房等后顾之忧。人力资源和社会保障部、教育部、国家发展改革委、财政部等部门开始联动，从就业、教育、经济发展改革、资金等各个方面统筹创业政策，协调创业政策的步调。这种情况意味着政府相关部门已经改变了单打独斗的局面，注重搭建创业政策的平台体系，发挥政策的合力，进而全面改善整个社会创业环境。

　　这份文件还要求从创业意识、创业能力和创业环境入手，形成创业带动就业的新格局。《意见》提出的政策扶持、创业培训、创业服务"三位一体"的工作机制说明政策制定者开始厘清政府、社会、市场、创业者在创业活动中分别应该扮演的角色②。《意见》明确了工作重点：在产业上明确了鼓励创业的产业指导目录，在人群上重点指导和促进高校毕业生、失业人员和返乡农民工创业。在具体的扶持政策方面，《意见》从放宽市场准入、改善行政管理、强化政策扶持和拓宽融资渠道四个方面进行了具体的部署：试图清理和消除阻碍创业的各种行业性、地区性和经营性壁垒；进一步清理和规范涉及创业的行政审批事项，简化立项、审批和办证手续③；落实在税收、贷款、资

---

① 国务院办公厅转发人力资源社会保障部等部门关于促进以创业带动就业工作指导意见的通知 [EB/OL]. 中国政府网，2008-10-30.

② 国务院办公厅转发关于促进以创业带动就业工作的指导意见 [EB/OL]. 中国政府网，2008-10-29.

③ 教育部办公厅　科技部办公厅关于印发《高校学生科技创业实习基地认定办法（试行）的通知[EB/OL].中国政府网，.2010-04-20.

金补贴、场地安排等方面有利于创业者的扶持政策；积极推动金融产品和金融服务创新，积极探索抵押担保方式创新和农村贷款担保模式创新，建立健全创业投资机制。《意见》中还特别强调了创业培训，提出要建立能够满足包括高校毕业生、高职高专技校毕业生、返乡农民工在内的各类劳动者创业需要的创业培训体系；还提出要搞好基础设施及配套建设，并提供有效培训指导服务的创业孵化基地。

2010年，国家对孵化基地有了更加具体的规定：教育部、科技部研究制定了《高校学生科技创业实习基地认定办法（试行）》，规定了教育部、科技部，各省、自治区、直辖市的教育、科技部门和高新技术产业开发区、大学科技园分别作为"双实双业"基地的组织管理部门、主管部门和依托单位的主要职责。值得注意的是，该认定办法将协调组织引进创业投资公司、银行、担保公司等金融机构和中介服务组织，为基地和创业企业提供投融资服务作为高新技术产业开发区、大学科技园等依托单位的主要职责，说明政策的制定者已经意识到提供贷款融资服务光靠政府的力量是远远不够的，还需借助市场力量。相比于过去，2012年的创业政策又有新的突破：第一，扩大了政策优惠的领域，即首次针对大学生自主创业出台有关税收的优惠政策；第二，扩大了享受优惠的人群，即首次覆盖到除应届毕业生以外的在毕业年度内在校创业的大学生。这一时期，政府对高校创业教育的作用以及相关创业扶持政策的实施思路发生了转变：认识到只有继续深入改革高校中的人才培养模式、注重综合素质的培养，才能提升人才培养质量，创业教育也从过去单纯的技能培训转化为对创业意识、知识和技能的全面培养。对于扶持大学生创业，这一时期政府的工作重点也有所转变，不再简单地通过优惠政策提升大学生的创业积极性和成功率，而是更多地了解大学生创业所需要的帮助，初步完成了从只提供创业优惠政策到提供创业服务的转变。

2014年，人力资源和社会保障部正式发文启动2014—2017年新一轮"大学生创业引领计划"。此次创业引领计划明确提出力争实现2014—2017年引领80万大学生创业的目标任务。这一目标被分解成了3个小目标：（1）

进一步增强大学生的创业意识和创业能力；（2）继续完善支持大学生创业的
政策制度和服务体系；（3）基本形成政府激励创业、社会支持创业、大学生
勇于创业的机制。通过各方共同努力，实现上述3个小目标，使大学生创业
的规模扩大、比例继续提高，最终实现引领80万名大学生创业的目标。其内
容要点有6个，分别为：普及创业教育、加强创业培训、提供工商登记和银
行开户便利、提供多渠道资金支持、提供创业经营场所支持和加强创业公共
服务。其中对于推广创业教育的强调更多，文件从加快创业教学力量培养、
丰富拓展创业教育教学形式、积极开发开设创新创业类课程和将创业教育制
度化、贯穿人才培养全过程等方面提出了要求。对于大学生创业经营场所的
支持，政府要求各地要充分利用现有的资源建设大学生创业园、留学人员创
业园和创业孵化基地，并且配有相关的培训指导提高创业孵化成功率。要制
定并完善创业经营场所租金补贴办法，对符合条件的创业大学生按规定给予
经营场所租金补贴[①]。对于这一方面，政府一直都有所关注，但这是第一次在
文件中单独列出并大篇幅提及。具体政策措施的第6点，即加强创业公共服
务的内容涉及建立健全青年创业辅导制度、搭建青年创业者交流平台、引导
大学生参与创业竞赛活动等方面，规定详细而且具体，涉及大学生创业的方
方面面。梳理政府出台的相关政策，我们不难看出，政府的注意力已经从以
往的某项独立的政策转移到系统地完善创业服务、营造全社会创业环境上来。
由最开始的发展高新技术产业而鼓励创业，到后来以就业为焦点而重视促进
就业的创业活动，再到创新与就业并重，提供全面的创业服务、系统地营造
社会创业环境。这种创业政策由点到线再到面的发展轨迹诠释了我国大学生
创业政策体系趋向系统与成熟（见图8.3）。

---

① 人力资源社会保障部：大学生创业引领计划启动[EB/OL].人力资源社会保障部网站，2014-
05-30.

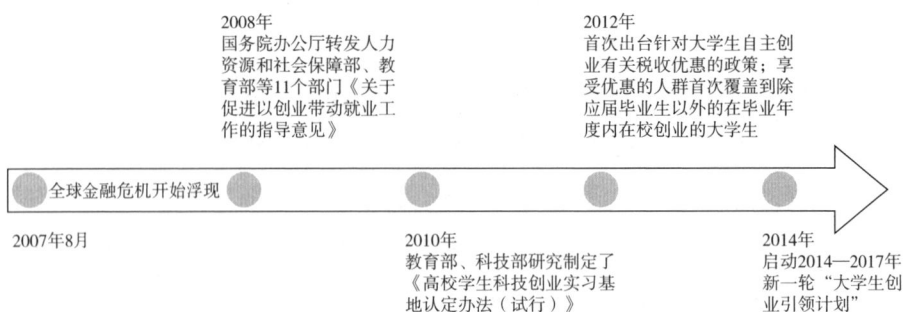

图 8.3　全国创业政策变化（2008—2014 年）

资料来源：笔者自制。

8.1.4　2015—2022 年：创新与就业并重，扶持政策体系全面升级

2015 年开年中国各项经济数据有所下滑，宏观经济面临较大的下行压力，国务院推行"大众创业、万众创新"的政策。与此同时，国务院办公厅公布《关于深化高等学校创新创业教育改革的实施意见》（见图 8.4）。该文件围绕 2015 年开始深化高校创新创业教育改革；2017 年形成创新创业教育理念，形成可复制、可推广的制度成果并实现大学生创业引领计划预期目标；2020 年建立健全较为完善的高校创新创业教育体系，投身创业实践的学生在"量"和"质"上都有显著进步"的总体目标，着眼于高等教育的各个环节，站在坚持创新引领创业、创业带动就业以及主动适应经济发展新常态的立场，对高等学校的创新创业教育工作的推广提出了详细的实施意见。同年，人力资源和社会保障部发布《关于做好 2015 年全国高校毕业生就业创业工作的通知》，关注就业创业相关政策的落实，要求各地各部门落实大学生创业的各项优惠政策（如创业培训、创业服务及小额担保贷款与税收优惠等政策），真正方便大学生投身于创业活动。

2016 年教育部提出"释放创业带动就业的'倍增效应'；把深化创新创业教育改革作为推进高等教育综合改革的突破口，融入人才培养体系；加大在科技成果转化、场地建设、资金投入等方面的帮扶；要在明晰科研成果产权前提下，支持在校学生带着科研成果创业"。教育部特别强调了要充分利用"互联网＋就业"新模式，为大学生提供个性化、智能化的信息，解决初入社会的大学生创业的痛点。

2017年，教育部认定北京大学等99所高校为"全国首批深化创新创业教育改革示范高校"，对模范高校的认定是推进高等教育综合改革、促进高校毕业生更高质量创业就业的重要举措。从这个阶段开始，大学生的就业创业工作重心从"以创业带动就业"向"就业创业并重"的转变更加明显，逐渐形成了多样化的创业环境、积极活跃的创业氛围、完善的创业服务，这为后续出台更加具体可行的实施政策提供了路标，也有利于塑造"互联网＋"大学生创新创业的现代观点，激发其创新创业的潜能。

2018年，教育部在《关于做好2019届全国普通高等学校毕业生就业创业工作的通知》中明确指出要"推动双创升级，着力促进高校毕业生自主创业"，提出应当全面深化创新创业教育的改革，完善并落实创新创业优惠政策，加大对应届毕业生在创新创业方面场地、资金、税收等的扶持力度，强化针对应届毕业生的创业指导与服务。至此，大学生创新创业政策体系已基本形成。

2020年新冠疫情暴发以后，为减轻疫情对高校毕业生创业就业的不利影响，依托公共就业创业服务、公益性教育教学资源服务平台，加强线上技能培训，以引导和鼓励的方式促进大学生就业创业，并拓宽大学生就业创业的渠道，成为疫情下政府部门开展工作的主要方式。

2022年，高校毕业生数量首次突破了千万人，创业的就业功能得到了党和政府的高度重视。2021年国务院办公厅颁布《关于进一步支持大学生创新创业的指导意见》，从提升大学生创新创业功能等八个方面，列出了支持大学生创新创业的十八条意见，并对涉及的教育部、财政部等十几个国家部委以及各级人民政府的职责进行了划分，着重解决了大学生创业实践中融资难、经验少、服务不到位等问题，鼓励大学生投身创新创业实践。2022年国家发改委等多个部门联合发布了《关于深入实施创业带动就业示范行动　力促高校毕业生创业就业的通知》，特别强调了创业就业工作要突出创业带动就业主线、要聚焦高校毕业生群体，通过组织实施高校毕业生创业就业校企专项行动、社会领域双创行动、大中小企业融通创新行动、精益创业行动带动就业，力争在 2022 年为高校毕业生提供两百万个高质量就业机会，为全国做好创业带动就业工作做示范。

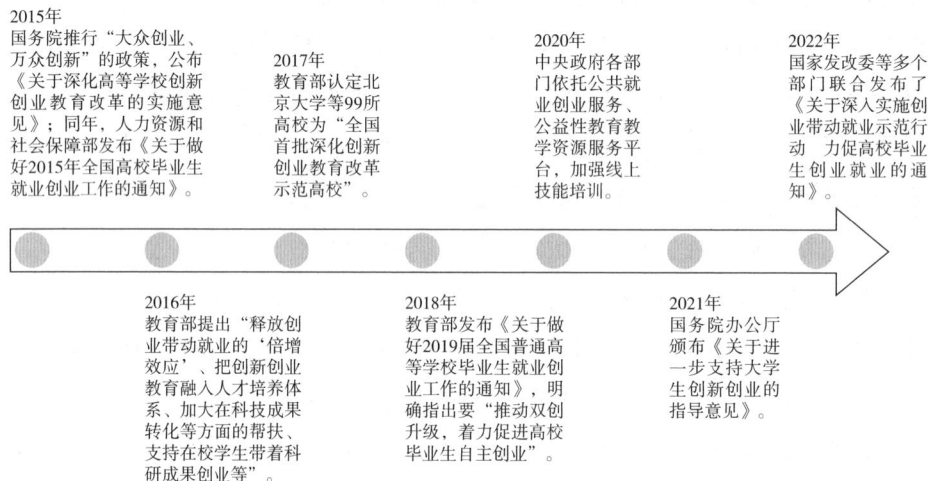

2015年
国务院推行"大众创业、万众创新"的政策，公布《关于深化高等学校创新创业教育改革的实施意见》；同年，人力资源和社会保障部发布《关于做好2015年全国高校毕业生就业创业工作的通知》。

2017年
教育部认定北京大学等99所高校为"全国首批深化创新创业教育改革示范高校"。

2020年
中央政府各部门依托公共就业创业服务、公益性教育教学资源服务平台，加强线上技能培训。

2022年
国家发改委等多个部门联合发布了《关于深入实施创业带动就业示范行动 力促高校毕业生创业就业的通知》。

2016年
教育部提出"释放创业带动就业的'倍增效应'、把创新创业教育融入人才培养体系、加大在科技成果转化等方面的帮扶、支持在校学生带着科研成果创业等"。

2018年
教育部发布《关于做好2019届全国普通高等学校毕业生就业创业工作的通知》，明确指出要"推动双创升级，着力促进高校毕业生自主创业"。

2021年
国务院办公厅颁布《关于进一步支持大学生创新创业的指导意见》。

图 8.4　全国创业政策变化（2015—2022 年）

资料来源：笔者自制。

8.2 地方创业扶持政策

在中央政府的大力推动下，各地方政府紧紧围绕着中央关于加强创业就业工作的指示精神，相继出台了各项政策。

众所周知，武汉是中国高校分布最为密集的城市之一，然而"孔雀东南飞"一年又一年，武汉没能把大学生数量上的优势转化为人才优势，大量的人才外流促使武汉市较早地出台创业政策，留住人才。2008年，武汉市人民政府号召全民创业，制定了许多优惠政策，大学生创业门槛在这样的背景下被大幅降低——在一定的开办资本数额限定下（开办资本在50万元以下的一人公司和有限公司），直接"零首付"注册[①]，成为当时全国最低的注册门槛。2008年9月、2009年4月、2009年12月和2010年6月，武汉连续举办了4届"创业赶集会"，前3届赶集会共收集推出了1000余个创业项目，其中大学生项目是免费参展的。在2010年的第4届赶集会上特别设置了大学生创业项目展示区，这一系列创业赶集会解决了武汉市一些大学生创业者的项目问题。

武汉市特意为大学生量身定制的政策当数2013年推出的"青桐计划"。为了配合"青桐计划"的实施，武汉市先后制定了《市人民政府关于实施"青桐"计划鼓励大学生到科技企业孵化器创业的意见》《市人民政府办公厅关于印发武汉市科技创业天使投资基金暨种子基金管理暂行办法的通知》《武汉市"大学生创业先锋"评选奖励办法》等文件，具体提出了帮助在汉大学生创业的10条优惠政策。总的来说，这10条优惠政策在资金扶持方面下了

---

① 武汉市人民政府关于进一步做好推动创业促进就业工作的通知 [EB/OL]. 湖北省政府网，2009-05-25.

很大功夫：对于在孵化器内的大学生创业者提供 1 年的全额和 3 年半额的房租补贴；设立不低于 1 亿元的天使投资基金、创业种子基金，专门用于扶持孵化器内大学生初创企业；设立 2000 万元的大学生创新创业专项资金，对孵化器内符合条件的大学生创业企业的技术创新项目给予 10 万 ~ 20 万元无偿资助；设立贷款期为 2 年、总金额为 1000 万元的高校毕业生创业小额贷款担保基金并由财政全额贴息；鼓励风投机构对孵化器内的大学生创业企业进行投资，市科技局和财政局对风投机构提供风险补偿；保证入孵的大学生初创科技企业的研发投入，其 3 年内缴纳税收市、区留成部分，由财政扶持该企业专项用于研发投入①。安居才能乐业，除了提供资金扶持外，政府还不忘将本市基本住房保障的福利也惠及孵化器内符合条件的创业大学生，由孵化器集中申请公租房，解决大学生创业者的住房问题。最后，为了激励更多大学生加入大学生创业者的队伍，武汉市每年还以在科技企业孵化器创业的大学生为对象，评选出 100 名优秀创业者作为大学生创业先锋并进行奖励。

2017 年，武汉市继续发力，又推出了"百万大学生留汉创业就业计划"，主要有 6 方面内容。（1）放宽户口条件：针对大学生办理落户手续烦琐问题，提出毕业 3 年内普通高校大学生，凭毕业证、创业就业证明即可落户。（2）提供住房保障：每年建设筹集 50 万平方米以上人才公寓，5 年内达到满足 20 万人租住需求的人才公寓总规模，提出建立"人才住房券"制度，以奖励形式支持企业人才和大学生购、租住房。打造大学生主题社区，融合社交、分享、创业等服务功能，强化社区红色文化、创业文化建设。（3）首次提供免费创业工位：各区在相对优越地带，建设创新街区、大学生创业特区、大学生众创空间，供在校或毕业 5 年内的大学生免费使用，免费使用期最长可达到 1 年。（4）加大创业融资支持：增强创业补贴力度和创业投融资支持，设立大学生创业贷款担保基金，担保贷款额度最高可达 200 万元。（5）优化创业环境：保持武汉比较优势，营造高效率、低成本的创新创业环境，建设武汉市大学生创业就业服务中心、服务专窗，建立信息化服务平台。（6）开展

---

① "青桐计划"让武汉成为大学生创造神话的地方[J]. 领导决策信息，2013（2）.

创业培训，强化创业教育：建成50所以上公益性创业学院，每年提供不少于10万人次的大学生创新创业培训机会。根据武汉市统计局的数据，从2017年到2021年，留在武汉的大学生已超过100万人，达到了预期目标，增加了城市的活力。

　　作为中国经济最活跃的地方，深圳市的创业政策自然不会落后，2009年深圳市对毕业两年内的高校毕业生投资设立小额注册资本的有限责任公司实施"零首付"，允许在两年内缴足注册资本。在小额贷款方面更是对首次申请的微利项目全额贴息，二次申请再获50%贴息。在创业培训方面，深圳市优势明显，不仅组织知名资深创业者组建创业导师团，而且组织了创业技能培训班。值得一提的是，深圳市的大学创业园不仅提供场地和基础设施，还可以进行虚拟交易，且如若创业失败还可获一年补贴[①]。2012年，深圳市突破城市行政界限，与广州、珠海、佛山等9个珠三角城市签订创业公共服务区域合作框架协议，推进了珠三角地区创业公共服务一体化。2013年在此基础上专门举办了珠三角高校毕业生创业服务座谈会，9个城市的参会代表分别介绍了本市大学生创业服务工作方面的经验和做法，起到了很好的交流效果。在2016年出台《深圳市人民政府关于大力推进大众创业万众创新的实施意见》后，一系列支持大学生创业的政策措施相继奔涌而出，特别是以下两项典型的创业措施：第一，为了更好地落实《关于促进人才优先发展的若干措施》有关鼓励大学生创新创业的要求，实施《深圳市人力资源和社会保障局　深圳市财政委员会关于扩大自主创业扶持补贴对象范围及提高补贴标准的通知》，进一步加大对高校毕业生等人才参与创新创业的扶持力度。该通知把深圳市普通高校、职业学校、技工院校全日制在校学生休学创办初创企业的人员纳入自主创业人员范畴，享受该市现行各项自主创业扶持补贴。其中规定，大学生休学创业和毕业后自主创业，创业场租补贴标准在现有基础上提高20%～50%，优秀项目可给予最高50万元资助。第二，从2016年开始，深圳市相关部门每年都会举行高校学生"逐梦杯"创新创业大赛，该活

---

　　① 徐立青，刘世蕾，钟婉欣，季南.大学生创业环境的比较分析——基于北京、上海、无锡、徐州、广州、深圳六城市的调查[J].商场现代化，2011（4）.

动不仅提供了一个展示大学生创业才能的平台，而且提供专家培训，针对进入决赛的选手进行创业形态、团队合作、机遇捕捉、管理改善、项目融资等方面的全方位指导，显著地提高了参赛选手的综合能力。正是因为不断加大重点群体创业就业的扶持力度，深圳市吸引着大量来自海内外的创新创业人才聚集，包括大学生群体在内的青年加入创业大军。截至 2021 年，深圳市"双创"综合指数连续 6 年排名第一，创业密度稳居全国第一，创业质量全国领先。

8.3 我国的创业扶持政策体系及存在问题

通过对近年来国家和地方创业政策的回顾，可以看出，在我国大学生创业政策基本体系的构架中，政府、高校、银行与社会团体在各自的影响范围内扮演着不同的角色，对大学生创业发挥着独特的作用。

8.3.1 政府——制定大学生创业优惠政策，引导扶持其创业方向

如何提供更多的创业机会、挖掘大学生的创业动机和提高大学生的创业能力，是政府制定政策的切入点，这三者之间相互依赖、相互渗透，不能决然分开。

对于创造创业机会，政府通常的做法是通过行政手段降低准入门槛，尽可能地减少和降低行业性、地区性和经营性的限制和壁垒。具体说来，就是降低注册资金和调整出资形式，放宽对企业注册地和经营场所的要求，放宽创业行业地域限制以减少大学生创业者的资金压力。2014年，苏州市人民政府出台了《关于进一步完善促进创业带动就业政策的意见》，规定"只要是法律法规没有明文禁止的行业或者领域，我们将按照'非禁即入'的原则，一律给予放行"。值得注意的是，上文提到的由深圳市牵头突破行政区域限制，推进珠三角地区创业公共服务一体化的尝试也是创造大学生创业机会的新思路。地方政府新的尝试和探索还有：与企业合作推出创业扶持项目，整合地方民间组织提供创业咨询服务，集思广益向民众征求创业创意等。

要挖掘大学生的创业动机，在创造创业机会的同时还应该尽量减少创

业的成本。政府通常通过简化审批程序来实现，开辟"绿色通道"；免交登记费、管理费、服务费、证照费相关费用的政策措施在全国各城市并不少见。另一项优惠则是实行税收减免：2010 年国家税务总局规定，大学毕业生毕业年度起 3 年内自主创业的，除一些特殊行业外，在 3 年内按每户每年 8000 元为限额依次扣减其当年实际应缴纳的营业税、城市维护建设税、教育费附加税和个人所得税 [①]。创业还会带来一系列住房、人事代理和社会保险等问题，用人文关怀尽力去解决大学生创业者的后顾之忧也是挖掘创业动机的利器之一。不少大学生要留在城市创业，但是缺少当地户籍是一道难过的门槛，因为没有户籍，在城市里招工、教育和创办企业等很多方面就会受到限制。2019 年，国家税务总局把这个税收减免额提高到 12000 元，受新冠疫情影响，国内不少省份如上海、广东、浙江和江西等进一步提升到 14400 元。2011 年成都取消落户限制，成为全国 15 个副省级城市中第一个取消高校毕业生落户限制的城市，随后各大城市纷纷跟进，带动了国家相应政策的调整。在国家发展改革委印发的《"十四五"新型城镇化实施方案》中，已经明确提出全面取消城区常住人口 300 万以下的城市落户限制，全面放宽城区常住人口 300 万 ~ 500 万的大城市落户条件 [②]。

对于提升创业能力，政府更多地扮演着监督者和管理者的角色，出台相关条例，制定相关的管理办法以传达中央或者地方政府的精神和政策方向。具体表现为：一方面，搭建各种创业平台，提升大学生创业者的实战能力；另一方面，给大学生创业企业输送血液——提供资金支持，提高市场竞争力。对于这两点，具体的执行者是高校和银行。

8.3.2　高校——搭建创业平台，提升创业水平

在政府的监管下，对于提升大学生的创业能力，高校主要在以下三方面有所作为，如承办全国和地方创业大赛、设立创业园和企业孵化器。

---

① 《关于支持和促进就业有关税收政策的通知》亮点解读[EB/OL]. 新华社，2010-10-29.
② 国务院关于"十四五"新型城镇化实施方案的批复[EB/OL]. 中国政府网，2022-06-07.

创业大赛是为了激发大学生创业的热情，也能够使他们更好地了解创业的内涵和精神。通过参赛选手同台竞技、专家评委观察讨论，创业大赛也给大学生们甚至整个社会提供了一个了解的机会，既能够知道大学生们的优势与劣势，同时借助参赛选手的投石探路，也能了解市场对大学生创业质量的评价并得出启示。通过许多次的创业挑战赛，我们不难总结出：善于构建、维系、运用人脉资源的大学生创业者最容易成功；大学生创业最容易成功的行业为电子商务、IT、会展、文化传媒、婚庆和食品。大学生创业园旨在为大学生创业者提供一个配备有形基础设施，能够自如交流和合作的环境。

如今，在学校创业园里搭建创业项目已成为相当普遍的现象。其中，创业者最需要的还是"创业技术"方面的指导：我是哪些政策的受惠对象？创业过程中会遇到哪些法律纠纷，如何运用法律保障合法权益？融资有哪些有效渠道，注意事项有哪些？这些问题直接影响着创业的成败，是创业者最为关心的问题，对于毫无经验的大学生创业者来说更是亟需专业指导。企业孵化器的出现能够较好地解决这些问题。企业孵化器和高校有着天然的联系，20世纪50年代初，世界上第一个科技企业孵化器在美国斯坦福大学成立，经过几十年的发展，逐步发展为科技园区，后来成为举世闻名的硅谷。1987年在武汉东湖之畔成立的武汉东湖新技术创业者中心是我国第一家企业孵化器，现在已经成为国内激光产业龙头的楚天激光就是东湖新技术创业者中心首批入孵的企业。20世纪90年代后期，中国的企业孵化器延伸到高校，特别是高校聚集的北京、上海、武汉、南京等地。2003年武汉华工科技企业孵化器成立，利用当地的科教资源为初创企业提供系统的培训咨询服务，并在政策、法律、融资、市场推广等领域给初创企业提供技术支持。不过，企业孵化器的管理还有待继续优化，例如存在以下问题：过于依赖政府扶持资金和政策，对外融资渠道没有完全充分打开；大学式的管理思路和政府机构式的管理思路存在冲突；孵化管理功能不够完善；等等。但是上文提到的武汉"青桐计划"中对孵化器的管理经验值得学习和借鉴，由于较好地解决了筛选标准和资金渠道拓宽问题，仅武汉"光谷青桐汇"从2013年成立以来，就推介创业项目近 1300 个，800 多个创业项目登台路演，其中 200 多个项目累计融资近 40 亿元[①]。

8.3.3 银行——提供资金支持，减轻创业压力

对于创业过程中最难解决而又至关重要的资金问题，政府选择和银行合作提供资金支持以减轻大学生创业者的压力。一般来说，政府会将专项资金存入商业银行作为整体担保基金，商业银行则会根据担保基金规模大小来提供相应比例的贷款资金。政府还会通过财政对一些贷款的利息进行补贴。基于此而出台的措施通常有小额担保贷款、贴息贷款、免息贷款。此类政策并没有形成全国的统一标准，各地政府根据各地实际情况自行把握，但是受惠的大学生比例不是特别理想。长春市就业服务局 2003 年开始开展小额担保贷款业务，但是到 2009 年，申请成功的大学生不超过 10 人。广州市的大学生小额贷款政策从 2005 年开始实施，可是到了 2009 年，仍然没有贷出一笔。随着"双创"的逐步推行，有创业意愿的大学生也日渐增多。江西省 2019 年的调查显示，在获得创业贷款扶持的人员构成中，毕业的大学生只占 4.4 个百分点[②]。一边是大学生自主创业者日益增多，求"钱"若渴；另一边是政府专项贷款少人问津，融资成本过高，资源未能充分发挥作用[③]，创业者资金来源的内卷化仍然严重。以广州市为例，申请小额贷款得经街道批准、人力资源和社会保障局审核推荐、担保公司审核担保、银行最后审核放贷 4 道手续。大多失败的申请者都是在最后的关卡被卡住，其原因不难分析。首先，大学生创业贷款虽然由政府担保，可是其款项仍然是商业银行的负债，银行势必还是要承担一定的风险。其次，由于大学生创业贷款的政策性特点，其利率较低，资本回报率较低。出于规避风险和追求高资本回报的需要，作为营利

---

① 刘展，徐金波.武汉"光谷青桐汇"迎来100期 为创业者融资40亿元[EB/OL].中国新闻网，2020-01-11.

② 江西省创业担保贷款政策效应评估项目课题组.江西省创业担保贷款政策效应评估研究报告[J].中国就业，2019（4）.

③ 任泽平，白学松，刘煜鑫，等.中国青年创业发展报告（2021）[J].中国青年研究，2022（2）.

组织的商业银行不愿意给大学生创业者贷款。另外，商业银行在审批时比较在意其面临的风险和还款付息的能力，如贷款申请者有没有自己固定的住所或者营业场所；创业者所投资的创业项目是否已有一定的自有资金，因为这种小额贷款一般都是生存型创业，收入的稳定程度不强。处在风险最大的创业初期且刚刚踏出校门缺乏资金积累的大学生难以满足银行的审批要求。作为非专业人员的政府部门自然不能很好地从专业的视角审视项目的可行性，所以最后需要银行把关。但大部分的项目经不起银行的专业审核，这说明大学生创业项目的质量经不起市场的检验，具有高风险，缺乏可行性。

8.3.4　社会团体——发展完善中，潜力有待提升

在借助市场力量扶持天使投资机构方面，上海市走在了全国前列。2008年，由上海市人民政府全额拨款设立的上海市大学生科技创业基金会联合民间力量成立了上海天使投资俱乐部，共有在管资金30亿元，过会基金110余只。截至2021年，俱乐部和基金会累计投资1000余家创业企业，其中估值在10亿元以上的准独角兽有74家①。由此可以看出，政府已经意识到要调动民间力量扶持大学生创业。大学生创业是一项综合而复杂的经济活动，它的成功需要与各种社会组织合作。如果把所有责任都推给政府部门或高校，缺乏社会各界力量的参与，将不利于创业氛围的培养。在创业教育方面，要使大学生的创业技能培训真正具有针对性和实用性，就必须调动有充足实战经验的民间力量组织并参与培训。如果继续维持现状，单单依靠缺乏培训资源和能力的政府部门与高校，估计创业教育并不会有太大的进展。资金支持方面，政府目前设立的大学生创业基金项目实在难以满足他们的资金需求。以上海市的大学生科技创业基金为例，截至2021年3月底，受理项目已经达到11376项，可是资助项目只有3271项，由于能被资助的项目有限，所以现有的每个基金会门外都排着长队。要调动民间力量，形成良好的社会创业环境需要从

---

① 董若愚."募"后天使，持续做有社会价值的母基金[EB/OL].第一财经，2022-07-12.

无所不在的民间组织开始。

据统计，目前我国的民间组织有数十万个，大体分为全国性行业协会商会、学术类社团、联合类社团、公益类社团和基金会等不同类型，覆盖面涉及科研、教育、卫生、生态环境、社会服务等众多领域。如何充分利用这些民间组织掌握的信息和资源更好地为大学生创业者服务，是我们应该思考的。立足于对自身行业的了解与认识，各行业协会可以定期发表本行业创业方向及创业建议，为大学生创业者提供充分的行业信息和咨询服务。学术类社团则可以提供相关的技术和智力支持，诸如中国中小企业协会、中国女企业家协会的联合类社团自然也能找到它们各自的用武之地。民间基金会相对的专业性可以缩小接受资金支持的目标群体，同时增大每个资金需求者获得资金的可能性，例如，中国文化艺术基金会只对文化艺术产业的创业者进行投资、中国下一代教育基金会只对教育产业的创业者提供帮助，分工明确后可以大大改善创业资金供不应求的现状。另外，整合民间组织，使其在扶持大学生创业上产生合力也是不错的方法。2009 年 12 月，在共青团杭州市委等单位的发起下，整合杭州大学生创业俱乐部、杭州日报大学生创业就业俱乐部、浙江大学创业青年俱乐部及杭州市 9 个市级大学生创业园，成立扶持大学生创业就业综合性和公益性社会组织——杭州大学生创业联盟。创业联盟的成立大大放大了民间组织资源整合和支配的能力，给杭州大学生创业提供了强有力的支持与帮助：组织培育服务、教育培训服务、阵地支持服务、项目发展服务、融资服务、导师帮带服务，以及专门针对在杭从事文创产业的青年（大学生）创业者的杭州市文创企业家孵化工程（文创班）。以文创企业家孵化工程为例，该工程自 2011 年启动以来，已连续开办近 80 期培训班，累计培养文创企业家 5000 余名。

20 世纪 90 年代，Stevenson 和 Lundstrom 开始关注创业政策，他们认为评价一项创业政策是否有效，关键在于能否唤醒创业者动机，给他们创造更多的机会和改善他们的创业技能，以提高创业者的创业积极性，鼓励更多的人创建自己的企业 [①]。综观我国近年来出台的扶持大学生创业的政策，虽然越

---

① Stevenson, L.; Lundstrom, A.. Patterns and Trends in Entrepreneurship/SME Policy and Practice in Ten Economies, Volume 3 of the Entrepreneurship for the Future[R]. Stockholm: Swedish Foundation for Small Business Research, 2001.

来越具体，可操作性也更强，对推动大学生创业起到了重要作用，但是目前的创业政策也存在着许多值得反思的地方。

第一，过于强调创业政策的就业效果，对兼顾创新重视不够。创业的本质是创新，通过创新（技术创新、商业模式创新等）进行创业，从而带动就业，从这个意义上来说，创新是根本，创业才是枝叶。但是我国有自己的国情，现实中就业压力巨大，因此政府把大学生的创业就业放在一起考虑也情有可原。我国目前针对大学生就业的扶持主要通过三个方面实现。一是提供公共就业服务，主要解决就业供需信息不对称和社会保障、户籍等附带问题。二是通过职业培训提高大学生的就业竞争力。三是借助各种方式尽可能多地创造就业岗位，具体方式有：对中小企业提供税收优惠以及金融支持，以便企业能持续提供就业岗位；对企业或是直接对大学生提供工资或者就业补贴以减轻企业的压力；政府进行公共工程建设计划创造大量就业岗位；政府购买公益性岗位提供给大学生；最后还有一种方法就是鼓励创业①。鼓励大学生创业不仅解决了大学生自己的就业问题，还能创造额外的就业岗位。然而如果仅是为了落实就业而鼓励创业，那么很有可能的结果就是大部分创业企业都是生存型创业企业。由于是为了创业而创业，所以最后我们得到的可能是淘宝上许许多多的网店，或是街头许许多多的快餐小店，很难成长为像阿里巴巴或 Meta 一样的巨人。同时，创业教育对于包括市场敏感度、创新思维和专业素养在内的综合能力的培养缺位，加上为解决就业问题而对创业急功近利的宣传和鼓励，最容易造成大学生集中涌向门槛低、知识含量低的领域创业，正如我们进行的调查数据所呈现的：国内大部分创业集中在服务业，高科技领域的创业企业较少。商业服务类和顾客服务类共占我国早期创业企业的 67.5%。从产品和技术工艺的新颖度上看，55.91% 的企业产品毫无新颖性，53.89% 的企业应用的是已有的技术和工艺。鉴于机会型企业在创新能力和增长潜力上相较于生存型企业的优势，单从提供就业岗位的数量来看，机会型创业企业能够持续提供的就业岗位也远远高于生存型创业企业：有 8.47%

---

① 赖德胜，孟大虎，李长安，等. 中国就业政策评价：1998—2008[J]. 北京师范大学学报（社会科学版），2011（3）.

的机会型创业企业能提供大于 20 个工作机会，然而生存型创业企业的这一数字只有 1.63%；26.73% 的机会型创业企业预期未来 5 年能提供大于 20 个工作机会，生存型创业企业只有 7.35%[①]。当然，我们不否认生存型创业存在的作用和意义，但是这种目标导向、政府出台的政策变成扶持弱势群体再就业的政策，明显降低了大学生这一创业群体所应当强调的知识含量与科技水平，以致到现在我国创业的技术含量整体不高。2019 年 GEM 的创业报告显示，从创业活动的类型来看，中国技术创业的比例仅为 2.66%，处于世界较低水平。

第二，政策宣传力度不够、申请程序烦琐。在与创业者的沟通中，我们发现相当一部分大学生创业者对创业的准备不足，而且缺乏对创业政策的了解。研究显示，政策感知不足是导致激励效果不佳[②]、大众创业响应不强的重要原因[③]。例如，在黄安胜等[④] 的研究中，他们发现对创业场地政策、创业融资政策、创业财税政策、创业准入政策、创业教育服务政策、创业人才政策、创业风险保障政策等 7 项政策完全不了解与不太了解的大学生比例达到 60% 以上；比较了解或非常了解的比例仅为 5% 左右。要使大学生真正接触到创业政策，政策就不应该仅仅躺在冰冷的文件中，而是应该走进校园，主动靠近大学生，这需要政府相关部门带头执行。例如，为落实武汉市人民政府《百万大学生留汉创业就业计划》精神，2017 年 5 月，由市委宣传部、青山区委、青山区人民政府、武汉科技大学主办，市区及校方领导、知名校友、企业负责人走进大学校园进行政策宣讲，探讨创业就业，为辖区内的大学生创业者提供了良好的创业服务[⑤]。在申请创业的过程中，存在着程序烦琐、手续复杂的问题，大学生申请创业优惠政策要经过提交申请、受理审核、公示、

---

① 全球创业观察. Global Entrepreneurship Monitor 2021/2022 Global Report[R]. 2020.
② 钟云华, 吴立保, 夏姣. 大学生创业意愿的影响因素及其激发对策分析[J]. 高教探索, 2016（2）.
③ 温治, 马明. "双创" 背景下大学生创业政策研究[J]. 教育理论与实践, 2018（33）.
④ 黄安胜, 章子豪, 蓝启钰. 政策激励提升了大众创业意愿吗？——基于福建省大学生创业调查数据的分析[J]. 福建论坛（人文社会科学版）, 2021（2）.
⑤ 李锐, 彭亚楠, 柴华. 百万大学生留汉创业就业计划宣讲走进武汉科技大学[EB/OL]. 武汉文明网, 2017-05-05.

核准、最后拨付 5 个步骤，其中仅审核一项就需要经过街道、人力资源和社会保障局、担保公司、银行 4 个关卡，有的在申报税收减免手续数月之后，税务局还未进入正常审批程序。一方面，繁杂的程序耗费了大学生创业者过多的时间和精力；另一方面，如上文所述，在经过漫长审批等待后还有可能在最后被银行卡住，前功尽弃。要使创业政策真正落到实处，一方面，要加强政策的宣传，完善申请审批流程；另一方面，大学生创业者也要提升创业申请项目的质量，使之经受得住市场的检验。

第三，重视有形基础设施建设，忽视创业环境的营造。我国的创业政策大多偏向于为创业企业提供如办公室、厂房、通信、水电气等有形基础设施，对创业的软环境即商务环境的营造不够重视。创业企业难以找到他们需要的分包商、供应商和咨询机构等资源，难以获得他们在创业过程中所急需的各项服务，如金融服务、会计服务、法律服务，就算是好不容易找到了资源和服务，高昂的费用也只得让他们望而却步。然而，在创业比较活跃的江浙地区，政府已经注意到在给大学生创业者提供配套硬件的同时提供服务的重要性。例如，杭州市非常重视创业的公共服务，以政府购买服务的形式组建杭州市大学生创业企业公共律师服务团和财务咨询服务团等，在杭州市人才公共服务网等政府部门网站开设专业咨询解答服务，解决单个大学生创业企业聘请法律顾问和财务专员费用高、业务量不足的问题，提高政府公共服务的效率和针对性。

第四，对创业教育的推进还需要继续深入。教育部的资料显示，从 2012 年到 2021 年的 10 年间，对于大学生的创业教育，我国以高等院校为主要平台，开设了创新创业教育专门课程 3 万余门、在线开放课程 1.1 万余门，聘请 17.4 万名行业优秀人才担任创新创业专兼职教师，超过 1000 所高校的 139 万名大学生参加"国家级大学生创新创业训练计划"[①]，但是平均下来每年只有将近 14 万名大学生参加"国家级大学生创新创业训练计划"，和这 10 年年均 780 万名毕业生对比，还大有潜力可挖。事实证明，只有真正拥有创业

[①]　郭雷振.我国高校创业课程设置的现状探析[J].现代教育科学，2011（5）.

投资、企业经营管理经验的教师才能传递给大学生真正的市场法则，所以理想的做法是，高校一方面挑选出有经验的在职教师授课，另一方面邀请成功的创业者或者企业家以讲座的形式分享经验。然而，现实是高校在职教师一般少有实战经验，所以创业课程的教授难以摆脱"纸上谈兵"。在课程设置方面，由于教师实战经验的欠缺，再加上高校大多将创业课程设为公共选修课，面向全校各个专业，这就使得创业课程和专业课程相分离。同时，工科专业的大学生创业者需要了解怎样发现或者创造市场需求，经济管理专业的大学生创业者则可能需要了解具体的生产工艺和生产流程，等等。不同人群在创业过程中会遇到各种个性化的问题和疑惑，大而化之的创业教学并不能有很好的收效。综上所述，高校里开设的创业课程并不能真正满足大学生创业者的需求、提升他们的创业能力，相反更像为了设置而设置。将高校创业教育深入到实处，还需要高校花费更多的时间和精力。2021年10月，国务院办公厅印发《关于进一步支持大学生创新创业的指导意见》，提出要深化高校创新创业教育改革，将创新创业教育贯穿人才培养全过程，建立以创新创业为导向的新型人才培养模式，期待由此带来的改观与变化。

总之，政府对大学生创业的认识仍有待深入，政策制定的思路与规划仍需完善。在初期给大学生创业者的扶持比较单一，主要是降低大学生创业者资金压力、税费压力和时间成本的"扶贫式"的优惠和资助。这种扶持方式在短期内能够帮助大学生创业者建立起企业，但是对创业过程中所遇到的问题与困难对症下药不够，所以并不具有可持续性。在政策的实施过程中，又存在着不同部门职能交叉、职责不明确、落实不到位的问题。这些都导致现有的创业政策无法完全发挥其应有的作用。

8.4 政策展望

在过去 10 多年时间里，以创业带动就业、以创业促进创新为中心的政策设计思路得到社会各界的响应和支持，我国的大学生创业活动取得了很大的进展，为政府政策目标的实现作出了重要贡献。虽然我们无法掌控未来中国大学生创业政策具体的实施方向和细节，但是我们可以通过对已有的大学生创业政策进行总结，进而为相关政策的完善提供参考。我们认为，在面临创业环境巨变的情况下，如"互联网＋"就会影响很多人的创业行为和创业企业的经营行为，创业政策的制定也必然有相应的变化，因此政策的展望需要以现实情况为依据，需要建立在客观事物内在发展规律的基础上。

从长远来看，要注重政策系统性，发展多层次的支持体系。按照 GEM 的框架体系来看，个人创业过程分为动机（事前阶段）、企业成立（事中阶段）、企业持续发展（事后阶段）三个阶段。在现实情况中，创业的每个阶段都会受到各种不确定因素的影响，致使创业活动具有复杂性、动态性、风险性的特点。同时，对于大学生创业者而言，资金渠道、经验技能、社会关系等方面的缺失又使其处于一个弱势的角色，这无疑会放大其创业风险，增加创业失败的可能性。所谓政策的系统性，就是要求政府和社会各界在认识大学生创业活动发展规律的基础上，关注大学生在各阶段的创业诉求，设计出覆盖创业全过程的扶持政策，以达到创造更好的创业环境、激励更多的大学生创业、提高创业活动的成功率、增强创业企业的持续发展能力和创新能力的政策目标。大概地讲，在创业过程事前阶段的政策内容重点在于创业教育、创业技能培训和创业宣传等，达到培养良好的创业氛围、激发个人创业动机的政策目标；在创业过程事中阶段的政策内容重点在于融资渠道的拓展、税收优惠、基础设施的扶持等，达到提高创业成功率的政策目标；在创业过程的事后阶段的政策内容重点在于政府采购项目的倾斜、创业企业管理指导、社会保障政策的完善以及创业政策的评估，达到增强创业企业发展能力和创新能力的政策目标。

发展支持创业的支柱体系，就是要做到两点：明确政府的定位，明确创业政策的支柱构成。我国政府大力提倡"大众创业、万众创新"，鼓励大学生创业的目的之一在于有效地解决而不是临时性地解决大学生就业难题，况且增加就业历来就是政府的宏观调控目标，因此政府支持大学生创业责无旁贷。

然而，支持创业不等于直接提供就业岗位，如果把后者看成政府的纯公共服务职能的话，那么前者就是准公共服务职能，两者的运行机制应该有所不同，这就决定了政府的角色定位：在履行准公共服务职能——创业扶持方面，政府只是发挥创业引导、政策设计和提供服务的作用。这也意味着，政府不会包办大学生创业者的创业活动，创业的风险和发展需要创业者本人去探索、去承担、去担当。同时，政府的角色定位也说明，社会各界都可以为大学生创业作出各自的贡献，共同构成支持创业的支柱主体。在西方创业活跃的国家里，政府、学校和社会往往通力合作，积极促进大学生创业，体现了"官、学、民"三者之间的良性互动。联系我国的实际情况和已有的研究成果，在中国式的支柱体系里，还可以加入家庭这一层次，这样一来，就形成了四个主体：政府、高校、社会（包括前面所说的银行和社会团体，还应该包括企业）以及家庭。毫无疑问，政府是这一体系中的制度的顶层设计者、创业的引导者和准公共服务的提供者，至于其他三个支柱所承担的角色和职责，我们将在后文进行分析。

从短期来说，上文指出的不足无疑是需要集中力量改进的地方。此外，相比国外完善的政策体系，我国现在的政策体系中的某些盲区也需要在未来的政策中得到填补。

首先，这种政策的盲区可以通过改变以往的工作思路来实现，比如根据"全能"政府向"有限"政府的转型原则，可以加大政府与社会营利性和非营利性组织的合作力度，创新创业政策，共同携手促进创业。2005 年 GEM 中国报告中也指出"在我国用于推动创业的政府项目还需要很大改进"，经过 10 多年的发展，政府和企业合作，推动创业发展，支持大学生创业已经全面开花，呈现积极发展的势头。例如，为加速数字经济发展，江苏省与腾讯携手通过众创空间和共建腾讯双创小镇，充分结合江苏省经济及区位优势，聚集互联网行业龙头企业，引入有潜力的创新企业，形成生产、生活、生态三生共荣的产业型特色小镇。腾讯还导入了企鹅文创优质 IP，推动青腾大学等项目落户双创小镇。与此同时，双方共建腾讯众创空间，为创业者提供培训、技术支撑、产品评估等一体化服务，带动江苏创新企业发展，从而实现政府、企业、创业者的共赢[①]。

关于政府扶持项目的另一种思路来自南京市。南京市曾经向社会各界征集创业项目创意，在征集的 300 多个项目创意中最终挑出并有偿购买了涉及零售、服务、餐饮、创意、食品、网络等多个行业的 100 个项目创业，然后免费提供给当地市民进行创业。

其次，在国家和地方政府的政策优惠下，纵然大学生创业相较以前会容易许多，然而成功的并不是多数，更多的可能以失败告终。我国对这部分大学生缺乏关注，创业失败的保障在我国还几乎是空白。在国外，除了政府会给予相应的保障外，发达的商业保险制度也会为大学生创业者免除后顾之忧。以美国为例，保险公司会对创业项目进行详细的论证和可行性考察，对于他们认为的理论上有较高收益的个人创业计划给予最低收益的商业保险——如果达不到最低收益，商业保险将予以赔付。上文提到深圳创业园中创业失败还可获一年补贴，由此可见一些有识之士已经意识到了这一点，期待国家有更加有效的创业失败保障措施，以解决跃跃欲试但又瞻前顾后的创业者的后顾之忧。

最后，相较于发达国家健全的创业法规，我国目前还没有出台有关大学生创业的专门的法律法规。美国的创业法律有《人才开发与培训法》《青年就

---

① 中国新闻网. 腾讯与江苏省合作 导入TUSI标准共同推进物联网安全建设[EB/OL].中新网，2018-02-01.

业与示范教育计划法》等数十部，主要是对职业培训和创业教育进行立法；德国的相关立法则是致力于通过完善市场创造更多的创业机会，先后实施了《劳动促进法》《就业支持法》[①]。我国大学生创业尚在探索阶段，大学生在创业过程中必然遇到问题或产生纠纷，大学生创业者对法律保护的需求是不言自明的。

其实，营造一个好的创业环境的基础和前提是创造一个健康的国民经济、合理的产业结构、健康的市场环境、科学的教育制度、完善的法律体系，远非政府临时针对创业推出的政策所能做到。国家如果在反垄断方面取得成效，就会有助于创业者们进入某些行业，无形中增加了创业者的就业机会；国家如果能打造一个健康有序的营商环境，创业者们精心建立起的公司就会因为受益于公平公正的秩序而稳步发展，这样就会激励有意创业的大学生去实现自己的梦想。

---

① 庞鑫培，陈微微，翁杰.外国大学生自主创业保障体系的启示[J].中国高等教育，2011（10）.

第九章　大学生创业支持体系的构建

目的：激发他们的创业热情。措施：对年轻人实施创业教育；重视妇女和其他群体创业；放松行政性管制；让创业更容易以吸引投资者。

——欧盟创业行动计划（2013）

　　创业是经济腾飞的源泉、社会进步的翅膀、扩大就业的倍增器。作为掌握知识、年轻而充满活力的高素质人才，大学生应该勇敢地站出来，成为创业的先锋。创业能够成为大学生实现自我、追逐梦想的人生选择。大学生创业活动不仅是培养大学生创造精神、提高民族创新能力的重要环节，而且关系到中华民族未来的竞争能力。前文已经提及，在中国大学生创业的过程中，政府、高校、社会都发挥了重要的作用，是创业支持体系的支柱，同时，结合各种研究和实际情况来看，我们认为，也不能忽视家庭对创业的支持，因此创业者家庭将和前三者一起，构成"四位一体"的中国式的大学生创业支柱支持体系，其中，政府和高校发挥主要作用，社会和家庭发挥补充作用。

9.1　创业支持的主导者——政府

　　在整个创业支持体系中，国家在政策导向、管理取向等方面具有主导作用。作为这一体系中的制度的顶层设计者、准公共服务的提供者和大众创业行动的引导者，政府要完善和创新创业政策，在建设大学生创业服务体系过程中，增加服务项目，提高服务质量，最终创造良好的创业环境，从而让大学生想创业、能创业、好创业、创好业。

9.1.1　完善和创新创业政策

　　政府对社会的管理，主要依靠政策的制定和实施。目前在国外，对创业政策的研究已经是创业研究的一个新领域，各国也非常支持创业政策的设计和实施。芬兰贸易与产业部曾提出了涉及 5 个方面的创业政策：创业教育、培训和咨询；创业初期、成长阶段和全球化过程；税收政策；地区政策；法律制度。此外，欧盟与美国国家创业委员会也先后提出了各自创业政策框架内容。为了确保创业政策的调控目标和实施效率，确实发挥其引领创业的作用，作为创业制度的顶层设计者，我国政府在这个方面应该有新的工作思路：在政策的制定上，坚持理论和实际相结合，实现创业政策的科学设计；在政策的实施上，不仅是完善已有的政策，还要有创新措施和手段，让政策"接地气"，注入政策活力。在创业政策的扶持类型上，以大学生创业为例，应该"机会型"和"生存型"并重，从我们的研究中可以看出，上述两种创业在增加就业岗位数量方面和创业活动的存续期限方面没有显著差异。在目前产业结构升级、就业压力较大的情况下，注重扶持机会型创业而忽视生存型创业，无疑是对我国以创业带动就业战略的错误理解，同时也把相当一部分没有技术基础的大学生排除在外。可喜的是，近年来，我们已经注意到了创业政策方面的微妙变化，中央政府以及各级地方政府除对原有的措施进行完善以外，也开始针对大学生创业中的实际难题，实施一些创新型的创业政策，开始注重政策体系设计的系统性、长效性和灵活性等。比如杭州市人民政府对杭州市的大学生创业联盟给予的政策涉及从教育培训到创业导师、从创业场地到创业资金，给学生们的创业提供了全方位的服务。各级政府针对中国创业企业一般存活期限为 3 年的特点，提供 3 年的创业补贴和场地使用费的减免，以帮助微小企业度过生存危机。为了更好地适应我国数字产业发展的趋势，多项针对性的创业扶持政策也纷纷出台。

但是在制定创新创业政策的同时，要考虑我们的社会文化土壤是否与这些新政策相适应，相配套的措施是否完备。以注册资金为例，"门槛"的放宽使得"1 元"公司成为可能，但是自从该项政策出台后，全国虽然也成立了为数不多的"1 元"公司，但这与美国在实施"1 元"公司后，迅速成为全球创业者福地，激增一大批优秀的"车库"创业企业如微软、苹果和谷歌还是

有差距的 ①。相比于美国崇尚创新的文化，我国则相对保守，风险投资人甚至消费者在看到注册资本为"1 元"时，对公司的资金储备、经营能力会持怀疑态度，这样的结果是：风险太大，市场会慢慢淘汰这种公司。美国成立公司是注册制，经营范围、注册资金、注册费用一律不需要，创业者只需要提供不重复的公司名就可以完成注册。另外，在企业还没有盈利时，企业无须支付任何税收。我国成立公司时要仔细注明经营范围，需缴纳的营业税以及员工的"五险一金"，这对于没开始盈利的大学生创业者来说是一笔很大的费用。所以国家在出台新的创业政策时，需要考虑文化的因素以及配套的政策，力求能真正地帮助大学生创业者。

9.1.2　提供准公共服务

与纯公共服务的区别是，准公共服务可以引入市场组织和社会组织的力量。作为准公共服务的提供者，政府亟须做好以下两点。

第一，支持大学生创业孵化基地建设。作为一种新型的组织形式，大学生创业孵化基地旨在为创业者提供营业场所、通信设施、办公便利等硬件服务和教育培训、法律咨询、创业指导、资金筹集等软件服务，进驻基地的大学生会享受到房租、税费、融资等多方面的优惠政策及各项服务。创业孵化基地自 2001 年在我国首度出现后，就得到了大学生创业者的推崇，并因政府和高校的大力扶持而获得迅速发展。孵化基地一般按照"政府引导、多元集资、市场运作"的模式运作，经过多年的发展，已经逐渐形成省、市、高校三级的大学生创业孵化基地 ②。

大学生创业孵化基地的建设，不仅在于为创业者提供一个场所，更为重要的是它能敦促政府和高校充分利用创业政策和资源为大学生创造一个更为有利的创业环境，降低新创企业的风险和成本，帮助新成立的企业独立运行并健康发展，并培育创新型人才。一家创业孵化基地可以汇聚数十家至上百

① 唐骏."一元创业"后中国创业者仍需减负[EB/OL]. 中国新闻网，2014-3-11.
② 刘铸，陈森.辽宁省大学生三级创业孵化基地的功能与特点[J]. 中国大学生就业，2008（8）.

家创业企业，这些企业充分利用各类资源，能够产生良好的聚集效应，存活率、营运能力也大大增加。据美国企业孵化器协会统计，市场竞争下，新创中小企业的成活率一般不会高于 30%，经过孵化器的孵化和培育后，成活率可提升到 80% 以上，与没有经过孵化的企业相比，经过孵化的企业能提供 2 倍数量的就业岗位，而且其平均收入能达到前者收入的 1.12 倍，充分显示了企业孵化器对中小企业成长的重要作用①。因此，继续加快创业孵化基地的建设，成为推进大学生创业的一项重要举措。在本次课题组的调查中，华中科技大学大学生创业者郭同学在接受访谈时说：孵化基地使得他的初期创业成本和创业门槛低了很多，而且在孵化过程中他们还得到很多的资源。他表示，首先得到零首付的入驻资本，有了注册公司的场地和免费办公室；其次在创业者进驻孵化基地之前，基地的创业专家会根据市场前景对创业项目进行评审，通过的项目才可以进驻基地，这相当于在进入市场前给了项目一次完善自我的机会，专家还会为企业的发展提供建议与思路。此外，创业基地会不定期举办创业讲座，让在校学生接触到校外的成功创业者，获得关于如何选择项目、如何评估创业风险、如何进行投资等方面的技巧，这对于处于创业初期的大学生来说难能可贵。在访谈中，郭同学也反映，在孵化基地，他们还渴望其他方面的帮助和支持。我国现有的孵化基地都有提供减免甚至全免的房租，且配套生活、办公设施完备，如绝大部分孵化基地为孵化企业提供餐饮服务。但是，大部分孵化基地不对孵化企业提供软环境管理。因此，政府还应该补全孵化基地建设上的短板，完善孵化基地的软环境。我国虽然近年来逐步加大对孵化基地软环境的建设，但是与发达国家相比还有差距。例如在融资体系上，根据 2006 年《中国百姓创业调查报告》的数据，48% 的人创业资金不到 10 万元。2021 年的中国青年创业报告发现：创业者的启动资金缺口集中于 20 万元以下的区间，其中又以资金缺口低于 5 万元的创业者为主，占比达到 58.3%；资金缺口高于 20 万元的不到两成，高于 50 万元的不足 10%。经历了多年的发展，缺乏资金仍然是阻碍人们创

---

① 中国科技新闻学会.科技创业的温床 NBIA 的企业孵化器服务[J],中国科技信息,2006(13).

业的最大困难。我国在资金支持上相对单一，绝大部分来自国家的资助。在我们的采访中，郭同学就表示由于大学生创业的高风险性，银行对提供贷款并不热衷，就算说服银行贷款，但是缺乏抵押和担保的大学生在寻求银行贷款上还是以失败告终，风险投资相对容易些，可投资人基数不大。美国企业孵化器协会对孵化基地产业的调查表明：北美约 3/4 的创业孵化基地通过商业或专业性非商业银行为创业者提供资金筹措甚至担保服务，约 2/3 的孵化基地会建立创业者与风险投资者的联系，余下的 1/3 自己内部设置投资基金。另外，我国还没有完全建成孵化网络体系，这对于孵化器产业的发展、孵化资源的共享、基地的交流都是很不利的。在推进孵化基地产业的建设中，不仅要在数量上达标，在管理上也应跟上。孵化器健全和完善信用担保体系，引入中介服务提升"软实力"，建立信息交流网络等都是应该考虑的。

　　第二，加强创业资金融资渠道建设。创业企业的长久存活和成功离不开资金的大量投入，据 GEM 指出，导致既有企业失败的原因有很多，各国最普遍的因素便是不能盈利以及无法得到资金支持，世界既有企业负责人中大约有 16% 认为资金困难是他们企业倒闭的原因。在我国，目前大学生创业融资模式主要来自自筹资金、政策性贷款、风险投资。但是由于各种因素的限制，上述融资渠道给大学生创业带来的资金数量不是很大。除此之外，我国的融资渠道还存在三个结构设计方面的缺陷[①]。一是注重创业活动前期的扶助，忽视创业后期的帮助。创业活动具有高风险的性质，我国大学生创业成功率很低。创业陷入困境后何去何从是学生们必然要考虑的问题，可能日常生活费难以开销，也可能需要更多的资金支持创业。在这方面，应建立保险补偿机制或者给大学生创业的后续发展提供追加资金，实现资金链条从创业前期到后期的延伸。二是缺乏对大学生的不同创业类型针对性的设计。大学生创业类型一般可以分为机会型和生存型两种，前者科技创新力度较大，后者进入门槛较低。可以考虑对生存型创业的扶助多以国家和高校的政策性贷款为主，

---

　　① 卢亮, 胡若痴, 但彬. 发达国家大学生创业措施及对中国的借鉴[J]. 中国高教研究, 2014（8）.

对机会型创业多以风险投资、天使投资和银行商业贷款为主。三是缺乏多层次融资渠道。在如何拓宽融资渠道的问题上，我们以风险投资为例，来进行一个简单的分析：与美国相比，我国风险投资交易在数量上有较大提升，但最近几年差距拉大了，如图 9.1 所示。

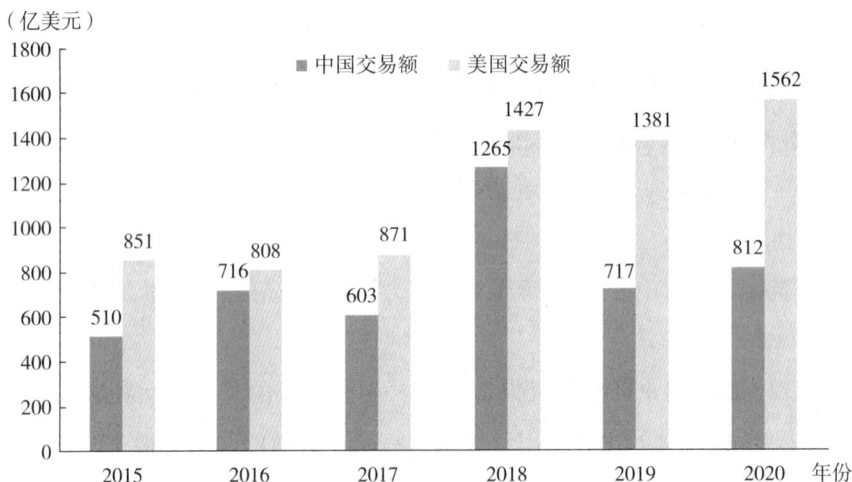

图 9.1 中美两国 2015—2020 年风险投资交易数量

资料来源：笔者根据相关资料概括整理。

作为一个经济总量排在世界前列的大国，我们有理由相信，风险投资在我国有巨大的发展空间。我们在对大学生创业调研过程中发现，比起条件苛刻、需要抵押、申请麻烦的银行贷款，大学生创业者获得风险投资人的注资更为现实。政府可以积极地为大学生创业引进风险投资人。首先，利用政府优势对风险投资人进行分类规划，进而根据创业企业的类型发展状况推荐性质不同的风险投资人。其次，制定进一步吸引创业投资人的优惠政策，可以借鉴英国的风险投资补偿机制，保障投资者的利益，加强政企合作，并用政策优势吸引投资人。最后，以股权、期权等方式吸引投资企业、专业投资人甚至普通民众为大学生投资。

9.1.3　引导大学生创业

引导大学生创业，政府加大对创业的舆论宣传是必不可少的工作。这种舆论宣传有助于塑造全民理解、社会支持的良好创业文化氛围。

通过分析国外大学生创业成功的经验，我们发现文化和社会因素对大学生创业的影响不可忽视。创业所具有的吸引力（创业被视为一种好的职业选择），会基于两种要素而显现出不同的特征：第一，社会环境是否支持创业者享有较高社会地位；第二，媒体对成功创业的报道频率和程度处于什么水平。GEM 调查发现，在撒哈拉以南的非洲地区，创业往往被视为一种好的职业选择。一位成功的创业者也能获得较高的社会地位，尤其是媒体对创业者的关注度会很高。在此环境的影响下，该地区的个体往往能够发现一些好的创业机会，这一比例占受访者的 69%。此外，该区域 74% 的受访者对自己开办企业所需能力和知识充满信心，仅有 24% 的受访者认为在开办企业时会存在恐惧感。同时，该区域尚未参与到创业活动中的很多受访者都表示有创业意愿，这个比例达到了 47%。有数据显示，高达九成的美国人认为，进行创业会得到社会的尊重，据统计，美国在校大学生创业率达 20%～23%，超过 50% 的美术或平面艺术类毕业生、20% 的图书管理专业毕业生、30% 的工程类毕业生会选择自主创业。[①]

综合目前权威的创业报告，目前我国大学生创业率是 1%～3%。从文化的原因来分析，创业引入中国的时间不是很长，创业的高风险和我国国民性格中的求稳心理相冲突，而创业文化是一种思想认识，首先作用于人的价值观念，进而扩展为社会心理，这是一个长期的过程。因此培育鼓励创业的社会文化需要时间，也需要政府用心多下功夫，政府的舆论导向可从下列方面入手。首先，加强创业扶持政策的宣传，加大对创业新闻报道力度，要善于在细节上把握，要注意报道的深度和连续性，注意宣传手段的多样性。既然政府鼓励大学生进行创业，就要让大学生和他们的家长知道政府有哪些实质

---

① 李海东. 浅析美国高校创新创业课程建设[N]. 中国社会科学报，2022-12-19.

性的支持措施，特别是要让他们知道获得这些支持的途径和办事程序，增强创业信心。比如在本课题组对学生的访谈中，不少创业的大学生知道政府提供了资金支持，但是从哪个部门领取、领取的程序和资格如何，没人告诉他们。再如 2014 年举办的中国 TMT 创业大赛，此次比赛联合了微软创投加速器、IBM 创业家全球训练营、红杉资本、诺基亚成长基金等全球知名 500 强企业和大量投资资金，本来是一个宣传报道、提高创业大赛在学生中影响力的好契机，但是只有部分媒体报道了开幕式，对于创业大赛后续却少有报道。因此国家需要对宣传平台进行资源整合，进一步加强对全国性创业信息网的建设，形成强大的关于创业信息的专门资源库，让所有关心创业的大众都能从资源库中找到相应的深入报道。同时，还可以通过开设大学生创业论坛、举行创业挑战比赛、召开创业交流研讨会、创办各种资讯媒介（如创业网站和报刊）等方式，形成政府重视大学生创业的氛围。其次，通过报纸、电视以及互联网等各种媒介，介绍创业的成功案例，使创业能够得到大学生的认可，让创业者能够得到社会的尊重。2013 年的 GEM 调查发现：从国内目前创业成功人士在国内受追捧的情况来看，创业人士在我国社会地位已经得到认可，而且最新的研究也表明相比非创业者群体，创业者群体有更高的工作权威和工作自主性，从而形成了显著更高的阶层认同，这种较高水平的阶层认同会给创业者本人对自我价值带来更积极的认识[①]。在本课题组的大学生创业现状调查中，大学生对创业者的社会地位得到尊重和认可表示同意，分数均值为 3.83 分，在创业环境的评分项中得分最高。然而，在本次调查中，大学生认为社会媒体关注度不够，只有 71.3% 的受访者认为媒体给予了他们关注，低于亚太地区 72.9% 的平均水平。最后，还要对创业者进行风险警示教育。大力倡导创业，并不是鼓励每个大学生都创业。创业具有高风险的特点，政府的宣传舆论引导应该让大学生对此有清醒的认识，也有助于社会接受和宽容理解创业失败，从而有利于树立正确的创业观，形成良好的创业文化。

---

① 何晓斌、董寅茜. 工作权威、工作自主性与主观阶层认同形成——基于创业者劳动过程的实证研究[J]. 社会学研究，2021（5）.

9.2　创业支持的主角——高校

从世界范围来看，培养和提高大学生创业素质是当代大学职能发展趋势。政府相关部门、社会组织与学生家庭在大学生进行创业的时候，都离不开学生所在的平台——高校的参与。高校要根据自身的优势，以创业教育为中心，培养高素质的创业人才。简言之，如果说政府是"发钱"支持创业，那么高校就是"造人"来支持创业。为此，高校要做好以下三方面的工作。

9.2.1　以创业学院为载体，推进创业教育的开展

创业教育被联合国教科文组织称为教育的"第三本护照"。2012年，我国教育部也制定了《普通本科学校创业教育教学基本要求（试行）》，目的就是让我国大学的创业教育走上科学、规范的发展道路。由于高校各院系的创业资源难以协调，没有发挥应有的作用，对学生的创业素质培养难以跃上新的台阶。创业学院是解决这一问题的有效途径，这也是对创业教育多样化的探索。国内也已经有部分高校进行了有益的尝试，形成了一些富有特色的创业学院模式，如上海交通大学模式、温州大学模式、西安外事学院模式、义乌工商职业技术学院模式等。比如，开创高校创业先河的义乌工商职业技术学院创业学院依托全球最大的小商品市场优势，打造了"市场共舞、师生同创、专创融合"的创新创业人才培养特色，入选了全国创新创业典型经验高校，它把创业教育与创业实践结合到一起，依托义乌这个全球最大的小商品集散中心，开设企业管理、财务、企业家心理素质等创业课程，开设"淘宝创业班"让学生投入实践。从这些创业学院成功的经验来看，一个创业学院

要取得成功，必须达到以下几点要求：建立创业人才的培养体系，这种培养体系涉及培养理念、培养方案和培养措施；拥有较为齐全的学科专业体系，为培养创业大学生人才提供专业支撑；良好的运行管理和考核机制，以免创业学院的建立和发展流于形式。

9.2.2 树立创业教育理念，加强创业教育的师资力量

自美国在 20 世纪 40 年代开展创业教育以来，这个概念就被许多国家用在教育中，作为促进就业的新经济战略的一个组成部分[1]。创业学理论认为，创业教育和创业的产生与产出相关，对于创业发展，它有非常积极的影响效果[2]。1998 年，联合国教科文组织在世界会议上承认它的价值，倡导培养企业家精神和提升高等教育技能[3]。中国自 2002 年起开始着重注意创业教育，以期通过创业教育引领创业从而解决大学生就业难题[4]。但是调查发现，对于开展创业教育的原因，高校甚至政府都只是把它作为一个促进就业的手段，特别是在面对较大就业压力的情况下更是如此。高校、社会需要改变传统理念，真正把培养学生的创新意识与能力作为落脚点，改变"创业只是为了临时性解决就业"的错误理念，而是把它看成从长远促进社会创新从而创造就业岗位的途径。

创业教学和辅导师资非常重要，创业课程的开展及创业实践的落实都离不开它。日本把创业导师的选择权交到学生手里，政府负责收集有商业背景的创业导师，通过全国性网络发布出去，学校、学生依需求选择适合的导师。美国的创业导师有完备的培训：第一步，通过参加创业模拟活动获得创业体验；第二步，在培训中让教师熟知教学内容；第三步，全体教师在讨论

---

① McMullan, W.E.; Long, W.A.. Entrepreneurship Education in the Nineties[J]. Venturing, 1987, 2 (3), 261-275.

② 湛军. 高校创业教育课程框架建设的理论探索[J]. 理工高教研，2007（4）.

③ UNESCO. Higher Education in the Twenty-First Century Vision and Action[DB/OL]. 1998-11-05.

④ Yiyang Fan;Xing Zhang;Yuting Qiu. The State of Entrepreneurship Education in Universities in Shanghai, China: A Survey from Students' Perspective[J]. Scientific Research, 2013, 4 (2), 92-97.

会中共享教育经验。除此之外，美国还有专门的创业智囊团，如伊利诺伊大学、百森商学院就聘请了许多专业创业教师在专门的创业研究所进行创业教育研究。

针对我国目前开展创业教育的授课教师缺乏实践经历、过度依赖书本的问题，高校应加强创业教育师资队伍建设，在创业教育研究、创新创业实践以及企业挂职等方面给予教师支持。优化兼职教师队伍结构，定期邀请优秀的创业者开展创业讲座和培训，聘请他们作为创业导师，让学生得以共享他们的实际创业经验。同时，可以利用互联网平台让暂时欠缺师资资源的学校的学生们同样享受优质创业教育，比如 EDX 就是麻省理工学院和哈佛大学各投入 3000 万美元联手创建的大规模开放在线课堂平台 [①]。

9.2.3　完善大学生创业知识结构

高校的创业教育要从大学生创业课程体系建设入手，增设大学生创业的相关课程。虽然最近 10 多年来，我国高校已普遍开设创新创业教育课程，累计开课 3 万余门，但是我国创业研究的时间不长，缺乏相关的理论研究，导致出现知识理论课程和能力实践课程的关注点冲突、公共选修课和必修课开设的比例失衡，以及创业创新的课程和专业课程的融合困难等问题。所以，我国创业教育的效果有待提升。

同时，国内创业教育教材质量不高已经得到众多研究的证实。在英国，创业教材的编写会邀请企业家的参与，结合他们自己的经验给学生还原一个最真实的"商界"，他们也把创业课程作为必修课认真对待。澳大利亚也有配套化的教材进行课程讲授。教学过程中，很多国家会邀请商界的杰出校友到学校宣讲、指导。一些高校还会以特聘的方式邀请商业精英来学校上课、交流。有效的创业教育应该是从专业基础知识和公共管理知识这两个方面进行。正如美国在学生的整个学习生涯都开设涉及职业兴趣的创业专业知识课

---

① 余建波.三大MOOC平台比较及启发[J].中国教育网络，2013（9）.

程和关于融资、资源、创始人去留等公共知识课程，日本高校对不同学科的学生设置了创业实战教育型（经济学院或商学院）、经营技能综合演习型（对于商学院或经济学院的商业计划书写作）、创业技能副专业型（主要针对把创业作为副专业的工科和医科主修学生）、企业家精神涵养型（全体学生的普遍教育）等不同教育课程类型。

大学生的创业知识结构除了课程知识、就业指导，还应包括创业实践。有学者认为，创业实践是最能激发创业潜能的教学方式，它充分展现了创业教育的特征[①]。美国的卡迪拉克计划影响深远，覆盖了全美 700 多所大学、约 25 万大学生。通过联结高校、政府、企业，让在校大学生有机会到这个组织中接受实践学习，大学生在校内所学的知识经过了社会的检验，在锻炼自我的同时也获得经济收益。同时，美国高校的创业大赛在全球享有盛名，硅谷的创业公司离不开麻省理工学院、斯坦福大学等高校的创业大赛。我国高校创业实践还存在一些问题，大学生缺乏把想法付诸实践的勇气，尤其是最近几年来，创业难度有所增加，来自麦可思的专项调查统计分析发现：2022 年我国大学生的创业率为 2.9%，自主创业群体的难度在持续增加，这与发达国家 20% ~ 30% 的创业比例相差甚远。我国高校学生创业社会经费主要来源于教育经费，但是由于高校办学经费本身紧张，投放到大学生创业实践上的就更少了，而高校与企业间的沟通相对不足，学生的创业项目难以获得像美国创业大赛中企业的投资。要强化大学生创业实践，在精神与资金上的支持都不可少，要宣传鼓励大学生参与创业并对参与创业的大学生给予资金、场所支持。

---

① 马奇柯.国外大学生社会实践的经验和启示[J].中国青年研究，2003（3）.

9.3 创业支持的协助者——社会机构

社会机构分为营利性和非营利性的机构。前者包括银行和企业等组织，后者包括社会公益机构等。当银行认为大学生的创业项目前景不太理想的时候，大学生申请贷款遇到阻碍就在情理之中了。我们要求营利性的银行和企业支持创业活动，不能强迫性地规定，毕竟这不是它们的义务。所以，要在实践中摸索、发现、规划和制定利益共享机制，让这些营利性机构在参与大学生创业活动中找到利益共同点，调动他们的积极性，政府还要使用相应的措施来保障创业大学生的合法权益，适当地对营利性机构和大学生之间的活动进行监督指导，才能更好地推动创业活动的发展。对于非营利机构而言，无论其数量和规模还是所拥有的能力以及法律制度给予的权利范围，目前都无法和政府相关部门以及高校相比。所以从上述角度考虑，社会机构不像政府和高校那样承担主要作用，其定位就是创业支持的协助者。

首先，以企业为代表的营利性机构可以为大学生创业提供开展创业活动所需要的师资。很多企业的老板和经理具有丰富的企业管理运营经验与社会阅历，或者他们本来就是通过创业起家，让他们通过高校授课、企业家讲堂、专家点评、创业沙龙等各种形式和学生进行交流，分享自己成功的经验与失败的教训，比单纯的高校教师讲课更具有说服力。例如在美国，高校尽量使创业者的才能得到发挥，让创业者担任高校创业课程的兼职教师。排名前25位的全美高校创业培训机构专职教师是企业家身份的平均比例在60%以上；最低的是芝加哥大学创业培训中心，比例为35%；最高的是以学生创业著称的百森商学院，比例是100%。这些专职教师的社会经验、关系网络对大学生创业的成功有着积极显著的影响[1]。其次，在政府的协调下，校企合作

---

[1] 卢亮，胡若痴，但彬. 发达国家大学生创业措施及对中国的借鉴[J]. 中国高教研究, 2014(8).

建立创业实践基地。对于这点，前文已经阐述过，不再重复，只是特意强调另一点：企业的创业实习基地除了可以让大学生把所学的理论知识和实际业务紧密结合，培养和提高自身创业能力以外，更重要的是通过企业的实践，了解到企业家创业的艰辛，领悟企业家的创业精神，为自己未来的创业培养创业意识和创业品质。最后，企业可以通过加盟、投资、外包等多种办法参与学生创业。在以加盟方式帮助学生创业方面，广州市作出了很好的尝试。在地方政府的支持下，广州企业邓老凉茶不仅对创业者免除首年加盟费、管理费，而且免费提供全程创业指导。经过试点总结经验后，在广东青年连锁创业扶持项目中，多家连锁企业为创业青年提供 1000 个免费加盟项目。

投资方式可采取全额控股或部分控股的方式实现。可以让企业方给创业的大学生提供资金来源；由于企业作为利益相关者出现，在经营过程中，还可以为创业者提供一定的指导，减少其创业的风险。一旦大学生创业企业发展起来，作为享有股份的企业方可以出售或者转让，从而获取收益，实际上，这就是企业版的"天使投资"。当然，这种企业方持有和出售大学生创业企业的股份，一定要在政府或者高校的协调沟通下进行，以确保当事者双方的权益。外包方式就是企业可以把自己的业务或者承接的外包业务转给大学生创业团体承办。作为项目承接方的大学生创业团体，社会关系网、自身经验等方面存在不足，知名度不高，难以拿到项目。如果由企业愿意提供外部项目，大学生创业团体可以通过这种项目得到实践，积累经验，从而提高创业的成功率。对于企业而言，也有不少好处：企业可以减少用工风险，节省人力资源成本；由于大学生的创业能够享受政府提供的政策优惠，社会上的企业就可以通过和他们的合作，化解一定程度的经营风险，从而节省经营成本；再者，大学生创业团队刚刚成立，没有形成固定的模式，更容易合作，并可以提高项目运营效率。例如作为印度信息技术和软件业最具有影响力的组织，NASSCOM（印度软件和服务业企业行业协会）大学生的服务外包创业计划实施被证明是卓有成效的。他们每年从印度的工程师数据库中选出 50 个团队，给予 1 万美元资助，进行首批启动，然后从中选出 10 个最具创意的团队，资金资助追加到 5 万美元。目前，印度这种大学生创业外包模式正在被成都市所采纳和借鉴。

　　本书中的非营利性机构和公益性组织、非政府公共部门具有同样的涵义：它们都是不以营利为目的、独立于党政部门之外的独立性组织，主要开展公益性社会活动。政府组织、市场组织、社会组织是现代国家的公共服务组织体系的"三大部门"。对作为社会管理的政府部门和进行经济活动的营利性机构而言，在履行各自的职能的过程中，总有运行失灵的时候，此时，非营利组织便可介入进来，发挥一定的补充作用。党的二十大报告就指出："引导、支持有意愿有能力的企业、社会组织和个人积极参与公益慈善事业。"

　　从我国的实践来看，非营利性组织可以在创业活动中发挥三种平台的作用：信息共享平台、团队创业平台、专业服务平台。信息共享平台就是尽量发挥非营利性组织的中间桥梁作用，把从社会中得到的信息尽可能地反馈给大学生创业者。非营利性机构天然地连接政府、企业和个人，能够获得来自社会各阶层海量的信息，在非营利性组织的平台上，政府的政策信息、企业的市场需求、创业者个人的创业诉求得到交流，从而使得创业更有针对性和方向性。团队创业平台可以凝聚大学生创业人才，给志同道合的创业大学生提供合作的机会。通过交流，可以让有些创业者找到共同点，对他们的项目进行整合，组成团队，提高创业成功率。专业服务平台可以提供创业信息服务、技术咨询服务、市场指导服务等，发挥整合社会资源的作用。大学生是相对弱势的群体，掌握的社会资源比较匮乏，在创业中必然面对更大的压力，这时候就可以求助于非营利性机构，让他们出面联系企业管理专家进行相关培训、联系地方政府解决企业经营场地和后续配套设施等难题。在实际操作方面，杭州大学生创业联盟、中国青年创业国际计划（YBC）等非营利性机构在支持大学生创业方面取得巨大的成效，他们根据自身的特点进行探索，建立了极富特点的公益性创业扶助体系。上海大学生科技创业基金会天使基金（EFG）的"创业雏鹰计划"，杭州大学生创业联盟的"杭州模式"，得到了社会的一致肯定和赞扬。当然，非营利性机构自身也存在一定的不足，如没有经营收入、掌握的社会资源有限等，这就需要政府组织和市场组织通力合作，共同参与到支持创业的活动中来。

9.4 创业支持的基石——家庭

家庭对创业者的支持作用往往没有得到重视，当创业者从社会中得不到有效的帮助或者各种扶持措施不是那么健全的时候，家庭就是创业者可以拥有的最可靠的最终保障了。当大学生进行创业的时候，就不仅仅是大学生个人工作和兴趣的问题了，在中国这样一个注重血缘关系的社会，家庭也会牵涉其中。家庭对创业者的影响是巨大的，它能决定大学生的创业意愿。2015年，中国青年报社会调查中心对全国13734人做过一项调查，结果显示66.6%的受访者认为对大学生创业意愿影响最大的因素来自家庭。在创业过程中，家庭还能够在资金、社会网络以及精神等多方面提供支持。

首先是资金方面的支持。不得不承认，由于创业资金缺乏，大部分大学生创业者不得不求助于自身家庭。在我们本次课题组的调查中，大学生创业者一致认为政府提供资金支持、税费减免非常重要，比例达到51.8%～58.9%，特别是生存型创业者更渴望资金支持。这也得到了其他社会调查的证实：2015年中国青年报调查的结果是，58.2%的受访者认为资金是大学生创业者从家庭得到的最大支持。资金是创业最基本的起点，决定了创业者能够进入的行业和技术层面。我国鼓励大学生创业，希望以此解决就业问题，但是在资金扶持对象方面，又把重点放在机会型创业活动上。机会型创业固然会促进就业，但是生存型创业的就业促进作用也不可忽视，况且还有相当一部分创业的大学生来自农村和贫困家庭。然而，对于大多数大学生创业者而言，家庭资金的数量是有限的，一旦创业者创业不顺利，就有可能把其家庭拖入深渊。不仅如此，如果主要依靠家庭提供资金的话，创业者不太可能进入高风险的高新技术行业，也不能达到国家通过创业来支持创新的目标。因此，指望家庭的资金支持并不是长远之计。

其次是家庭社会关系网络的支持。根据研究，社会关系网络分为强关系网络和弱关系网络，家庭的社会关系网络属于强关系网络。在中国这样一个重视人情关系和血缘关系的社会里，相对于弱关系的社会网络而言，强关系的家庭网络对缺乏社会资本与经验的大学生进行创业是非常有帮助的，它可以为大学生提供双重支持：情感和实践援助，有助于创业者形成创业动机、发现创业机会、获取创业资源、提升创业绩效等，而且这已经得到了国内众多研究的证实。不过，由于家庭的网络关系属于创业者个人的"私有品"，具有一定的排他性，产生外溢效应比较困难。为扩大其使用效果，可加以改造创新，比如在利益链条比较紧密的大学生创业圈之内，可以相互共享和交换各自的家庭网络，形成多方共赢的局面。

最后是家庭提供精神层面的帮助。精神层面的支持来自两点。一是家庭成员的精神特质能够影响大学生的创业观。国外的研究已经证实：父母的教养方式会影响大学生的创业兴趣。在中国，家长对创业的认知态度、家庭的创业氛围等也会影响到大学生的创业意愿。家长对创业越认同，家庭的创业氛围越好；如果家庭中的亲戚也在创业，而且其创业经验越丰富，那么作为该家庭成员的大学生得到的支持也会更有效，创业的意愿也会更加强烈。二是家庭成员还能在大学生碰到创业困难时提供精神安慰。创业是一项有风险的活动，大学生在创业过程中经常会遇到各种困难，难免会有消极情绪，如有家庭成员的安慰、鼓励和开导，无疑会化解大学生的创业心理压力，增强创业信心，能够发挥其他机构如学校、社会公益机构所无法发挥的作用。2015年中国青年报调查显示：创业大学生在最需要家庭支持的方面，精神方面的支持排名第2位，占受访者的19.7%，仅次于资金方面的支持。这说明对大学生创业者来说，家庭的精神支持不可缺少。在本课题组的调查中，我们也发现，创业大学生的社会关系网络给他们的情感支持排名第2位，仅次于信息资源支持，高于技术和财务支持。

一般来说，家庭支持创业是基于两点原因的考虑：经济利益和血缘关系。经济利益关系是可以被政府引导的，血缘关系意味着发自内心的自愿，而非强制性的。要让家庭的支持作用能够发挥出来，关键在于政府、高校和社会各界齐心协力创造一个良好的外部环境：让关于创业积极意义的宣传走进大学生家庭，创业政策的执行效果得到他们的认可，进而使家长觉得创业在经济层面上是机会大于风险的事情、在精神层面上是值得自豪的事情。这样，来自家庭的支持就水到渠成了。

第十章　大学生创业就业绩效测算

"绩效是一个多维建构，观察和测量角度不同，其结果也会不同。"[1]

——Bates and Holton（1995）

[1] Reid, A. Bates.; Elwood, F. Holton III.. Computerized Performance Monitoring: A Review of Human Resource Issues[J]. Human Resource Management Review, 1995, 5(4), 267-288.

作为创业大军的重要组成部分，大学生创业活动发挥着越来越重要的作用，承担着创新与创造就业岗位的职责。通过前文的理论探讨与实证分析，我们对大学生创业的就业功能有了一定的认识和了解。但是这种学术理论层面上的探讨还是不够的，我们的最终目的是要为相关部门制定政策提供一定的依据，而这就需要对大学生创业的就业效果作出一定的评估。也就是说，一套科学、严谨的衡量创业促进就业效果的指标体系是非常有意义的。

10.1 研究综述

如何制定一套指标体系来评估大学生创业就业的效果，国内目前的研究仍存在不足。从已有的文献资料来看，对于大学生创业指标体系的探讨，主要集中在创业政策体系评估指标，有赵国钦和韩天实[①]、汤明等[②]、樊信用等[③]；创业教育支持体系评估指标，有刘海滨等[④]、张保华[⑤]。对于大学生就业效果的评估是作为一个二级指标或多或少地包含在创业政策的评估指标体

① 赵国钦，韩天实. 大学生创业的政策扶持体系：文本分析、感知评价和优化建议[J]. 中国人力资源开发，2016（15）.

② 汤明，王万山，刘平. 政策如何促进大学生创业——大学生自主创业扶持政策绩效评价体系研究[J]. 教育学术月刊，2017（11）.

③ 樊信用，许婷婷，樊俊娥. 大学生创业扶持政策评价体系构建模式探究[J]. 北京印刷学院学报，2021（S1）.

④ 刘海滨，杨颖秀，陈雷. 基于 AHP 的大学生就业创业教育评价指标体系构建[J]. 东北师范大学报（哲学社会科学版），2013（2）.

⑤ 张保华. "双创"时代构建高校创新创业教育体系的思考[J]. 教育观察，2021（10）.

系中。当然，也有少量的专门研究创业促进就业评估指标体系的文章。例如，冯政和翟涛[1] 在他们的文章中提出了创业评价指标体系，包括创业效果评价、创业质量评价、创业培训评价、创业服务评价，其中，创业效果评价包括创业占就业比重和创业带动率两个二级指标。谢敏等[2] 在其专著中提出了一套大学生创业带动就业效应的评价指标体系，这套指标体系的特色之处就是把各种影响创业就业的因素（如创业者的年龄、教育程度、政策扶持力度、创业公司成长年限、创业企业个数、大学生创业培训程度等）都作为评价指标，而真正衡量就业效果的只有创业企业提供的岗位数量这样一个核心指标。上述研究存在的不足之处是过于关注大学生创业所创造的就业岗位数量指标，即使如此，也只关注就业岗位数量的静态性。我们知道，由于创业活动蕴含着一定的风险，所创造的就业岗位数量具有一定的动态性，也就是说，创业所带来的就业数量是不稳定，对于创业企业而言，在不同的经营时期可能会提供不同数量的就业岗位。另外，上述研究对于创业者本人或者创业企业员工的就业质量关注不够。目前，对于创业者的就业质量的关注已经是国际创业组织和学者们研究的热点问题，如创业者的收入、满意度和幸福感，请见前文综述。

---

① 冯政，翟涛. 创业促进就业评估指标体系研究[J]. 中国劳动，2006（6）.

② 谢敏，王积建，杨哲旗等. 大学生创业指数研究——基于《全球创业观察中国报告》[M]. 北京：中国社会科学出版社，2013：130-138.

10.2　标准、模式与原则

我国出台各种优惠措施扶持大学生创业，其目的之一就是希望通过创业来缓解大学生的就业压力，因此，实行创业政策以后，能否实现促进就业的政策目标，实现程度如何，就是本研究设定就业指标评价的标准。具体地说，就是根据实际情况，把这种就业目标内化到就业评估指标体系中，而且在评价过程中把就业指标的实现情况与就业的预定目标值进行比较，用来评定目标的完成情况。

在对政策评估模式的研究中，Vedung[①] 提出基于政府干预的实质结果分类的政策模式，这种分类模式得到了学者们的广泛认可。他把评价模式分为效果模式、经济模式和职业化模式三大类。本研究主要采用 Vedung 效果模式，这种评价模式注重政策实施后的结果和影响。

为了更好地评估创业的就业功能，我们需要按照以下原则制定一套有效完整的评价指标体系，并且采用科学严谨的办法进行分析和分配每个层次的权重比例关系，为完善相关政策奠定基础。

全面系统性原则。所谓全面性，就是要求所选取的指标能够尽可能地反映创业活动与就业之间的联系，从而通过这些联系来认识创业所产生的就业效果。创业对就业产生的影响可能是多方面的，这就提醒我们不能仅凭单一的指标，如就业数量或者就业质量指标来评估，而应该多思量、多推敲，形成一种多参数、多因素的系统，才能真实地解释创业活动的本质。所谓系统性，是因为评估指标体系由多种评估参数构成，这就要求我们在选择指标的

---

① Evert Vedung. Public Policy and Program Evaluation[M]. New Brunswick and London: Transaction Publishers, 1997.

时候，要避免指标之间的相互冲突；不仅如此，这些指标还要能够形成一个层次分明的整体，体现一定层次递延性，能够多角度、多方面地揭示大学生创业的实际效果与效率。

科学严谨性原则。所谓科学严谨性原则，就是要根据科学的方法来选取和制定指标体系。科学的方法首先体现在依据相关科学的理论，凭事实说话，而不是凭空想象。比如，数量指标的制定和分级，可以采用的依据是自身的调查结果以及前人相关的研究结论。其次还要求在进行测算的时候，权重比例的确定、数据的获取、测量的方法等都是通过严谨的思考、翔实的步骤来实现的，力争让指标体系的每一个细节都处于合理的范围内，从而能确保作出最正确的评价。

简约实效性原则。所谓简约实效，就是在实行评估的时候要考虑现实可行性，指标要适合评价者作出准确的评价。具体来说，就是满足以下三点。首先，指标体系要避免烦琐复杂，做到简明扼要，具有一定的代表性；其次，相关指标的定义要容易理解，不令人产生歧义和误解，同时获取收集相关数据容易可行；最后，指标体系容易评估，能够体现指标的目的性。

10.3 指标的选取和制定

10.3.1 选取指标

在选取指标之前，课题组阅读了大量的文献资料，其来源有：中国期刊网、人大复印报刊资料数据库、百度文库、SSRN、EBSCOhost 数据库。通过对相关文献的阅读和整理，对创业与就业的关系有了一定的了解。从上文的论述可知，由于对创业就业的评价并没有完全专门的研究，因此本课题组在借鉴和综合上述研究成果的基础上，提炼出了如表 10.1 所示的指标。

表 10.1　　　　　　　　　　指标归纳

目标层	标准层	子标准层	指标层	指标定义
大学生创业就业绩效评价体系	就业数量指标	就业存量	机会型创业就业存量	创业企业当前经营年度内所创造的就业岗位数量
			生存型创业就业存量	
			其他型创业就业存量	
		就业增量	机会型创业就业增量	创业企业从成立初期到现在每年创造的就业岗位数量的增长率
			生存型创业就业增量	
			其他型创业就业增量	
	就业质量指标	收入水平	机会型创业收入水平	人均当年收入水平
			生存型创业收入水平	
			其他型创业收入水平	
		创业企业存续时间	机会型创业企业存续时间	创业企业从成立到现在的时间长短
			生存型创业企业存续时间	
			其他型创业企业存续时间	

续表

目标层	标准层	子标准层	指标层	指标定义
大学生创业就业绩效评价体系	就业发展指标	企业就业人员流动率	机会型创业就业人员流动率	每年平均流动的人员占员工总数的比例
			生存型创业就业人员流动率	
			其他型创业就业人员流动率	
		社会保障程度	机会型创业社会保障程度	企业内员工对企业给予其社会保障水平（或购买商业保险）的满意程度
			生存型创业社会保障程度	
			其他型创业社会保障程度	

资料来源：笔者自制。

为了更好地找出指标体系设计的问题，我们采用了专家咨询的办法，通过电话和电子邮件、面谈等方式，让他们对指标的重要程度进行判断。专家有：2 位关注大学生创业研究的大学教授，1 位主管创业就业工作的政府官员。反馈结果如下。

第一，建议去掉按照创业类型划分的第三层指标。理由如下：既然是对大学生创业的就业效果进行评价，如果专门按照不同的类型来设计权重，那么就没有统一的标准来比较各种类型创业活动的就业效果。比较合适的办法是在问卷前面设计创业类型的选项，请大学生创业者自己填写，这样方便比较。

第二，个别指标表述不清楚。例如，就业质量指标到底是衡量创业者本人还是受雇员工的收入水平，企业就业人员流动率是指员工的内部晋升还是员工离开本单位。

经过完善和修改，最终指标确定下来（见表 10.2）。

表 10.2   研究指标

目标层（A）	标准层（B）	指标层（C）	指标层定义
大学生创业就业绩效评价体系	就业数量指标（B1）	就业存量（C1）	创业企业当前经营年度内所创造的就业岗位数量
		就业增量（C2）	创业企业从成立初期到现在所创造的就业岗位数量
	就业质量指标（B2）	创业者的收入水平（C3）	创业者本人（不是员工）的年均收入
		创业企业存续时间（C4）	创业企业从成立到现在的时间长短

续表

目标层（A）	标准层（B）	指标层（C）	指标层定义
大学生创业就业绩效评价体系	就业发展指标（B3）	企业就业人员离职率（C5）	某个时期之内辞职辞退、自动离职人数占曾经在册员工总数的比例
		社会保障程度（C6）	企业内员工对企业给予其社会保障水平（或购买商业保险）的满意程度

资料来源：笔者自制。

10.3.2　指标说明

政府推动大学生创业的目的是解决自身就业，并以此来推动就业。因此，评价毕业大学生的创业就业效果，就应该从上述两个维度来衡量。在整个就业指标体系中，我们设计了3个一级指标：就业数量指标、就业质量指标以及就业发展指标。就业质量指标是测量创业者本人的就业情况的指标，就业数量指标和就业发展指标实际上是测量创业企业员工的就业情况，从某种程度上来说，就业发展指标也是衡量创业企业员工的就业质量指标。每个一级指标包含2个二级指标。就业数量指标包括就业存量和就业增量2个二级指标，就业质量指标包括创业者的收入水平和创业企业存续时间2个二级指标，就业发展指标包括企业就业人员流动率和社会保障程度2个二级指标。

1. 就业数量指标：反映了创业所产生的就业带动效应

第一，就业存量指标。就业存量指标是指创业企业当前经营年度内所创造的就业岗位数量。一般来说，创业企业是新兴的小型企业，所创造的就业岗位数量不是很多。根据本课题组的调查，在接受调查的大学生创业企业中，58.2%左右的企业雇用员工5人以下，73.3%左右的企业雇用员工10人以下。上海就业促进中心的调查显示：每个创业企业平均创造8.8个就业岗位，这也验证了本研究的调查结论的可靠性[①]。

在GEM的报告里给出了不同类型的创业活动所创造的就业岗位数量，例如一个机会型创业者，当年带动就业平均为2.77人。据估计，70%以上的生

---

① 上海：发布2020居民创业状况调查报告 [EB/OL]. 人力资源社会保障部，2021-04-22.

存型创业者提供岗位不超过 5 个，61.5% 以上的机会型创业者可以提供 5 个以上就业岗位（其中 40% 以上可以提供 20 个以上就业岗位）。所以，在进一步制定详细的就业评价指标时候，就必须考虑这些现实情况。

第二，就业增量指标是指创业企业从成立初期到现在所创造的就业岗位数量。在创业企业的成长过程中，企业所创造的就业岗位数量也是不断变化的。已有的各项研究显示：创业企业更容易受到外部经济环境等各项因素的影响，所创造的就业岗位数量也会呈现一定的波动性。在经济平稳和行业景气的时候，员工人数是增加的；当经济形势较差和行业不景气的时候，员工人数减少。因此，我们可以判定：如果创业企业的就业人数能够持续增加，说明该企业能够克服外在不利因素的影响，确实能够发挥创业带动就业的功能。

2. 就业质量指标：反映了创业者本人的就业状况，创业者的收入水平越高，创业企业存续时间越长，意味着创业者的就业质量越高

第一，创业者的收入水平。创业者的收入水平指创业者本人的年均收入。创业者进行创业时，一般会有经济收益或者非经济收益。GEM 的创业报告就是用非经济收益（如创业满意度）来衡量创业者的创业状况。由于每个人的主观评价标准不一致，设计评估方法比较困难，所以我们采用收入这种客观的经济收益指标。

第二，创业企业存续时间。创业企业存续时间是指创业企业从成立到现在的时间长短。很显然，创业企业存续时间越长，创业者本人的就业时间也越长；创业企业倒闭，创业者本人也就失业了。

3. 就业发展指标：实际上反映的是创业企业员工的就业质量情况

政府注重就业，不能仅仅关注就业数量，还要关注就业质量。创业企业一般为小型企业，抗风险能力比较差，这会相应地影响到员工的就业状态，比如缺乏一定的社会保障、员工流动比较频繁等。这种不稳定的就业状态可能会导致社会的不稳定，所以就业的保障性和稳定性值得重视。之所以选取就业发展指标作为评价因素，也是考虑到了这些情况的改善需要一定的时间，可能会随着创业企业的发展壮大，企业的管理制度逐步规范起来。对就业发展指标的选取和测量，就是为创业企业的未来发展制定一个规范和标准，以确保员工的权益。

第一，企业就业人员离职率。它指某个时期之内辞职辞退、自动离职人数占曾经在册的员工总数的比例。如果离职率过高，说明大量员工的就业状态不稳定，可能会增加社会的就业压力。

第二，社会保障程度。它指企业内员工对企业给予其社会保障水平（或购买商业保险）的满意程度。考虑到创业企业的现实情况，并不是每个员工都享受国家法定的社会保险，所以员工对其所享有企业社会保障水平进行评判（如工伤保险）很有必要。

10.3.3　方法及运用步骤

在进行指标体系的权重测算的时候，我们选用 AHP 法，该方法是美国著名运筹学家 T.L.Seaty 教授在 20 世纪 70 年代初提出的一种层次权重决策分析方法。该方法的优点，首先是简洁实用，通过两两比较的方法确定同一层次元素相对上一层次元素的数量关系后，再来进行简单的数学运算。各个层次中的各个因素可以量化的方式作用于结果，所得到的结论就非常清楚、明晰。其次所需要的数据信息较少，可以节省操作成本。由于客观赋值法需要大量的数据，成本相对较高，如果计算偏差的话，则会导致错误的结论，而 AHP法只需要较小的样本量即可达到目的。

1. 建立层次结构模型

首先构建一个层次结构模型。通常来说，这种模型由 3 个层次构成，在深入分析实际问题的基础上，将有关的各个因素按照不同属性自上而下地分解成若干层次，同一层的诸因素从属于上一层的因素或对上层因素有影响，同时又支配下一层的因素或受到下层因素的作用。最上层为目标层，通常只有 1 个因素，是设定的决策目标。最下层一般为指标层，是整个评价体系的基础。中间层是目标层和指标层的过渡环节，可以有若干层次构成，也称为标准层。

2. 构造比较判断矩阵

在层次结构模型中，对于从属于同一层次的各个因素的重要性用 1 ~ 9

的比较尺度进行两两比较，从而构造出两两比较的判断矩阵（见表 10.3）。

表 10.3 尺度的含义

因素甲比因素乙的尺度值	尺度值的含义
1	同等重要
3	稍微重要
5	较强重要
7	强烈重要
9	极端重要
2，4，6，8	上述两相邻判断的中间值

资料来源：笔者自制。

3. 计算各元素的相对权重并进行判断矩阵的一致性检验

首先计算权重，对每一个对比矩阵可以用和法、根法和幂法计算出最大特征值和特征向量。

计算权重时，先求出每行元素的几何平均值，然后进行归一化。

$$\mu_i = \frac{\sqrt[n]{\prod_{j=1}^{n} \alpha_{ij}}}{\sum_{k=1}^{n} \sqrt[n]{\prod_{j=1}^{n} \alpha_{kj}}}$$

得出权重向量：$W = (\mu_1, \mu_2, \cdots, \mu_n)^T$。

其次进行一致性检验。在检验判断矩阵是否具有一致性时，还需将一致性指标 CI 和平均随机一致性指标 RI 进行比较，即：CR=CI/RI，得出检验系数 CR。如果 CR < 0.1，则通过一致性检验。特征向量（归一化后）即为权重向量，否则，需重新构造成对比较矩阵。

4. 计算各层次对于系统的总排序权重并进行排序

从上层开始到底层结束，对不同标准层包含的各个元素权重进行合成，得到层次总排序权重，最后逐层进行总的一致性检验。

5. 权重的确定和一致性检验

通过上文的分析，我们确定了大学生创业就业评价的指标体系。邀请

8 位专家打分，4 位专家是高校专门从事大学生创业和就业研究的教授，2 位专家是县级与市政府相关部门主管就业工作的实际负责人，还有 2 位从事创业活动多年、已创办自己企业的高校硕博毕业研究生。收集问卷后，使用AHP 法对调查结果进行统计分析，最终确定了各项指标的权重。

把得到的 8 个数值进行分析和比较，确定接近多数为准的原则取值。即将 8 个数值进行比较，选择其中高频率相同数值，若没有相同的，则在多数趋势数值中取中值。如：1/4、1/3、1/4、1/2、1/3、1/4、1/4、1/3 则取 1/4；1/2、1/3、1/4、1/5、1/8、3、2、1、4 则取 1/4，然后写入判断矩阵中。比如在就业数量对就业质量的打分中，8 位专家给出的分数分别是 1/3、5、1/5、1、5、5、1/5、1/3，那么就取值 5，其他选项的打分以此类推。

6. 指标权重判断矩阵

下面以标准层的各个指标为例，使用层次分析法中的方根法来计算各指标权重（见表 10.4）。

表 10.4　　　　　　　　　　　指标权重表

	B1	B2	B3
B1	1	5	5
B2	1/5	1	1
B3	1/5	1	1

从该矩阵中可以得出判断矩阵：

$$A1=\begin{bmatrix} 1 & 5 & 5 \\ \frac{1}{5} & 1 & 1 \\ \frac{1}{5} & 1 & 1 \end{bmatrix}$$

第一步：求出 *A1* 矩阵中各行元素的乘积。

M1=25，M2=0.2，M3=0.2

第二步：求出 Mi 的 n 次方根（n=3）。

$\mu_1^{(0)}=\sqrt[3]{25}=2.9240$

$\mu_2^{(0)}=\sqrt[3]{0.2}=0.5848$

$\mu_3^{(0)} = \sqrt[3]{0.2} = 0.5848$

第三步：对向量做归一化处理，求出特征向量。

向量是 $W = (2.9240, 0.5848, 0.5848)^{\mathrm{T}}$，归一化后得到特征向量：

$\mu_1 = 0.715$

$\mu_2 = 0.1428$

$\mu_3 = 0.1428$

特征向量为：$W = (0.715, 0.1428, 0.1428)^{\mathrm{T}}$。

第四步：求特征根 λ_{max}。

$$A1 = \begin{bmatrix} 1 & 5 & 5 \\ 1/5 & 1 & 1 \\ 1/5 & 1 & 1 \end{bmatrix}, \quad W = (0.715, 0.1428, 0.1428)^{\mathrm{T}}$$

$$\lambda_{max} = \frac{1}{n} \sum_{i=1}^{n} \frac{(AW)_i}{W_i} = 3.01$$

第五步：一致性检验。

$$CI = \frac{\lambda_{max} - n}{n - 1} = \frac{3.01 - 3}{3 - 1} = 0.005$$

通过查找相应的 n 阶比较判断矩阵的平均一致性指标 RI，当 n=3 的时候，RI=0.58（见表 10.5）。

表 10.5   **RI 数值**

阶数	1	2	3	4	5	6	7	8	9	10
RI	0	0	0.58	0.90	1.12	1.24	1.41	1.45	1.49	1.51

第六步：计算一致性比例 CR。

$$CR = \frac{CI}{RI} = 0.009$$

通常认为，当 CR < 0.1 的时候，就可以接受上述判断矩阵的一致性；如果没有通过检验，这时候就应该对其作出适应性调整。由于 CR=0.009，小于 0.1，所以该判断矩阵的一致性检验通过，权重符合要求。

按照以上步骤，分别计算出其他矩阵的权重：

就业数量指标 B1 判断矩阵：$\lambda_{max}=2$，权重向量 =（0.325，0.675）^{T}，CR=0；

就业质量指标 B2 判断矩阵：$\lambda_{max}=2$，权重向量 =（0.255，0.745）^{T}，CR=0；

就业发展指标 B3 判断矩阵：$\lambda_{max}=2$，权重向量 =（0.325，0.675）^{T}，CR=0。

这样，我们就得到了大学生创业就业效果评价体系的指标权重。从打分权重看，在一定程度上体现了目前社会各界对创业就业指标的态度；从总体上看，注重就业数量，特别是创业企业持续创造就业岗位的绩效。在就业质量中，看重企业的生存能力；在就业发展指标中，重视社会保障程度。

10.3.4 指标值打分标准的确定

要确定具体的打分标准，是一件比较困难的事情。是采用绝对值，还是相对值？在客观数据获取困难的情况下，采取什么办法来解决问题？比如，对于就业增量的打分标准的确定，由于创业企业是微型企业，大多数企业的就业人数为 10 人以下，如果采用百分值的相对标准，规定一个年均增长 7%的标准，会给实际操作带来一定的问题。再如，对于企业就业人员离职率的标准的规定，创业企业的人员流动率比较大，一个企业可能只有 3 人，可能存在老板（创业者）本人没有流动但是 2 个员工换了好几遍的情况，虽然年底的就业人员还是保持 3 人，但这时候离职率的计算就比较困难了。所以针对不同的实际情况，采用的标准应该有所不同。

1. 就业数量指标

就业存量指标：根据上文的分析，结合实际调查的情况，创业企业的就业存量可以分为 5 个等级：2 个以下岗位、2 ~ 5 个岗位、5 ~ 10 个岗位、10 ~ 20 个岗位、20 个以上的岗位，每个等级相差 20 分。

就业增量指标：田大洲等[①]的研究表明，2001—2004 年，中国的中小企业平均就业增长率为 7%，国家统计局在 2019 年的《第四次全国经济普查系

---

① 田大洲，曲涛，田娜. 我国中小企业发展及其就业贡献[J]. 人口与经济，2011（2）.

列报告之十二》指出中小微企业吸纳就业人员 23300.4 万人，比 2013 年末增加 1206.8 万人，2014—2018 年平均增长率是 5.5%。来自 GEM 的估计也证实了上述情况：中国 2009—2019 年可提供 20 个以上就业岗位的创业企业数量只有两成左右。

如果按照这个标准来给创业企业打分，那么存在操作上的困难，因为绝大多数创业企业的就业人数在 10 人以下。解决办法如下：既然创业企业的就业人数存在上述几个等级的分布，那么可以规定，以成立初期的就业人数为基础，从成立以来到目前阶段，实现了就业人数等级跨越的创业企业可以得到更高的分数。

2. 就业质量指标

创业者的收入水平指标：按照奈特的相对收入理论，如果从纯经济利益的角度考虑，创业者进行创业，所获得收入至少要和雇用劳动者的收入水平保持相等，否则创业者会放弃创业的选择，成为失业者或者受雇员工。因此，在设计这一打分标准的时候，采用当地的职工人均工资水平来衡量，可以分为 2 个等级：低于并等于当地职工人均工资水平；高于当地职工人均工资水平。

创业企业存续时间指标：创业企业的生存时间是创业者和受雇员工的就业基础，如果创业企业生存时间比较长，那么创业者本人和受雇员工也能保持较长的就业状态，而且可能提升就业质量。然而，中国创业企业或者小微企业的存续时间不是很长。根据上海市公共创业服务信息网 2008 年的调查，上海创业企业的平均年龄是 68.7 个月，而我们本次课题组的调查显示大学生创业企业平均年龄是 14.4 个月，最长的是 75 个月。还有两组数据值得关注：一是在 2019 年，中国人民银行和中国银行保险监督管理委员会（银保监会）共同发布的《中国小微企业金融服务报告（2018）》显示，国内中小企业的发展周期基本在 3 年左右；创办 3 年之后依然可以维持正常经营的企业只占总数的 1/3；二是在麦可思研究院发布的《2018 年中国大学生就业报告》里，从创业存活率来看，自主创业的 2014 届本科毕业生中有 46.9% 的人三年后还在继续自主创业；自主创业的 2014 届高职高专毕业生中有 45.8% 的人三年后还在继续自主创业。可见 5 ~ 7 年、3 ~ 5 年对大学生创业企业分别是两道门槛。按照以上数据，我们至少可以建立 5 个等级标准：12 个月之内，12 ~ 36 个月，36 ~ 60 个月，60 ~ 72 个月，72 个月以上。

3. 就业发展指标

企业就业人员离职率指标：如果以公认的、合理的企业离职率 5% 来计算，会形成一定的困难：第一，前文已经提及，创业企业就业人数比较少，不方便计算；第二，不符合创业企业的现实就业情况。根据本课题组的实地访谈和调查，创业企业的就业人员就业状态比较不稳定，流动性较大。同时，将这个指标用硬性的客观数据来衡量的话也比较困难，因为目前各种权威的创业报告也没有给出一个可供参考的标准。有鉴于此，我们采用主观指标，即首先给出离职率的定义，然后让创业者本人根据企业实际情况，采用 5 个等级来打分：低、较低、合理、较高、高。

社会保障程度指标：对于创业者而言，生存是第一位的。如果要求他们给受雇员工购买一定份额的社会保险，无疑会增加创业企业的负担，削弱他们的竞争能力，影响其生存。然而，按照社会的发展要求来看，给员工一份体面和有尊严的工作，又是社会和政府追求的终极目标。由于创业企业处于这样一个两难境地，所以该项指标的设计标准不能过高，而且这一指标用客观标准来打分也比较困难，因为在现实中，根据本课题组了解到的情况可知：有些创业企业的员工没有任何社会保险；有些企业员工只有某些险种，如工伤保险；有些企业的部分员工拥有较多的社会保险险种，而另外一部分员工拥有社会保险险种较少；有些企业使用商业保险来代替；等等。所以，我们采用主观标准来评判，即首先给出社会保障程度定义，然后让员工来打分，采用 5 个等级来打分：满意、比较满意、合理、比较不满意、不满意。由于这一指标是由员工来打分，所以在实践中可能存在多个分数值，可以采取如下原则来处理：有相同的分值就选择其中高频率的相同数值，没有相同的在多数趋势数值中取中值。

综上所述，我们就得到了大学毕业生创业就业绩效评价指标体系表（见表 10.6）。

表 10.6 大学毕业生创业就业绩效评价指标体系

目标层（A）	标准层（B）	参考权重	指标层（C）	参考权重	指标值	打分标准
大学生创业就业绩效评价体系	就业数量指标（B1）	0.715	就业存量（C1）	0.325	100	A. 20个以上的岗位（100） B. 10～20个岗位（80） C. 5～10个岗位（60） D. 2～5个岗位（40） E. 2个以下岗位（20）
			就业增量（C2）	0.675	100	A. 实现从E等级到A等级的转变（100） B. 实现从E等级到B等级的转变（80） C. 实现从E等级到C等级的转变（60） D. 实现从E等级到D等级的转变（40） E. 保持E等级不变（20）
	就业质量指标（B2）	0.143	创业者的收入水平（C3）	0.255	100	A. 高于当地职工人均工资水平（100） B. 低于并等于当地职工人均工资水平（50）
			创业企业存续时间（C4）	0.745	100	A. 72个月以上（100） B. 60～72个月（80） C. 36～60个月（60） D. 12～36个月（40） E. 12个月之内（20）
	就业发展指标（B3）	0.143	企业就业人员离职率（C5）	0.325	100	A. 低（100） B. 较低（80） C. 合理（60） D. 较高（40） E. 高（20）
			社会保障程度（C6）	0.675	100	A. 很满意（100） B. 比较满意（80） C. 满意（60） D. 比较不满意（40） E. 不满意（20）

资料来源：笔者自制。

第十一章　结语

11.1 大学生创业与就业的现状以及存在的问题

创业作为一条解决就业的有效途径，已经被我国提到了战略高度。自从党中央提出"实施扩大就业的发展战略，促进以创业带动就业"政策方针以来，党和政府高度重视创业就业工作，制定和实施了多项鼓励和扶持大学生就业创业的政策措施，希望以此达到帮助大学生顺利创业并能够带动就业的目的。因此，深入了解和分析大学生创业的现状以及创业与就业的关系，有助于更加针对性地解决大学生创业就业中的问题。

11.1.1 大学生创业存在"双高"的特点

按照 GEM 提出的标准，我们把创业的大学毕业生分为两类：第一类是机会型创业，主要指创业者为了追求独特的市场机会而创办企业或者开展新业务；第二类是生存型创业，创业者为了维持个人和家庭生活而创业，而且创业是他们最好的选择。大学生创业的"双高"特点体现为：首先，机会型创业者的比例超过了生存型创业者，在本课题组的调查中，前者比例达到了74.2%，后者比例为25.8%，这也和 GEM 中国报告的结论一致，目前我国机会型创业已经成为创业的主流；其次，两类创业者对自己的创业评价高，无论是创业满意度、创业环境、创业的自我效能感，还是对创业管理方式的评价方面，在所涉及的 49 个问题中，有45 个答题的打分超过了中位值。"双高"的特点说明了我国目前创业环境的改善和大学生锐意进取的精神风貌。

11.1.2　生存型创业和机会型创业对增加就业数量的贡献程度相差不大

一般的观点认为机会型创业比生存型创业能够提供更多的岗位数量（GEM、清华大学创业中心），但是在其研究报告中，他们只能提供对就业状况的描述，没有相应的统计分析显著性检验。我们发现：尽管没有达到显著性的统计标准，然而对于机会型创业而言，大学生的生存型创业对增加就业岗位的贡献程度略微大一些（回归系数为 0.90）。或者说，两者的就业贡献程度相差不大。

11.1.3　生存型创业和机会型创业者就业质量有待提高

对创业者就业质量的关注是目前创业就业研究中的前沿问题。我们以创业活动的存续时间和创业者收入作为就业质量的研究变量。通过分析本课题组调查数据，在控制了性别、学历、专业和所属行业等变量之后，结果显示：我国大学毕业生两类创业活动在存续时间方面差别不大。然而对 GEM 的 54 个国家大学学历以上的青年创业者进行分析以后，发现在世界范围内，相对于生存型创业者而言，机会型创业者收入更高，存续时间更长。这至少说明我国大学生创业就业质量还需要提高。

同时，我们还发现了影响生存型创业和就业质量的作用机制：生存型创业在交易结构方面的创新水平越高，其比机会型创业越能提高就业绩效，即越能增加就业岗位和延长创业活动的存续时间。

11.1.4　我国的创业与就业岗位的增加

创业一直被认为是缓解就业压力的重要途径，不仅能带动大学生就业，还可以解决农村劳动力、弱势人群等其他群体的就业难题，评估和分析创业活动在多大程度上促进就业，可以帮助我们更深入地了解以创业带动大学生就业的机理和效果。我们以相对收入的创业理论为微观基础，建立了一个关于就业和创业的分析框架，进而使用全国宏观层面的数据来进行计量分析，发现创业确实能带动就业，而且在不同的时期内，所产生的就业效果是有区别的，因此，要提高创业促进就业的稳定性，就要提高政策的有效性和平稳性，同时针对不同类型的创业出台有针对性的扶持措施。

11.2　引导大学生创业就业体系的建立

第一，对于两种类型创业的扶持都要兼顾。创业的创新和就业功能可以统一起来。创业者通过创新，"破坏性创造"原有的平衡，对社会就业也会产生重大影响：摧毁原有的就业岗位，创造新的就业机会，同时自己也实现了就业。引导大学生创业，就是在帮助他们就业和创新。现实的情况是，政府给了机会型创业更多的优惠政策。在目前产业机构升级、就业压力较大的情况下，这种注重创新（机会型创业比生存型创业的技术含量程度更高）无可厚非，但从所拥有的初始资源和创业条件来讲，生存型创业者相对于机会型创业者更居于劣势。从大学生创业的现状中也可以看到，机会型创业和生存型创业在增加就业岗位数量方面和创业活动的存续期限方面没有明显区别。所以缺乏对生存型创业者的扶持无疑是对我国以创业带动就业战略的错误理解，也是对创业与就业关系的错误理解，会把相当一部分没有技术基础的大学生排除在创业之外。在扶持增加创业数量的同时，还应该采取措施改善创业的质量，当创业企业的存续时间延长了，就业效应会更明显。

第二，在认识大学生创业活动发展规律的基础上，设计出覆盖创业过程的"三阶段"扶持政策。按照创业的过程来看，个人创业过程分为动机（事前阶段）、企业成立（事中阶段）、企业持续发展（事后阶段）三个阶段。创业的每个阶段都会受到各种不确定因素的影响，导致创业活动具有复杂性、动态性、风险性的特点。同时，对于大学生创业者而言，资金渠道、经验技能、社会关系等方面的欠缺又使其处于弱势地位，这无疑会放大其创业风险，增加创业失败的可能性。在创业过程的事前阶段的政策内容重点在于创业教育、创业技能培训和创业宣传等，以达到培养良好创业氛围、激发个人创业动机的政策目标。在创业过程的事中阶段的政策内容重点在于融资渠道拓展、税收优惠、基础设施的扶持等，以达到提高创业成功率的政策目标。在创业过程的事后阶段的政策内容重点在于：政府采购项目的倾斜、创业企业管理指导、社会保障政策的完善以及创业政策的评估，以达到增强创业企业发展能力和创新能力的政策目标。

第三，建立"四位一体"的支柱扶持体系，其中，政府和高校发挥主要作用，社会和家庭发挥辅助作用。

在整个创业支持体系中，政府在政策导向、管理取向等方面具有主导作用。作为这一体系中的制度的顶层设计者、准公共服务的提供者和大众创业行动的引导者，政府要完善和创新创业政策，在建设大学生创业服务体系过程中，增加服务项目，提高服务质量，最终创造良好的创业环境。在完善和创新创业政策方面，政府应该有新的工作思路：在政策的制定上，坚持理论和实际相结合，实现创业政策的科学设计；在政策的实施上，不仅仅是完善已有的政策，还要有创新措施和手段，如制定鼓励再次创业和完善社会保障政策，关注大学生在各阶段的创业诉求，让政策"接地气"，注入政策活力。在创新创业政策的同时，还要考虑我们的社会文化土壤是否与这些新政策相适应，相配套的措施是否完备。在提供创业服务方面，政府亟须做好以下两点：支持大学生创业孵化基地建设；加强创业资金融资渠道建设。在创造良好的创业环境方面，采用各种宣传媒介和手段，加大对创业的舆论宣传，塑造全民理解、社会支持的良好创业文化氛围。

高校要根据自身的优势，以创业教育为中心，培养高素质的创业人才。具体来讲，要做好以下三个方面工作：以创业学院为载体，推进创业教育的开展；树立创业教育理念，加强创业教学和辅导的师资力量建设；完善创业知识结构，包括课程知识、就业指导和创业实践。

社会机构分为营利性和非营利性的机构。前者有银行和企业等组织，后者包括社会公益机构等。要在实践中摸索、发现、规划和制定利益共享机制，让营利性机构在参与大学生创业活动中找到利益共同点，调动他们的积极性。政府还要使用相应的措施来保障创业大学生的合法权益，适当地对营利性机构和大学生之间的活动进行监督指导，从而更好地推动创业活动的发展。当进行社会管理的政府部门和经济活动的营利性机构在履行各自职能的过程中运行失灵的时候，非营利性组织便可介入进来，发挥一定的补充作用。营利性机构在扶持大学生创业方面：可以提供开展创业活动所需要的师资；在政府的协调下，校企合作建立创业实践基地；企业可以通过加盟、投资、外包方式等多种办法参与学生创业。根据我国的实践，非营利性机构在扶持大学生创业方面，可以发挥三种平台的作用：信息共享平台、团队创业平台、专业服务平台。

在中国这样一个注重血缘关系的社会里，家庭就是创业者可以拥有的最可靠的最终保障。在创业过程中，家庭能够在资金、社会网络以及精神等多方面提供支持。要让家庭的支持作用更好发挥出来，关键取决于政府、高校和社会各界齐心协力，创造一个良好的外部环境，使家长们觉得创业在经济层面上是机会大于风险的事情，在精神层面上是值得自豪的事情。